改变学习方式
为未来而学

王　珏　◎主编

华东师范大学出版社

·上海·

图书在版编目(CIP)数据

改变学习方式 为未来而学/王珏主编. —上海：华东师范大学出版社,2023

ISBN 978-7-5760-4172-9

Ⅰ.①改… Ⅱ.①王… Ⅲ.①初中生-学习方法 Ⅳ.①G632.46

中国国家版本馆 CIP 数据核字(2023)第 216619 号

改变学习方式 为未来而学

主　　编　王　珏
责任编辑　吴　伟
特约审读　马　洁
责任校对　廖钰娴　时东明
装帧设计　卢晓红

出版发行　华东师范大学出版社
社　　址　上海市中山北路 3663 号　邮编 200062
网　　址　www.ecnupress.com.cn
电　　话　021－60821666　行政传真 021－62572105
客服电话　021－62865537　门市(邮购)电话 021－62869887
地　　址　上海市中山北路 3663 号华东师范大学校内先锋路口
网　　店　http://hdsdcbs.tmall.com

印刷者　昆山市亭林印刷有限责任公司
开　　本　787 毫米×1092 毫米　1/16
印　　张　24
字　　数　365 千字
版　　次　2023 年 12 月第 1 版
印　　次　2023 年 12 月第 1 次
书　　号　ISBN 978－7－5760－4172－9
定　　价　88.00 元

出版人　王　焰

(如发现本版图书有印订质量问题,请寄回本社客服中心调换或电话 021－62865537 联系)

编 委 会

主　编　王　珏
副主编　黄岳平　张依娜
编　委　陈　颖　郁　中　金　晶
　　　　施　莉　黄舜华　梁　颖

序

基础教育如何培养面向未来的一代新人？学校教育如何构建高质量的育人体系？立德树人的根本任务如何在教学中加以全面落实？格致初级中学的改革样本向我们展现了鲜活的实践案例。

格致初级中学作为一所百年名校，始终坚持继承和发扬优良的办学传统和文化特色。在不断深化的办学实践中，学校坚持以学生发展为中心，提出了"学生第一立场"的办学理念。基于这一理念，学校坚持五育并举，全面实施素质教育。

在义务教育阶段新课程改革的背景下，学校聚焦新理念、新课程、新教法，通过"拓展学习领域，丰富学习经历，满足学生需求"来引领学生自主学习体验、自主认识自我、自主发展个性，实现自我成长，成为"最棒的自己"。学校在课程建设、课堂转型、学科研究、综合实践等方面不断突破，力图"培养能够在未来生活且又充满个性与主体性的人"，为学生的终身发展奠定坚实的基础。

一、创生教学范式，解决"高效学"的问题

"学科探索"中凝练着教师在教学实践中不断探索突破的教学范式创新。语文教师突破传统阅读，采取互动式阅读模式促使学生创造性解读文本；数学教师实践单元教学设计，加深学生数学学习的内涵深度；英语教师在"双减"背景下设计"创新型英语作业"，强化学生实践探索；化学教师借助导图形成可视化思维教学策略；体育教师设计"菜单式"体育作业，推动学生健康发展，提高学生运动能力。

教学的变革只有发生在课堂，才能真正激活课堂的活力。每一位老师都是自身学科领域的专业人士，他们从工作中的具体问题出发，寻找解决问题的方法，焕发出全新的育人价值。课堂教学的变革也润物无声

地影响着学生的学习方式。学生逐渐养成主动探究与理性思考的习惯，由"会学"转向"巧学"，激发出无限的成长潜能。

二、优化教学方式，解决"怎么学"的问题

"课堂转型"中凝聚着教师在教学变革道路上的实践智慧。语文学科探究跨学科主题学习，推动学生深入开展语言实践活动；数学课上尝试探究式学习，促使学生自主构建新知，内化生成认知；英语听说课堂引导学生深度学习，提升学生高阶思维品质；物理课堂设置真实问题情境，通过任务驱动培养学生解决问题的能力。

实践证明，只有教师的教学方式改变，学生的学习方式才会转变。老师们勤于课堂教学研究，不断优化教学方式，使其符合学生未来的发展需要，激发学生学习的主动性与积极性，引导学生学会学习。随着教师教学行为的改变，学生的学习行为也悄悄发生了改变，由"被动"转向"主动"。课堂渐渐成为学生独立探索、相互交流、合作分享的场所，在课堂中产生真实的学习。

三、激发内生动力，解决"自觉学"的问题

教育是爱的事业，没有爱就没有教育。教师必须具有"爱生如子"的情怀，才能拨动孩子心中的那根琴弦，激发学生的内驱力，让他们从根本上想学习、爱学习。"德育实践"中流淌着浓浓的师生情。有班主任老师面对有个性学生时的细心观察、耐心倾听、平等对话，直至让学生完全建立对老师的信任；有学科导师为学生特别定制的鼓励和温暖的拥抱；有成熟教师在面对诊断数据之后，及时调整自己的教育方法，更主动地为学生着想；有青年教师在一次次反思中流露出细心呵护孩子的"舐犊之情"……

就是在这样一群有大爱之心的教师的引领下，学生的内心世界慢慢

发生了变化。学习态度不端正的学生在与老师的心渐渐拉近后有了改过的动力;学习不自信的学生在老师的关怀中发生了蜕变与成长;缺乏学习兴趣的学生在老师精心设计的作业中产生了学习的兴趣。

格致初级中学的改革实践让我们感受到一种新的教育生态正在生成,焕发出教育改革的勃勃生机。本书汇聚一线教师在教学实践中的宝贵经验,相信会给教育同仁诸多启示。

张志敏

2023 年 3 月

上篇 　学科探索 　/ 1

中篇 课堂转型 / 189

改
变
学
习
方
式

为
未
来
而
学

学科探索

本篇展现了为促进义务教育高质量发展,教师在学科研究中的尝试与思考。"聚焦核心素养""加强课程综合""突出学科实践""增加情境创设"等一个个新命题摆在面前,引领老师们不断探索学习方式与教学方式的变革,促进教师专业成长,提升学生素养。

01 从课堂到课程
——聚焦初中生青春期教育的实践探索

施 莉

进入七年级,学生们陆续进入了青春期,烦恼也纷至沓来,如:羞于启齿的生理困惑,出现隔阂的亲子沟通问题,以及由社会价值多元化引起的价值选择迷惘等问题。如何让学生科学全面地看待青春期身体和内心的变化及其种种困惑,如何引导学生用逐渐成熟的思维方式直面成长中的诸多不解,从而更自信、更健康、更积极地去认识青春、肯定青春、欣赏青春? 不言而喻,课堂是最为有利的阵地。随着新一轮基础教育课程改革的推进,可以发现,一系列出台的文件都指向了以课程支撑起学生的综合素养增强和个体的全面发展。《中共中央国务院关于深化教育教学改革全面提高义务教育质量的意见》中还特别强调探索基于学科的课程综合化教学,以此强化课堂主阵地作用,切实提高课堂教学质量。因此,学生青春期真实问题下的解决突破不能仅仅在于某一个课堂的点,更需要重组再构各类学科、资源、人力、时空,打造全新的青春期课程,形成育人共同体,合力促进学生健康发展。格致初级中学始终坚守"学生第一立场",在七年级中进行了青春期教育的积极实践。

一、以融聚力、以整促教,重构青春期教育全过程

格致初级中学本轮青春期教育指向解决学生真实问题的教学新探索、课堂新转型,融合各方育人之力、统整各类教育资源、跨越各门学科时空,为七年级学生创设了以道德与法治、科学、心理学科为基础学科的开放式综合性的育人新课程"我和青春有个约定",让学生在课程学习中掌握所学知识的同时体悟知识的本质,积累思维和实践的经验,提升综合素养。

(一)开展多层学情调研,找准青春期教育起点

在学校教育中,学生永远都是学习的主体,要真正提高教育教学的有效性,做好学情分析是必不可少的环节。为此,学校通过各层面展开调研,既有德育维度的,也有学科维度的。在梳理结果的过程中,透析出学生在青春成长中遇到的现实种种困惑、矛盾,诸如"我的鼻子上长满了痘痘,这让我好烦恼,和同学交流时,我都是戴着口罩的,我害怕他们看到我鼻子上的痘痘而嘲笑我……""我的同学和我同龄,但是我的身高与生理成长没有一丝的变化,这会不会有问题?""我成绩考得好,妈妈觉得是应该的,考得不够理想时,她又说我不够努力,有时心里真的好烦。"由此不难发现,学生在成长中的确有不少烦恼,主要集中在生理和心理两个层面,并且产生了不同程度的困扰。正是掌握了这些学生的成长现状,使得青春期教育实践具备了更清晰的出发点,也有了更准确的目标度。

(二)融合多方教育力量,夯实青春期教育基点

1. 全面统筹,精心顶层设计

为了有序推进青春期教育,学校充分运用学校、家庭、社会中的教育资源,多次召集相关学科教师、复旦大学附属妇产科医院医生、家长代表同商共议、研讨谋划,逐步形成了青春期教育课程架构设计,确定了以青春期的生理和心理为两大主流板块,以跨学科学习研究、医教两个行业的跨界合作来共同打造专属于格初学子的青春期教育新课程,这为后续的具体落实奠定了强劲坚实的基础。

2. 多方保障,细化落实进程

课程的实施离不开周密部署,更离不开组织保障。一方面,学校以"三线合一"模式做好切实保障:学校教导处负责课时、师资等工作,学校德育部门负责家校社协调等工作,学校总务部门负责场地、信息技术等工作;另一方面,学校相关学科教师和红房子专业医生以"集体教研"的形式定期研讨教学主题、内容等,在各司其职、分工协作中有力地确保了课程全面顺利推进。

聚焦中学生青春期中的困惑与矛盾，以道德与法治学科为核心，结合科学学科与心理学科，借助专业的生理及心理资源，在跨学科学习中、在家校社的合力下，帮助学生了解青春期中身体及心理变化，学会多角度认识自己与他人，树立"肯定青春、欣赏青春"的自觉意识。

知识目标	能力目标	情感、态度、价值观目标
1. 了解青春期的生理发育与心理变化。 2. 了解性别差异和性别优势，知道异性交往的意义及交往方式与尺度。 3. 知道情绪的分类、影响因素及其产生的影响，知道适度负面情绪的作用及调节方法。	1. 能从容面对青春期的生理和心理变化，学会悦纳自我与他人。 2. 会辩证看待性别差异和性别优势，掌握与异性交往的原则与尺度。 3. 能辩证看待自己和他人的情绪，学会恰当表达自己的情绪和合理调节情绪。	1. 感受成长的力量，体会青春的美好，树立积极乐观的心态。 2. 以正确态度对待异性之间的交往与友谊，在取长补短、优势互补中，促进自我发展。 3. 体验情绪的多样性、复杂性的特点，增强自我调节能力。 4. 形成理解与宽容他人、尊重与关怀他人的品质。

图 1　青春期教育课程目标体系

悄悄变化的我
指向青春期生理教育。

青春选择题
指向青春期异性交往。

情绪垃圾来分类
指向青春期情绪的认识与调节。

图 2　青春期教育的内容框架图

（三）统整多类教育资源，筑牢青春期教育支点

1. 跨学科学习，拓展青春期教育的宽度

为了帮助学生更加立体、全面地了解青春期的相关知识，满足学生不断新生的发展需求，学校道德与法治、心理、科学三门基础性课程共同围绕学生的青春期成长问题，以跨学科学习的形式来分层次、分维度推进。

七年级道德与法治学科第一单元、第二单元均为青春成长的主题，但各有侧重。第一单元统领全册，以"身体—心理—精神"的演进路径向学生渗透青春积极向上的力量，奠定七年级青春生命教育的底色。第二

图3　青春期教育的跨学科整合①

单元指向初中生身心发展关键期的情绪特点和广泛意义上的情感生活，引导学生建立积极乐观的态度，形成健康的心理和正确的价值观。心理学科中本身就包含了丰富的心理学本体知识，科学学科中也涉及不少青春期生理知识，正是基于三门学科的优势和学科内容，从而确定了七年级道德与法治为本次跨学科学习的主体学科，心理、科学两门学科为支撑学科，并以青春期生理、心理为两轴，在引导学生认识青春、肯定青春、欣赏青春的过程中形成鲜明主线，在互补合力中优化青春期知识，加深学生对于青春期成长真实问题的跨学科理解。

比如针对青春期中的异性交往问题，七年级道德与法治第二课中就涉及男生女生的性别角色差异、异性交往等内容。案例教学、情境教学往往是道德与法治学科教师突破难点、重点的方式，但如何能更加深入剖析、更细致地引导学生理解？就此，学校心理教师以调研方式收集学生的不同观点，并根据各班的情况分设四场"青春选择题"心理活动，在活动中帮助学生进一步认识两性差别，学会欣赏异性的闪光点，并由异性相处案例帮助学生建立正确的异性交往观点，明白要把握的尺度与分寸。同一个主题下，通过学生的核心问题将学科相互联系、整合，拓展了学生的思维、扩大了教育正效应。

2. 专业医生进课堂，加深青春期教育的厚度

青春期成长的主题中不乏关于生理和心理方面的知识，为了提升青

---

① 说明：青春期生理变化板块由道德与法治、科学教师和专业医生共同备课，以开设讲座为主要形式；青春期心理特点变化板块由道德与法治、心理教师和专业心理医生共同备课，以活动、授课为主要形式。

春期教育的权威性,帮助学生真信会用,学校力邀红房子医院"红讲台"讲师们全程参与,与学校的学科教师,共同着眼于青春期生理、心理中的变化、困惑等主题,携手分类、推进实施。

围绕着青春期的生理变化,"红讲台"两位讲师先后开设三场讲座。为了提高针对性,特将男生、女生分开进行青春期生理教育,重点向学生介绍青春期第二性征发育及青春期生理护理等知识,帮助学生走出误区,正确认识青春期的生理变化。

围绕着青春期的心理变化,红房子医院专业心理医生开设了"情绪垃圾分类"活动课,有效指导学生认识负面情绪、掌握应对方法,为青春期教育的后续开展提供了新思路。

聚焦家长们普遍关注的青春期问题,红房子医院的医生们在七年级家长学校开设青春期教育专题讲座,向家长们介绍了青春期中孩子的身心变化,给予家长们诸多科学建议,弥补了家庭教育中对青春期教育的缺失。将家长群体加入青春期课程之中,无疑扩大了青春期教育的辐射力度。

3. 优化作业,提升青春期教育的温度

作业是学校教育教学管理工作的重要环节,是课堂教学活动的必要补充,更是学生在课堂的"学"之后所必要的"习"。在青春期教育中,作业设计也是不可缺少的部分。结合学生实际,根据学科特点,分别布置课堂小组作业和课后长作业。其中在"写给老师的一封信""学做情绪管

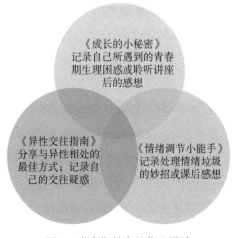

图4 青春期教育的作业设计

理小卫士"作业中,学生们真实地记录下了自己的学习收获或存有的疑虑,从教师批阅、师生互动中得到有效分享或者得以解决。如遇个例则启动各科教师、德育部门、专业医生互通链,极力为学生寻求最佳解忧处方,同步也为下一轮的课程开展积累经验,反哺课程设计。

评价项目	评价要点
作业情况 (6分)	认真记录学习收获或撰写心得(2分)
	根据所学内容,提出疑问或有效建议(3分)
	作业字迹工整、版面整洁(1分)
活动表现(4分)	讲座或活动过程中能认真听讲,积极参与互动(4分)
说明:9分以上为"优秀";7分-9分为"良好";6分-7分为"合格";6分以下为"需努力"	

图5　青春期教育的作业评价

二、以生为本、串点成面,凸显青春期教育真效能

《学会生存》中指出:"教育正在越出历史悠久的传统教育所规定的界限,它正逐渐在时间上和空间上扩展到它的真正领域——整个人的各个方面。"可见,随着新课程改革的深入,学校要扩大教育资源的范围,综合开发共享各种可利用的教育资源,来丰富和拓展学习空间。本次青春期教育就是一种有效尝试,打破了常规化的教学模式,"整体联动",将学校、家庭、社会有机融为育人共同体。又通过不同学习空间中的聆听、互动、学习,让学生们有更多的个体思考与体验,更自觉地学习选择与尝试,更灵活地大胆想象与探讨,从而实现学习的多样态。

(一) 全新课堂,多维度解密青春期

现代认知心理学认为,学习过程是学生主动探索、改进自己已有认知经验、构建认知结构的过程,而不是被动接受现成知识理论的过程。在青春期教育实施过程中,课程团队坚持基于学生认知起点的整体设计和具体实施。

1. 在错落有致的课堂中提升开放度与互动性

传统课堂教学几乎都按照班级授课制模式开展,但在青春期教育的

课堂中,根据课程内容和班情,打破教室物理空间,采用多班同上一节课的形式,学生们在新空间中,可以有更多的听、说机会,由此也获得了更广泛的习得感。正如在"红讲台"青春期讲座中,课程团队采用男女生分场方式,将学生之问融于其中,在一种富有安全感的环境中,学生们更能安心投入、积极互动、主动分享。

2. 在灵动鲜活的课堂中增强体验感与合作力

有学者提出,课堂教学不应是由教师掌控、统领的时空,而应是启迪学生求新、变革、创造意识的重要场所。在青春期教育的课堂中,团队始终立足学生实际,量身定制多个小组活动,为学生们打造了一个自由式的活动空间。学生们围绕不同问题自主组团,敞开心扉相互探讨,在共商共议中形成共鸣、达成共识。在"青春选择题"心理活动中,既有议题式探讨又有合作式分享,学生们直面矛盾争议,为合理解决问题深入思考分析、寻求解决方法。学生们尽情在宽松生动的学习氛围中收获知识、启迪思维、提升能力,学生当然会"乐"在其中。

(二) 综合学习,深层次探秘青春期

现实生活和问题本来就是综合多变、复杂开放的,单靠某一方面或者某一学科的知识已经难以胜任解决问题的重任。课程团队中的教师和医生们在本轮青春期教育实践过程中深入合作,在整体设计中始终从"知识和知识的关系""学生和知识之间的关系""学生和学生之间的关系"三个层面把握,创设了多样化的学习平台,使得学生在生活化的课程学习中充分地倾听、诉说、思考、讨论、争议,在具有真实感的学习情境中逐步理解知识、掌握方法,重新建构青春期的自我认知与价值判断,最终促进学生全面的、可持续的健康发展。

就如围绕青春期生理变化系列问题,学生既可以在"红讲台"讲座中学到权威性的医学知识,也可以在道德与法治的课堂中掌握如何更好地认识自己的方式,既能单一化地输入知识与方法,也能在和老师同学的多种形式交流中解惑答疑、启智明理,让学习有更多的选择性,也就是让学生有更多学会的可能性。

正如很多学生在反馈中提到:"这次的讲座解决了我的很多疑惑……这些变化其实都是很正常的。""听完了这节课,我觉得不必太过

担心自己的身高问题了,顺其自然就好了!""在分享中,我懂得了要学会情绪管理,不能让负面情绪来管理我。"可见,学生们在这样的课堂、这样的学习中获得了不一样的成长,有概念、规律、方法的新知,也有思维、品质、价值观的心得,让学生们更加自信、勇敢地开启属于自己的青春探索之路,这正是学习的意义所在。

三、常更常新,修正完善,保持青春期教育长效力

没有最完美的课程,只有更好的课程。为了确保新一轮七年级青春期教育的开展,对于课程总体设计、具体实施、管理评价等方面还需要进行精准化的调整,按照"源于生活——追问生活——高于生活"的思维路径,为学生提供真实和生动的青春成长空间。

(一) 具化、细化青春期教育课程整体设计

格致初级中学的青春期教育课程主要设在七年级,这就意味着每一轮学生都会发生变化。除此之外,任教教师、支撑资源等各因素都会有不确定的变化性,要确保每一轮的青春期都能达成预期目标,还需要做更为细致完整的调整,包括内容选择、逻辑结构、各类保障、课堂规范等,让学生能够接受、乐于参与,并在课程学习中促进思考、丰富体验、提高素养;让教师能够应对、乐于投入,并在课程教学中取得教学水平和育人能力的双提升。

(二) 在深化家校社协作中增强青春期教育力度

学校要继续着力在家校社协同上下功夫。推动学校、家庭、社会教育的有机结合,形成一体化育人共同体。将青春期教育纳入满足家长和学生需求的家庭教育支持服务体系,构建更和谐的家校社协同育人关系。

参考文献:

[1] 韩艳梅. 系统化学校课程设计:有效研制的实践指南[M]. 上海:华东师范大学出版社,2021.

02　思维引领方式转变　模仿赋能写作提升
——基于模仿理论例谈初中读写结合中的高阶仿写

何　鹏

梭罗说:"(经典)这是人类几千年以来,最智慧的头脑向你保证过的作品,那些没有价值的书,早已在时间稠密的丝网中被过滤掉了。这些经典能够流传到今天,就是因为时间的丝网过滤不了它,它能够穿越层层的时间障碍,存留到今天。"对教材经典例文的学习不应止于语言思想的感悟,还应发掘其中的写作思维。

一、仿写,读写结合的传统学习方式

读写能力是语文核心素养形成的基础。叶圣陶说,"阅读是吸收,写作是倾吐。倾吐能否合于法度,显然与吸收有密切的关系",阐释了语文学习中阅读与写作的关系。实践中,读写的"结合"不是简单地做"加法"。这样做,阅读量是增加了,写作能力并不见提升,反而增加了学生的负担。

笔者主张"读以引写",即立足于学生写作能力的提升,在教材文本解读时挖掘提升学生写作能力的点,进行教学,使读写结合实现"1+1>2"的效应。仿写是仿照指定的句子、语段、短文等,进行写作的一种学习方式,是我国语文教育的传统方式。读为写提供"养分",其"结合"不是"相向"而行的相遇问题,而是水乳交融的浸润。要将阅读教学中关注的内容、语言、结构、中心和手法等蕴含作者写作思维的点转化为可供学生学习的写作思维,这样的读写结合教学方式才是有价值的。

二、仿写,切合写作学习的心理需求

人的学习就是"模仿——改进——再模仿——再改进"的过程。美国心理学家班杜拉的社会学习理论中关于模仿分类和观察学习效应的论述中提到:"儿童社会行为的习得主要是通过观察、模仿现实生活中重要人物的行为来完成的。任何有机体观察学习的过程都是在个体、环境和行为三者相互作用下发生的。"在仿写的学习方式中,"个体"就是学生,"环境"就是文本,而"行为"就是仿写。

班杜拉在观察学习论述中讲道:"把记忆中的符号和表象转换成适当的行为,即再现以前所观察到的示范行为。"这个过程需要学习者"在认知水平上将要再现的反应选择和组织起来。再现示范行为取决于学习者记忆中的示范行为的各个部分是否完整和学习者是否具备再现这些行为的技能"。仿写中用来"读"的文本就是"示范者","写"就是"再现"。

写作,最终应是一种创新活动。吕叔湘说:"只有通过正确的模仿和反复的实践才能养成。"因此,仿写教学应注重方式创新,让学生为未来而学。

三、仿写靶点,高阶思维指导下的文本解读

朱熹说:"模拟者,古人用功之法也。"统编版五四学制语文八年级下册第一单元"学习仿写"中,开篇说"仿写是提高作文水平的有效方法"。笔者把例文在文意、文字、文法等方面所具备的鲜明技巧或思维称为"仿写靶点"。在进入初中后,仿写却慢慢淡出了课堂。仿写教学中应以高阶思维为引领,改变"仿写靶点"的获取方式。

美国教育家布卢姆将思维过程具体化为六个方面,包括记忆、理解、应用、分析、综合、评价。前三项通常被称为低阶思维,后三者通常被称为高阶思维。教师运用高阶思维,基于深层的文本思考,通过分析、综合,发掘出符合学情的仿写靶点,将发挥仿写在初中读写教学中的作用。

传统仿写教学中,《背影》以父亲买橘子中的动作描写作为靶点,《藤野先生》将对清国留学生描写中的修辞作为靶点,《中国石拱桥》以总分

结构作为靶点等例子不胜枚举。这些立足语言、结构的靶点仿写效果，受个体情感感悟能力和语言表达能力限制。笔者说的"高阶仿写"并非单纯提高仿写的难度，而是引导师生在思维方式的转变中，更为关注例文语段间及其与中心的逻辑关系的教与学。

四、高阶仿写，思维引领下的学习方式转变

高阶仿写关注写作中的思维逻辑。在实践中，笔者进行了以下尝试。

（一）关注材料组织与人物刻画

都德的短篇小说《最后一课》，运用第一人称描写了生动的课堂情景和细腻的人物心理。将小弗郎士从"幼稚、贪玩"到"疑惑、诧异"，再到"难受、懊悔"进而转变到"悲愤、懂事"的心理起伏，刻画得淋漓尽致，进而展现其成长。

文本解读时发现，作者是通过选取小弗郎士迟到后，走进教室看到的反常现象来展现其心理变化：平时喧闹的教室今天特别安静；韩麦尔先生的打扮也变了——"穿上了他那件挺漂亮的绿色礼服，打着皱边的领结，戴着那顶绣边的小黑丝帽"；教室后排"一向空着的板凳上坐着好些镇上的人"，而且个个都面带忧愁；韩麦尔先生面对迟到的主人公，语气也变得温和了。作者将今昔不同的教室环境进行对比，给人一种"山雨欲来风满楼"的压迫感。既调动了读者的阅读兴趣，又让小主人公的心理起伏合情合理，自然引出后续情节。

这种通过对比达到设置悬念效果的材料组织方法，就可成为仿写靶点，笔者称之为"对比设悬"。这个仿写靶点是笔者在对材料组织与人物刻画的关系上，进行深入分析、综合思考的基础上产生。再将其思维要点——通过人物所处环境变化的描述来展现人物心理困惑提炼为仿写靶点，就是高阶仿写。它可将写作思维的习得转换为可复制的写作手段。

下面是一篇以"对比设悬"为仿写靶点进行的仿写习作。

怪

作者：艾××（学生）

忙碌了一天，母亲拖着疲惫的身子回到家。一摁门铃，门就迅速打开了，儿子灿烂如花的笑脸映入眼帘："妈，辛苦了。您的拖鞋在这。"母亲乐开了怀，眉毛高高跳起，眼睛瞪得老大，惊喜地张开了嘴巴。多新鲜呐，平日里儿子一定要等到摁了第二次门铃，才会极不情愿地抱着手机摆出一副臭脸开门。

换完鞋，母亲起身看见饭桌上的三菜一汤，询问道："是你爸做的吧……不对，他不是出差了吗？"儿子一阵得意："这可是我亲自下厨的成果，快来尝尝。"母亲惊讶不已，平时叫儿子帮忙都从来不肯。这十指不沾阳春水的大少爷，今儿怎么还主动做饭了？真是怪了，她抓抓脑袋。

舀一勺蛋花汤，喝下。"咳咳，这也太咸了吧！""妈等下，我马上来加水。"看着儿子忙碌的身影，母亲忽然眉头紧皱。儿子突然这么积极，有点怪啊……这臭小子，不会做什么坏事了吧！

她疑惑地问道："儿子，你是不是做错事了？""哪有。""你是不是月考考砸了？啊？我就知道你没安好心！""妈，真没有，我考得可好了！"儿子递来一张优秀成绩奖状："你看，年级第四名呢。""是吗？上面也没防伪标志啊！""唉呀，妈，你信我一回……"

看儿子不像说谎，母亲心里更纳闷了。她漫不经心地吃完了饭，注视着儿子洗碗筷的身影。是不是自己太凶了，让他不敢说出来？母亲调整呼吸，露出一个温和的微笑，走近儿子，手搭住他的肩："妈知道你学习挺累的，有什么不顺心的和妈妈讲讲。"儿子洗完碗筷转身笑道："妈，我没有您辛苦啊！来，我给你泡脚，好吗？"母亲有点奇怪，还是点了点头。

儿子把水倒好，用手试了试温，然后轻轻把母亲的脚放进水中，边洗边说："妈，其实是老师给我们布置了任务，我才做了这些特殊的事。老师告诫我们不要事先透露任务，说这样才会有所收获。"儿子看看母亲，顿了顿道："我也懂了，我平时为家里付出太少，过于自私，以后会肩负起责任的。"他目光如炬，眼中似有星辰。

母亲欣慰又内疚，任温暖从脚底蔓延全身。她温和又郑重地拍了拍儿子的肩，眼中噙泪，笑着点了点头。

作者将母亲开门所见与往日的差异进行对比，引发了母亲的疑惑，也让读者心生疑问。情节在"对比设悬"之下，顺理成章地发展下去，母亲的心理从意外到疑惑到最后的欣慰温暖，人物形象丰满，情节生动自然。与小弗郎士的心理刻画异曲同工。小作者自拟题"怪"也反映出她对这种方法的理解和掌握是到位的。

（二）关注叙事策略与中心表达

叙事时为点明中心，学生多采用"卒章显志"的手法。此法在蒲松龄的《狼》、张养浩的《水仙子·咏江南》及魏学洢的《口技》中均可作为传统仿写靶点出现。但结尾凸显中心还有他途，下面以《藤野先生》为例来谈谈。

鲁迅选择了与藤野先生交往的四个事例，展现自己在日本先学医，而后弃医从文的过程，表达了作者对藤野先生真挚的怀念。之后写道："但不知怎地，我总还时时记起他，在我所认为我师的之中，他是最使我感激，给我鼓励的一个。"直抒胸臆地将对藤野先生的感激、敬仰与怀念推向高潮。但这句话，出现在倒数第二自然段。从表达中心的角度看，文章就此结束，也不会影响情感抒发。

那作者为什么还要写一段？写了什么？达到什么效果？能否从中分析归纳出一个"仿写靶点"？

文章最后，作者补充叙述了两个片段：一个是本应作为永久纪念的藤野先生给作者改正的讲义丢失，另一个是作者北京寓所挂着的藤野先生的照片给作者日常写作以激励。进一步把对藤野先生的深切怀念之情与爱国主义思想统一起来，把对往事的回忆与现实的政治斗争结合起来，深化了中心。

这种在议论抒情式结尾的基础上，再补充一两个文章主体时间线之后的片段的写作思维，笔者称之为"补叙式结尾"。

高阶仿写，不是简单的形式模仿。"补叙式结尾"的仿写教学中，要引导学生看到：补充的片段与主体叙事间的逻辑关系，且补充的片段要能深化写作中心。要明确这里的补充叙述不是记叙顺序中的"补叙"。补叙,是行文中用三两句话或一小段话对前边说的人或事作一些简单的补充交代,有些作品没有补叙,故事情节上就可能出现漏洞,令人不解。比如教材课文《智取生辰纲》中的最后一段。而《藤野先生》最后所补充的内容明显不具备补叙的特点。只有在运用对比、分析和综合等思维进行文本解读,并明晰了以上问题之后,才能真正将这个仿写靶点教到位、学到位。

下面是笔者引导学生模仿"补叙式结尾",从自己既有习作中任选一篇进行习作升格的一例。

学生习作示例二

麦芽糖

作者:刘××(学生)

原文结尾:

麦芽糖陪伴着我的童年,我就仿佛是浸在糖罐里成长起来的。长大了,童年的记忆里也总是那永不淡去的奶奶的香甜味,真是太想奶奶了!后来慢慢地才知道那琥珀色中透着多少奶奶的爱啊!熬这一罐糖,是为让我笑一笑,也将奶奶的黑发给熬成了银丝,你说,这蜜有多甜啊!

增加的补叙式结尾:

初中后,返乡的机会少了许多。每次学校春、秋游时,我也总要带着奶奶寄来的麦芽糖。"哥儿几个",我神秘地说道,"累了吧! 尝尝我奶奶熬的麦芽糖。我请客!"说着,我拿出小罐子,学着奶奶的样子,用小勺舀起一勺,往每个小伙伴的大嘴里慢慢倒进去。"怎么样?"我迫不及待地问。"嗯,超赞!"……"我小时候,可是经常吃呢!"每当这时我总把胸脯拍得响响的,挺得直直的!

原文作者以麦芽糖为线索,回忆了"我"在奶奶照顾下的甜蜜生活,表达了对麦芽糖的喜爱、对童年和对奶奶的怀念。原结尾直抒胸臆,中心明确。通过"补叙式结尾"这个仿写靶点的学习,作者又增加了初中春、秋游时,与小伙伴分享麦芽糖的场景。这个片段的补充,既切合原文主旨,又展现出一种骄傲与自豪,深化了中心。

高阶仿写靶点的提炼,从教师角度看,是基于文本解读,创新教学思路,运用高阶思维进行分析、归纳的结果;从学生角度看,是一种新的不受个体语言感悟和表达能力所限的学习方式的习得。

世间文字万千,编组方式何止亿兆。但讲到底,写作是思维绽放的过程。好的写作应当是具备创新特性的。但创新前的模仿,是人类学习的心理需求,是易推广、可复制的学习经验。在高阶思维的引领下,转变提炼"仿写靶点"的学习方式,为有良好语言感悟和表达能力的学生"锦上添花";更为广大只具备普通语言表达能力的学生"雪中送炭",并为最终的个性化创意写作打下坚实的基础。笔者认为,初中语文的读写结合中不应淡化甚至丢弃仿写,反而应积极转变教与学的思维方式,探索提炼蕴含高阶思维的仿写靶点,为学生写作的未来学习发展提供新的思维方式。

参考资料:

[1] 全国中学语文教学研究会.叶圣陶、吕叔湘、张志公语文教育论文选[C].北京:开明出版社,1995:123—124.
[2] 羊镇清.仿写在初中语文教学中的意义和实践[J].课程教学研究,2017(5):55—59.
[3] 徐德湖.读写结合:需要继承与创新的传统[J].语文知识,2017(13):90—92.

03 初中学生互动式阅读模式培养的实践与思考

马 琳 黄明晶 贾文霏

习近平总书记在 2019 年 8 月考察读者出版集团有限公司时曾指出："要提倡多读书，建设书香社会，不断提升人民思想境界、增强人民精神力量，中华民族的精神世界就能更加厚重深邃。"帮助未成年人养成良好的阅读习惯，正是践行这一理念的有效途径之一。

作为未成年人学习成长中最为重要的知识与力量的来源，阅读能为他们全面、个性的发展奠定基础，为传承和发展中华文化、增强民族凝聚力和创造力发挥积极作用。阅读素养的培育是对全面贯彻党的教育方针、落实立德树人根本任务，发展素质教育的独特贡献，是未成年人逐步形成关键能力、必备品格与价值观念的必要途径。将社会教育与学校教育相结合，能为当代未成年人获得优质的文学文化教育带来更多的可能性。

阅读是一种通过文字获取信息、认识世界、发展思维，进而获得审美体验与知识的活动。同时，也是一种理解、领悟、吸收、鉴赏、评价和探究的思维过程。阅读是一种主动的过程，可以根据不同的目的加以调控。以往对阅读方式的分类，按照其行为预期，可以分为理解性阅读、记忆性阅读、评价性阅读、创造性阅读、探测性阅读和消遣性阅读等不同的形式。

所谓互动性阅读，就是改变主体（阅读者）对客体（读物）理解、认同、接受的固有模式，借助开放式阅读方式，激起主体与客体之间在认知和表达模式层面的碰撞，最终形成个性化结果和选择性提高的阅读机制，从而创造性读解文本的阅读形式。

作为社会有机体的基本单位和活动载体，社区资源应在未成年人教育中发挥更大的作用。以此理念为初衷，上海市格致初级中学与黄浦区第一社区教育中心南京东路社区图书馆开展了长期合作,共享图书资源。在长期的合作中,在落实和推进未成年人阅读资源优化共享方面通过实践积累了经验,为开展各类未成年人阅读活动打下了良好的基础。

一、互动式阅读模式的理论基础

传统阅读模式大体有信息阅读、文学阅读和经典阅读三种。这种区分主要是从读物的类型和读者的需要来划分的。"互动式阅读"的理念与上述三种传统模式都不尽相同。

较之常规阅读,互动性阅读最大的特点是:阅读活动中的主体和客体的关系存在独特性、差异性和互动性。主体的个性特点在阅读过程中能够得到最大程度的发挥。阅读过程完成之后的引领过程,也必将针对不同主体产生不同的策略与沟通方式。

互动性阅读理念的提出,源于对阅读过程中主客关系以及活动状态的考查和反思。已有研究成果表明:人类真实的、有价值的阅读活动,并不是主体(阅读者)对客体(读物)简单理解、认同、接受的过程,而是主客双方互动发展、促进文化属性再生产的过程。在这一过程中,阅读主体发挥着重要作用。一方面,受阅读者自身成长阶段、成长水平的影响和制约,对读物的理解角度和深度必然各不相同。在这一过程中,高于阅读者阅读水平和层次的引领过程必不可缺。但这种引领,也必须建立在充分了解阅读者特点的基础上。另一方面,阅读本身也伴随着理解、吸收和再创造的过程。这一过程中,基于读物本身的再创造过程,才可能对阅读者本身的理解能力、共情能力、逻辑思维能力和美学鉴赏能力有所影响和提升。具有这种特点的接受主体参与的阅读接受过程,才可能成为一个有效的再创造过程。

结合在课堂教学中进行的阅读案例分析和效果评估,互动性阅读与常规阅读相比具有以下几个特性:

共性引领与个性解读的互通性。互动性阅读打破了讲读过程中对内容被动接受的常规,使阅读主体能够按照自身的阅读习惯去体验阅读过程。在这样的阅读过程中,阅读者的个性得到了充分发挥,在吸收、体验的过程,也完全体现了不同个体的独特性。在这一过程中,阅读者的独立思维能力，可以得到充分的发挥和体现。在这样的前提下，可以针对不同的体悟，制定个性化并具有针对性的引领内容。

内容吸收与感悟释放的同步性。 阅读中的思考有助于跳出前人的思维定势，由一般的接受型同构解读，转向发展性的异构解读。重构客体，读者将不以原作者缔结的逻辑结构的认同为终极目的，而是带着一种批判的态度，多方位地选择读解参照，寻求一种更为贴近本然规律的逻辑组合。这一过程中，怀疑性、互动性、再生性成为其显著特点。感悟不再以生成标准化答案为目的，而是以提高美感认同和逻辑感悟的提升为目标。

创造思维与经典理论的共融性。 在互动阅读的过程中，指导教师改变了领读、讲解的传统教学模式。现实的情境关联成为阅读过程的基础。阅读过程更接近读者的直觉体验。阅读时通过创设特定的情境来激活主体的思维，激发创造的灵感，在灵感的驱动下创造性地解读文本。这一过程以随机性、情绪性、多元性为特点。阅读过程不追求形式上的规范和统一，结果也顺其自然地呈现出多元化的形态。

二、互动式阅读模式的培养实践

在完善理论基础的前提下，以社区图书馆为依托，开展了一系列实践活动。实践流程见图1。其中，交流平台表现为线上与线下两种。线下平台以社区图书馆为载体，线上平台以微信、晓黑板等信息平台为载体。

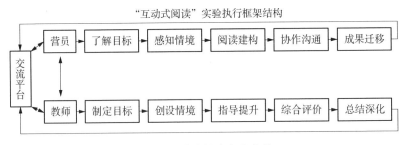

图1 互动式阅读实践流程

在实施过程中，针对实验的不同阶段，使用了以下研究方法：一是问卷调查法。选择实验对象即社区内八年级学生群体展开问卷调查，了解初中生阅读现状及阅读需要。在此基础上招募"阅读实验室"成员,为开展项目实验做好准备。二是行动研究法。在初中生"阅读实验室"互动式阅读活动的预设、组织、推进、验证和总结的过程中,探索推进初中生阅读教育的方法与途径,促进学生社区实践指导站的活动开展。

课题组按照课题不同的实施阶段,具体开展了以下工作。

(一)第一阶段(2019 年 9 月~2019 年 10 月)

创建初中生"阅读实验室"互动式阅读活动平台。该平台具有实体空间和线上平台两个模式,在阅读过程的不同阶段交替发挥作用。实体空间为南京东路街道社区图书馆(见图 2),主要用于引领和总结阶段的直接沟通。线上平台的主体方式为设立了两个微信公众号(见图 3、图4),用于过程督导和效果检验。

图 2　实践运行实体空间——南京东路街道社区图书馆

图 3　公众号之一

图4 公众号之二

完成第一阶段的工作后,设计指向性问卷,在社区内开展未成年人阅读现状与阅读兴趣调查。以问卷分析数据为基础,制定"阅读实验室"互动式阅读活动实施方案。

针对实验主体主要为未成年人的特征,设立了"问题池"。通过微信群征集具有针对性和可操作性的阅读期待。通过教师的筛选归纳,确立活动主题,为每本书对应的"研讲"(固定形式的演讲)构建特定场景。

以下为实施过程中典型案例的节选。

1. 教师组:

(1) 问题池1:

① 学习古诗词和文言文的终极目的是什么(与应试无关)? 是了解历史? 增加文学修养? 或是出于什么其他目的?

② 所谓名著与一般的书籍最典型的区别是什么?

(2) 问题池2:

① 如何解决阅读速度慢的问题?(为了厘清各个事件和人物之间的关系,经常需要反复前后看,减慢了阅读速度。但如果不看,那么有些事情的来龙去脉就不能够梳理清楚。)

② 每天阅读多少时间为宜? 在什么时间段阅读比较好? 是碎片式的好还是一大段放在一起读比较好?

(3) 问题池3:

① 为什么中国作为发展中国家能够让14亿人之间的贫富差距比美国小,同时也能让中国人的平均生活水平比美国高?

② 阅读时如何有目的地去读？如何有方法地读？读后如何写反思和读后感？如何比较两篇类似文章的差异？如何写阅读笔记和任务单？如何通过阅读提高写作能力？

2. 学生组：

（1）目前啊，比较感兴趣的就是追剧追星看漫画吧。想要解决的就是有时候和父母没有共同话题，难以沟通。

（2）自身的阅读问题就是喜欢读有情节的书，就是具体讲了一件事的（像哈利波特之类的），对于鲁迅的书有时候就没有兴趣看。而且也许是因为文化差异，读西方的书感觉有点读不懂。

3. 通过对"问题池"中的素材进行统计分析，进一步制定有针对性的实验目标。

在总结了一系列具有代表性的问题之后，将这些问题形成问卷，进一步确认问题是否具有普适性（见图5）。

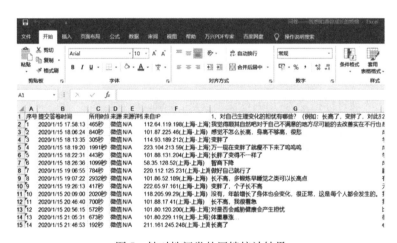

图5 针对性问卷的回馈统计结果

（二）第二阶段（2019 年 10 月～2020 年 9 月）

该阶段的实践按照以下进程推进实施。

首先，通过前期调查统计分析，针对具体目标，拟定阅读书单，与社区资源对接，制订阅读活动计划，明确阅读任务。书单的筛选由项目组主导，经数次讨论决定。前期工作的结果显示，参与实验的学生，在阅读能力和阅读需求层面也存在差异。据此,书单分为指定书目和自由书目两类。指定书目为必须完成的项目,自由书目为个性选择的项目,其完成度不做具体要求。

实验书目示例(八年级阅读营使用):

指定书目:

1.《小王子》

2.《红星照耀中国》

3.《昆虫记》

4. 少年读史记系列之《绝世英才的风范》

5.《八十天环游地球》

自由书目:

1.《长征》

2.《星星离我们有多远》

3.《飞向太空港》

4.《寂静的春天》

5.《苏菲的世界》

其次,明确活动目标与营地制度。

活动目标拟定为:用阅读探索自己,用阅读探索世界。

阅读营营地制度如下:

1. 导师与营员按阶段共同阅读同一指定书目。

2. 坚持每天不间断阅读时间下限为 30 分钟。

3. 坚持每天撰写阅读体会,完成打卡。

4. 打卡格式:①概括今日所读内容＋②印象最深刻的一个点(句子、片段、现象等)＋③为何印象深刻＋④联系自身,深入阐发。

以上活动主要为线上进行(见图 6)。

线下活动为营员自由组合成立阅读小组,每组人数 4—5 人,便于开展小组讨论(见图 7)。

代表性案例示范:

指定书目:《昆虫记》(作家出版社)(见图 8、图 9)。

1. 开始每日阅读打卡与营地互动,在思维的碰撞中取人之长补己之短,获得共同成长(线上)

图 6　阅读打卡记录汇总及统计

图 7　阅读小组讨论

阅读周	第一周	第二周
星期日	1—29 页	30-56 页
星期一	30-56 页	57-107 页
星期二	57-107 页	108-138 页
星期三	108-138 页	139-184 页
星期四	139-184 页	重读完毕
星期五	第一遍阅读完毕	读后感
星期六	1—29 页	
阅读计划完成周期	阅读打卡	1. 第一周完成第一遍阅读
		2. 第二周完成第二遍阅读
	阅读分享	1. 组织小组阅读分享会
		2. 组织班级阅读分享会
	读后感	1. 收集学生读后感
		2. 阅读学生读后感

图 8　《昆虫记》阅读计划示例

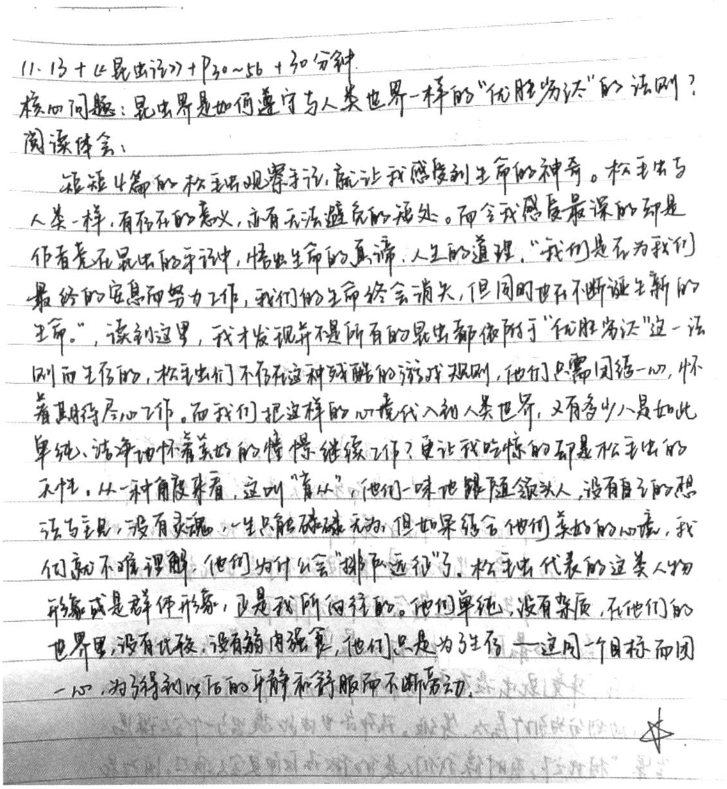
11.13 十六昆虫记+P30~56 +30分钟
核心问题：昆虫界是如何遵守与人类世界一样的"优胜劣汰"的法则？
阅读体会：
短短4篇的松毛虫观察手记，就让我感受到生命的神奇。松毛虫与人类一样，有存在的意义，亦有无法避免的短处。而令我感受最深的却是作者竟在昆虫的手记中，悟出生命的真谛、人生的道理。"我们是在为我们最终的安息而努力工作，我们的生命终会消失，但同时也在不断诞生新的生命。"，读到这里，我才发现并不是所有的昆虫都依附于"优胜劣汰"这一法则而生存的，松毛虫们不存在这种残酷的游戏规则，他们只需团结一心，怀着期待尽心工作。而我们把这样的心境代入到人类世界，又有多少人是如此单纯、洁净地怀着美好的憧憬继续工作？更让我吃惊的却是松毛虫的天性，从一种角度来看，这叫"盲从"，他们一味地跟随领头人，没有自己的想法与主见，没有灵魂，一生只能碌碌无为。但如果结合他们美好的心愿，我们就不难理解，他们为什么会"排队远征"了。松毛虫代表的这类人物形象或是群体形象，正是我所向往的。他们单纯，没有杂质，在他们的世界里，没有攻击，没有钩心斗角，他们只是为了生存一这同一个目标而团结一心，为了得到以后的平静和舒服而不断劳动。

图 9 《昆虫记》阅读体会一则

2. 开展小组阅读分享会(线下)

(1) 根据以上阅读进度，完成两次阅读分享活动。

(2) 通过"研讲"，提高阅读的实效性，同时可以通过这种形式有效检验阅读成果，提高营员的综合素质。

(3) 每人平均3分钟，每组4—5人轮流发言。

3. 撰写读后感(线上)

格式要求：①对整本书内容的概括(小于200字)＋②从书中获得的启示、观点(一句话，小于50字)＋③写自己的故事，你的观点与自己生活的联系(大于500字)。

4. 开展阅读分享会(线下)

(1) 开场。

(2) 老师导读(图10)。

图 10　教师导读过程

书的内容概述——老师讲述故事——引出营员分享。

（3）每组代表依次登台演讲（图 11）。

图 11　分享会的演讲

（4）总结。

5. 总结回顾

整理本次读书活动的打卡内容和优秀读后感，在线上平台（微信公众号）发布。

（三）第三阶段（2020 年 10 月～11 月）

做好档案留存工作，汇总课题研究成果。总结本次实验过程中的经验与感悟,依据不同层次需求进行成果推广。

三、实践成果与思考

总结本次依托阅读营培养初中学生互动式阅读习惯的实践活动,主要收获如下:

1. 创新了初中生课外阅读活动新形式,师生共读,线上线下结合,读写结合,提高未成年人阅读的主动性与幸福感。

2. 创建了初中生课外阅读活动新平台,与学校教育形成互补,有效提高了参与实验的未成年人的阅读兴趣和质量。依托本实验中的实体平台,课题形式也将会继续进行。

3. 依托街道学生社区实践指导站建设,创设初中生课外阅读活动新方法,形成一套行之有效的阅读活动模式和切实可用的阅读资源(阅读课案例与项目书单),为社区教育促进市民终身教育提供帮助。

在活动中,从指导教师的视角出发,也发现了以下需要改进和提升的问题:

1. 在开展一本书的阅读过程中,如能在已有的阅读计划的基础上,增加每天阅读的问题导引,将对初中生,特别是较低学段的学生产生更好的阅读效果。

2. 可以适当设立奖励机制:如设计每本书专属的奖章,完成所有阅读任务的学生都可以获得奖章作为纪念;被推选在阅读分享会上演讲的学生或得到读后感优秀推介的学生可获得相应的证书等。

参考文献:

[1] 刘永幸.初中互动式阅读教学模式的搭建[J].语文天地,2019,(2):56—57.

[2] 余义珍.论基于智慧教室的初中英语互动式阅读教学[J].新东方英语(中学版),2019,(8):73.

[3] 林芬.小学互动式阅读教学模式的研究[J].科学咨询,2018,(23):130—131.

[4] 黄文姿."互动式"阅读教学模式的操作构想[J].福建教育,2017,(44):34—35.

[5] 毛娟.小学语文教学中互动式阅读微探[J].好家长,2017,(16):83.

04　备课环节中的学情分析
——内容与方法

梁　颖

一、学情分析的意义

　　所谓"学情",是指学习者在某一特定时间内或某一项学习活动中学习的起始状态和现有情况。学情分析是研究学生的关键活动,是教学设计系统中"影响学习系统最终设计"的重要因素之一。它在课前、课中和课后都有着非常重要的意义。

　　学情分析可优化教学过程,提高教学效率。其中课前的学情分析就显得至关重要。因为只有在课前准确分析学情,才能做到因材施教;只有在课前准确分析学情,才能实施有效教学;只有在课前准确分析学情,才能提高课堂教学效率;只有在课前准确分析学情,才能合理进行分层作业。所以,教师在教学前要充分了解学生,使教师的教尽可能地贴近学生的学,这样才能引发学生学的兴趣,唤起学生学的动机和愿望。因学定教,因学施教,才能提高教学的有效性。由此可见,在备课时充分研究学生尤其重要。

二、备课中学情分析的内容与方法

　　作为课程实施的重要组成部分,备课是教师完成课程任务、实现课程目标的具体步骤之一,是将理想的课程和文本的课程,通过教师个人的理解,落实到课堂教学之中,最终转变为学生习得的课程。教师拥有的价值观念的差异,往往直接制约着教师创造性工作的级别和质量,也决定着教师工作的方向。如果教师将每一名学生全面、健康、和谐、可持续发展作为教育教学工作的目标，那么教师设计课堂教学目标、构思课堂教学环节时，就会时刻思考着如何让每名学生获得基础知识、基本技能、基本经验和基本思想，就会不仅关注学生发展的现实目标，而且关注学生发展的长期目标。

备好一节课，不仅需要考虑教学目标、教学重难点、教学过程的几个环节等，更要以人为本，在教学中以学生为主体，表现在备课中就是必须更多地研究学生。

（一）从研究学生的实际状态中获取信息，作为教学的起点

所谓有意义的课堂教学，是指设计合宜，能够支持、促进学生内部学习过程的事件，换言之，是指能够促进"有意义学习"的系列活动。"有意义学习"的概念来自奥苏伯尔。在他看来，"意义"不是存在于"文本内的"和外在于学习者的东西，"当学习者运用某种内在的认知操作来主动解释其经验时，意义就出现了。"有意义学习不同于机械学习，后者强调的是机械记诵，它"意味着学习者没有在已知的内容和要记忆的内容之间建立真正的联系。"奥苏伯尔认为，"影响学习的唯一最重要的因素就是学习者已经知道了什么"，而不是仅仅了解"学生不知道什么"，教学最重要的原理就是"探明你的学生的认知结构并据此进行教学"。因此，要想促成"有意义学习"，教师应在探明学生已知内容的基础上，设计活动使学习者在已知和未知内容之间建立真正的联系。

对于阅读教学来说，探明学生的已知内容、已有经验，即阅读教学之前学生的起点状况，并据此设计和实践下一环节的课堂教学，就成了一个非常重要的教学原则。有关阅读理解本身的研究也证实了这一点。为此，在备课中，可以从以下方面切入，寻找学生的起点：

第一，学生是否已经掌握或部分掌握了教学目标中要求掌握的知识和技能，掌握的程度怎么样，没有掌握的是哪些知识。

第二，哪些新知识是学生自己能够自主学习的，哪些需要教师的引导和点拨。

教师应通过对学情的了解，确定哪些知识应重点进行辅导，哪些可以略讲甚至不讲，从而很好地把握教学的起点，有针对性地设计教学过程,突出教学的重点,提高课堂教学的效率。

在对《生命的舞蹈》这篇课文备课时,我就是按这个原则做的。这虽然是一篇700字左右的短文,但它可教的内容很多,如简洁的叙事方式与抽象命题之间的关系、多种修辞手法的运用、文章的结构特点等。这堂课的教学目标到底是什么?在最初备课时,我纠结了很久,而学生在预习本上的质疑点醒了我。绝大多数的同学都对文本中几句富有哲理性的句子疑惑不解,提出了疑问。既然这些语句是学生思维状态中的盲区,我何不从此入手呢?于是我在设计教学内容的时候抓住了课文后面关于"警句"的一篇知识短文,以"警句"为突破口。这是因为课文中叙述的语言学生是容易理解的,而这却不是解读文本的关键。所以我把教学重点放在由"警句"入手,深入文本、解读文本上。正是因为有了文本中叙述性语言的铺垫,展示了课文的内容,才会出现"火在舞蹈,那扭动、变形的舞姿是火的生命张力的表达。燃体在火的舞蹈中发出毕毕剥剥的吟唱。燃体不尽,火的舞蹈不停"和"生命从一降生,就穿上了一双红舞鞋"等揭示和升华课文内容的语句,而这些语句恰恰是学生阅读时的难点。"警句"是要立足于文本内容的,通过对这些重点语句的圈画、品读、朗读,既可以完成对文本内容的理解,又可以加深对文本主旨的理解,可以使学生在原有的基础上能有新的感悟和收获。有了积累之后,整堂课的教学难点就迎刃而解了。在学生有了自己的感悟之后,再让他们写关于"生命"的人生格言,既加深了他们对警句的理解与运用,又使他们感悟到生命的本质,从而使他们更加珍惜生命,热爱生命。同时,在备课时我还想到可以将"警句"阅读的方法作为一种特殊的教学方法,使其在整个教学过程中和生命本质教育的过程中努力得到彰显。

由于备课时是以学生的实际状态为起点的,整堂课学生积极主动,非常投入。在课后的评课活动中,上海师范大学的王荣生教授充分肯定了我的这堂课,说这是他近阶段听到的最好的一堂语文课。此案例也获得了"上海市中学语文学科落实'两纲'教育优秀教学案例征集活动"的一等奖。

(二) 从学生的个别差异中获取信息,进而设计不同的要求

在倡导个性化、尊重多元化的当今时代,我们对学生的个别差异要

细心观察并充分估计。要打破传统教学"一刀切"的教学观的束缚,采取分层教学,分类施教。只有这样,备课的对象才能面向更多的学生。

1. 设计课堂教学的不同环节

学生的个性特点是影响学生学习质量的重要因素。在备课时,教师要因人而异地设计教学环节,做到扬长补短,分类指导。课堂的提问、新旧知识的迁移、新知识的讲解等方面,都要针对学生的差异,设计不同层次的问题,使能力较强的学生发展思维,能力中等的学生产生兴趣,能力较差的学生掌握方法,使不同层次的学生都得到相应提高。

2. 设计课堂练习的不同环节

练习是将知识转化为能力,将技能转化为熟练活动的过程,是反馈学生掌握知识程度的重要手段。在课堂教学的过程中,可随时根据学生的情况调整练习。教师可针对本班学生的学习差异,设计三个层次的练习,即基本练习、变式练习、引申练习。通过分层练习,各类学生学有收获,可以调动其学习的主动性。

3. 设计作业的不同环节

布置作业是检查教学质量及学生掌握知识情况的一种手段。作业的布置不应整齐划一,在掌握各层次学生本节课的学习效果后,可分层设计。作业可分为 A、B、C 三个组别:A 组为基础,B 组为中等,C 组为最难。通过分层作业设计,全体学生可不同程度地落实新知,提升对学习的自信和兴趣。

(三) 从学生的内在需要中获取教学的信息

在以往备课时,我们往往只备教材的内容,而忽略了对学生学情的分析,经常以教师的水平看学生。结果是把学生看高了,课堂上学生"跳了又跳,还是摘不到果子"。其实,这是由于我们把学生看成一张白纸,忽视了学生的生活经验,把学生看低了。课堂上学生"根本用不着跳,便摘到了果子",这样不利于学生的发展。

随着时代的发展、教育改革的不断深入,在今天的备课中,我们开始考虑学生、分析学生的意识,但在分析学生时,也时常流于形式——很多时候考虑的是学生应该的状态,而忽视了现实的状态。以对教科书的处理为例,通常把着眼点放在理顺教材本身的知识结构上,而忽视了学生学习的内在需要，更谈不上去分析学生的学习心理。

六年级第二学期的教材里有篇课文叫《在那颗星子下》，课文主要围绕着一次难忘的英语考试展开，记叙了"我"考前看电影，与林老师不期而遇；临考"抱佛脚"，考了全班第一；讲评得到夸奖，重考却得47分；事后，成绩单上仍是"优"这样一件事。内容和学生的现有感受很贴切，加上一波三折的情节，很受学生喜欢。因为已有很多老师针对此文上了公开展示课，所以我在备这堂课的时候，在吸取了其他老师课堂上的亮点之后，还要尽可能不重复别的老师已有的设想，可哪个突破口更好呢？为此，我们备课组的老师一起说课、研课、磨课。其间，有位老师说道："这篇课文有个副标题：'记中学时代的一件事'，我们何不从这一件事上做些文章呢？"另一位老师说："有道理，对预备年级的学生而言，如何写好一件事是最基本的写作要求，但也是最让他们感到头痛的，这篇课文里写的一件事不正是一个很好的例子吗？"对啊，所以我在备课时把教学难点定为初步掌握解构写一件事的记叙文的方法。所谓解构，就是对结构和内容的分析。而这篇文章无论是从结构上，还是语言上，抑或是主要内容上都有值得学生借鉴之处，故而我把它定位为教学难点。其次，对预备班的学生而言，对一篇文章语言的品读，相对于结构和中心主旨而言也更容易，何况舒婷在这篇文章中的语言活泼传神、充满诗意，一些比喻句也十分新颖，刻画人物心理相当传神。如果能品读好这些语句，了解了心理描写的特点和作用，无论是对文章中心的把握还是对日后的写作都是有好处的。所以，我把品味生动的语言，揣摩人物心理作为这堂课的重点。课堂的最后，我还预设列一个写作提纲，让学生模仿，写一个《校园里的一件事》的写作提纲，这样就能切实落实课堂的教学目标了。

课后，在学生交上来的作业中，就记叙一件事一定是有层次的这一点有了明显的进步。

满足学生的心理需求，让学生已有的生活经验和已有的知识在学习中得到体现，是备课必须关注的话题。站在学生的角度思考，保持一颗与学生共同学习的心态。"想学生所想，苦学生所苦，思学生所思"，让学生真正成为我们教学研究的主要对象，深入地从学生的认知水平，知识基础以及情感态度上考虑，这样备出来的课才是符合学生需要的。

三、总结

综上所述,教师的备课不只是备教材上的知识,更重要的是分析学情——备学生,备学生可能出现的各方面问题。教师只有在充分了解学生、尊重学生志趣的基础上备课,在遵循学生的认知规律和心理发展规律的基础上设计教案,才能备好课,进而上好课,确保课堂教学的高质量。正如著名特级教师于漪所指出的:学生的情况、特点,要努力认识,悉心研究,知之准,识之深,才能教在点子上,教出好效果。

参考文献:

[1] 荣维东.学情探测及其策略[J].小学语文,2010(1—2):11—13.

[2] 于龙.阅读教学的起点探测——《以在那颗星子下》的教学实践为例[J].课程·教材·教法,2009,29(09):41—46.

[3] 陈隆升.从"学"的视角重构语文课堂——基于语文教师"学情分析"的个案研究[J].课程·教材·教法,2012,32(04):42—48.

05 能"言"以达善"辨"
——培养初中语文口语表达能力的实践研究

汤利娜

　　相信各位老师都有过这样的体验：在下课时围着你"叽叽喳喳"说个不停的学生，当在课堂上被请到回答问题时，就完全失去了之前的从容和机敏，不能清晰完整地组织好语言。除了确实不会回答之外，很多学生会说："老师，我紧张。"

　　我思考了很久，这份"紧张"的根源是什么？通过观察，我发现很重要的一个因素是学生长期缺乏口语表达能力的锻炼。虽然在《义务教育语文课程标准（2022年版）》中明确提出了"口语交际"的教学目标和要求，但在实际的语文教学中，我们往往是以阅读和写作为主，忽视了语文作为日常生活中沟通的重要媒介的意义。语言是思维的工具，人的思维发展与表达能力是相辅相成的，教学活动中的"翘脚"既不利于语文素养的落实，也压制了学生个性思维的形成和发展。

　　自古以来，都说"能言善辩"，而"辩"是"辨"的思维活动的外在体现，"好好说话"何其重要！在通过实际的教学尝试后，笔者发现利用课堂的部分时间开展小演讲，是提升学生口语表达的一种行之有效的方法，可以兼顾形式的可持续性和内容的可发展性，为学生创设一个长期的口语表达练习的平台。

一、"只缘身在此山中"，让学生有话可说

　　任何能力的训练都不能一蹴而就，表达能力的培养更需要细水长流。为了让初中生对演讲训练持续保持兴趣，就需要不断推出令学生感

兴趣也有话可说的演讲话题。

(一)挖掘课文,学以致用

部编版教材在每个单元穿插安排了课外诗词、综合性活动、名著阅读或口语交际项目,综合性活动与口语交际板块重在培养学生的语言实践能力。我们在教学过程中可以积极地利用课本已有的资源,从中提炼出课前小演讲的主题,不仅锻炼了学生们的口语表达能力,也加强了他们对单元的整体学习意识。

以六年级上学期第一单元为例,笔者基于单元目标和教材内容设立了各单元的演讲主题(见表1)。该单元作为初中学段的起始单元,有着初小衔接的重要作用。本单元的教学目标之一是学习将情感寄托在语言中的方法。"综合性学习"部分要求学生"向朋友展示自我",这就是一个很符合学生情境的演讲主题。从教学而言,这个主题与学生课堂内容紧密结合;从教育而言,此时学生们刚刚进入一个新的班集体,演讲的主题正好符合学生需要相互熟悉、表现自我的需求。

表1 部编版语文教材(2018 年版)六年级第一学期课堂学生小演讲主题汇总表

六年级第一学期演讲单元主题		
单元	相关单元目标	演讲主题
第一单元	感受大自然的美好和生活中的情趣。积累写景抒情的语句。	综合性学习:向朋友展示自我
第二单元	学习场面描写的方法,体会文章如何通过整体勾画和局部刻画写好场面。	写作:多彩的活动(参加过的一次集体活动)
第三单元	理清文章思路,文章概括的主要内容,抓住叙述或说明的重点。	写作:共享美好生活(我最难忘的一次旅行)
第四单元	学会梳理小说的主要情节,感知人物形象。	《童年》名著导读:我印象最深的人物
第五单元	用心感受生活,发现生活中的美。学习围绕中心选取材料或事例。	语文园地——交流平台:发现生活美好("书香苑"的故事)
第六单元	借助想象和联想,体会艺术之美。	综合性学习:优美的汉字(我来介绍一个字)

对许多学生而言，这是他们第一次站上讲台演讲，为了能让活动顺利进行，我事先做了比较充足的准备和引导。首先是用了一节课向大家初步介绍演讲的知识和要求；其次针对本次的主题，播放了比较优秀的"自我介绍"的视频，边播边指导学生可以学习范例中的哪些内容和方法；最后不对这次演讲进行评比，既是为了鼓励大家参与，也是想让他们感受到演讲不是什么考核，仅仅是一个让大家"说话"的平台罢了。

在这一次的演讲活动中，有的同学展现了自己幽默的性格，有的简单展示了自己的才艺，有的在大家面前宣告了职业理想，还有的意外发现了与自己有共同爱好的朋友，一下课就迫不及待地凑在一起……

(二) 名著阅读，有感而发

初中学段共有14本必读名著，旨在与课文相配合，培养学生整本书阅读的能力和兴趣。将小演讲的形式与名著阅读的内容结合在一起，通过读、写、说互动，更好地提高学生的语文综合能力。

与名著阅读相结合的演讲主题大致可以分为三个类别。

第一类侧重检测学生对文本内容的了解，以故事的介绍，情节的复述、转述、概括、梳理等为主，旨在整体把握名著内容，巩固记忆。第二类侧重对赏析和分析能力的培养，以对人物的分析点评、情节发展的解释等为主。第三类侧重与学生的现实生活相结合，引导学生抒发自己的态度，总结书本带给自己的启示和思考。

以七上的《朝花夕拾》为例，我设计了三个阶段的小演讲活动：第一阶段是在初读文本的基础上，要求学生介绍自己最喜欢的一篇文章，并详细介绍记忆最深刻的细节，检测学生阅读完成情况的同时锻炼他们的复述能力。

第二阶段是在学习完《从百草园到三味书屋》后，从课内的单篇课文过渡到整本书籍，我布置的主题为"你觉得童年的鲁迅是一个怎样的孩子?"借此引导学生对人物产生全面立体的理解。

一位学生在她的文稿中写道："……还是公子哥的鲁迅，会因为猫吃了自己心爱的隐鼠而去'迫害猫'；会为了一部《山海经》而日思夜想，寝食难安；会为了一个能去看五猖会的机会而拼命地背书……这些幼稚调皮的行为和想法似乎和我们没什么不同……"她得出了一个结论："可见,没有一个人是生来犀利、冷峻的,只是他的人生经历塑造了他的性格,鲁迅也是如此。天真质朴、调皮捣蛋就是我眼里的童年鲁迅。"

在期中考试后,我给出了第三个主题——"如果是你,你愿意住在鲁迅的家乡吗?"在之前的学习中,学生们已经关注并解读了文章主体内容,但是也不能忽视故事的背景和那些次要的"配角"。通过这次演讲,我将学生的思绪导向这些容易被忽视的内容,结合自己的感受去进行批判性的、个性化的思考。

鲁迅一直令人学生感到"敬而远之",但是通过这一系列的阅读和演讲活动,同学们从不同角度了解了这位"民族魂"的童年,在演讲中逐渐与书中的小鲁迅共情。

(三) 关注生活,独具慧眼

美国教育学家华特科勒涅斯说过:"语文学习的外延与生活的外延相等。"学习语文的目的之一就在于培养学生在特定现实情景中解决问题的能力。因此,在设定演讲主题时,或是打破学科之间的壁垒,或是结合当下的生活热点,或是为学生提供真实的情景,来鼓励他们表达自己的独特思考和感受。

比如"双减",这是一项与学生密切相关的改革,给他们的学习方式和生活模式都带来了巨大的改变,学生们根据自身实际的体验也产生了不同看法(见图1)。以"我眼中的'双减'"为主题,自拟标题,让学生畅所欲言。参与演讲的同学侧重点各不相同,有因为自己回家后过于空闲不

图1 学生演讲内容概要及照片

知所措的,有认为压力反而增大的,也有为作业减少可以做喜欢的事而高兴的⋯⋯

新颖的演讲主题可以激发学生的表达欲,只有拉近课堂与生活的距离才能让学生觉得学习语文是"有用"的,将心得体会都以演讲的形式表达出来,不仅仅发展了学生的口语交际能力,也是思想塑造和品德教育的一个新途径。

二、"远近高低各不同",让学生不惧发言

一个人五指尚有长短,更不用说一个班里的学生,他们的性格特点、家庭教育和学习经验各不相同。如果要把演讲训练长久地进行下去,就不能把它变成部分优秀学生的"秀场"。一方面,我们要让所有学生都知道该怎么做;另一方面,更要依据每个学生的能力特点对他们"量身定制"演讲的要求。

(一) 授人以渔:搭建学习框架

《扶放有度实施优质教学》一书中提到,教师的教学要从扶到放,先扶后放,逐渐地培养起学生的自主学习能力。要开展长期的演讲训练,就需要教师搭建好脚手架来"扶",通过制定细致的实施流程和指导基本的要求和方法,激发学生一步步地在实践过程中显化其内在的思维成长。

演讲训练是一项长期、系统的教学活动,作为组织者,教师在最初要有清晰具体的规划:目标的确立、内容的选定、过程的设置、评价的实施,每一个环节都要紧密融合,这对教师的专业水平和执行能力都提出了挑战。

在开始布置小演讲任务之前,我先是用了一节课的时间给学生们简单介绍了演讲。并以《为人民服务》为例,让学生直观感受什么是演讲稿,并且说说演讲稿的特点。接下来让学生观看优秀的演讲视频,在此基础上讨论如何做好演讲。通过导入课的学习,学生对演讲有了一个基本的认识,掌握了写演讲稿和发表演讲的基本骨架(见表2)。

表2　初步介绍演讲知识的教学设计简案

课题:走进演讲	课型:新授课	课时:1课时

教学目标:1. 了解演讲稿写作的要求
　　　　　2. 掌握演讲的基本技巧

教学重点:学会写简单的演讲稿

教学难点:培养学生流畅自然、情感饱满地表达观点的能力

教学过程:

一、导入激趣

请同学们阅读毛泽东的《为人民服务》一文,你认为这是一篇什么文章?

二、认识演讲稿

1. 介绍演讲的定义:是指在公众场合,针对某个具体问题,鲜明完整地发表自己的见解和主张,阐明事理或抒发情感,进行宣传鼓动的一种语言交际活动。

2. 再读《为人民服务》一文,提炼演讲稿的写作特点?
观点直接鲜明　选用合适的材料　情感充沛饱满　语言通俗易懂　篇幅不长

三、赏析演讲

1. 观看演讲范例《年轻人能为世界做点什么》

2. 各抒己见:你认为她演讲成功的原因有什么?
姿态、动作、语气、语调、停顿、修辞……

四、作业

试着以演讲的方式朗读《为人民服务》,拍一段视频。

接下来,我给整个演讲活动制定了清晰的流程:学生抽签确定编号——按照编号顺序每周安排两到三位同学进行演讲——学生提前一周向老师询问演讲主题——周一上交演讲初稿——周三到周五完成演讲——当场录像保存——当场点评指导。明确的步骤和时间点安排有助于学生养成良好的习惯,帮助学生逐渐将课前小演讲视为日常学习中的一个必要环节,重视并认真对待。

在最初的半个学期,每天的演讲活动还是需要我作为主导者。随着学生对流程越发熟悉,他们渐渐会主动地为自己的演讲做好准备。在一个学期之后,这已经成为了学生们"习以为常"的"固定节目"。

(二) 尺短寸长：立足个体差异

苏联教育学家维果茨基提出了"最近发展区"理论，认为在确定发展与教学的可能关系时，须确立学生发展的两种水平：一是已达到的水平，二是可能达到的水平。学生借助教师帮助所达到的水平和学生独立活动所达到的水平之间的差异称之为"最近发展区"，而每个学生的"教学最佳期"是根据他的"最近发展区"而产生的。在教学过程中，即使是同一个班级的学生也具有巨大的个体能力差异，因此，在教学活动中主动运用"最近发展区"理论关注学生的差异性，才能让每个学生都获得进步和成就感。

为了引导每位学生都进入自己的"最近发展区"，在发布小演讲内容时，教师应基于学生语文表达能力的差异和兴趣偏好的不同，对演讲难度和要求进行调整，或是先给出概括性较强的大主题，再让学生基于自身的情况确定具体的演讲内容，将演讲内容的难度分层，提出进一步细化的要求。

表3 （2018版）部编版语文教材六年级第一学期单元演讲分层要求

六年级第一学期单元演讲分层要求			
单元	相关单元目标	演讲主题	分层要求
第一单元	感受大自然的美好和生活中的情趣。积累写景抒情的语句。	综合性学习：向朋友展示自我	A：清楚介绍个人的基本信息。B：对爱好、特长等有详细介绍。C：内容有详略，语言生动。
第二单元	学习场面描写的方法，体会文章如何通过整体勾画和局部刻画写好场面。	写作：多彩的活动（参加过的一次集体活动）	A：清晰完整地介绍活动过程。B：重点描述印象最深刻的活动环节。C：整体场面描写与细节描述相结合。
第三单元	理清文章思路，概括的主要内容，抓住叙述或说明的重点。	写作：共享美好生活（我最难忘的一次旅行）	A：具体描述一次旅行。B：重点描述旅行中的难忘瞬间。C：明确旅行对我的意义。
第四单元	学会梳理小说的主要情节，感知人物形象。	《童年》名著导读：我印象最深的人物	A：概述人物生平。B：结合书本情节说明人物形象。C：对人物做出自己的评价。

六年级第一学期单元演讲分层要求			
单元	相关单元目标	演讲主题	分层要求
第五单元	用心感受生活，发现生活中的美。学习围绕中心选取材料或事例。	语文园地——交流平台：发现生活美好（"书香苑"的故事）	A：叙述"书香苑"发生的两三个生活片段。B：有明确的中心情感。C：片段与中心的关联清晰。
第六单元	借助想象和联想，体会艺术之美。	综合性学习：优美的汉字（我来介绍一个字）	A：介绍汉字的演变历史。B：说明喜欢这个字的原因。C：适当运用想象、联想的手法说明汉字的"美感"。

例如，六下某次演讲的大主题为"介绍一篇你最喜欢的文章"，两位参与的学生一位喜爱读书，平时语文能力较强；另一位则基础较差，性格内向，在上课提问时也难以流利表达。我给二者不同的引导：对第一位，要求介绍课外的名家名篇，在演讲过程中要用精练的语言概述文章并谈论阅读的感受；对第二位，建议选择已学过的某篇课文，重点阐释你喜爱这篇课文的原因。

基于不同学情，两位学生都在演讲中通过自身的努力达到了潜在的发展水平，获得了一定的成就感，这促使学生对小演讲活动保持着积极的态度和兴趣。

三、"横看成岭侧成峰"，让学生开口有益

回到一开始说到的场景，学生无法自然地在正式场合说出自己的观点、会感到"紧张"的原因之一，便是担心无法说出老师需要的答案，从而获得消极的评价。如果经常收到这种"打击"就会形成恶性循环，最终使得一部分学生放弃表达自我。其实对同一个事物的理解本就不应该有唯一的、确定的答案，因此，要改变让教师"一锤定音"的评价方法，让学生感到"开口有益"。

在小演讲的过程中，老师和同学对其演讲的反应与看法是学生最关

心的地方,利用好演讲结束后的评价环节对学生能力的提升有着重要作用。但如果只是教师的点评会让学生难以产生成就感,点评的角度也过于单一。因此,在实践过程中,我采取了三个主体的评价:同学点评、教师点评和学生自评,力求能让学生从更多的角度了解自己演讲的效果。

第一步同学评价时,往往会更关注素材的选择,演讲者的肢体语言和语言的感染力,以是否能让自己感兴趣作为评判的重要标准。我要求学生先评价优点,再提出缺点。第二步教师点评时,我会对学生评价的内容做适当的纠正和补充,并从演讲内容的结构安排和逻辑关系上提出意见,引导学生关注演讲内容的整体性。最后学生自评时,我要求他先概述对之前评价的看法,再总结自己下一次演讲应该要注意的方面。

在评价方式上,我也选择以等第加评语的方式来代替分数,基于学生个人的能力而不是统一的标准进行评分。

表4　学生小演讲评价表

小演讲评价参考表			
		A 等 (完全符合)	B 等 (基本符合)	C 等 (有待改进)
内容	演讲题目符合单元主题			
	演讲内容围绕题目展开			
	演讲内容完整			
	有具体的事例			
	观点清晰明确			
表达	吐字清晰、声音响亮			
	演讲流畅、语速适中			
	情感充沛、有感染力			
仪态	站姿端正、正视观众			
	通过适当的肢体动作表达情感			
亮点	有 PPT、配乐等素材辅助			
	材料新颖、观点独特、情感真 挚等突出特点			
我的评价				

多元化的评价让所有学生都能参与到每一次的小演讲活动中。"评委"和"选手"的身份变化促使他们以不同的视角来评判演讲内容,促使他们自我反思,在激发学生在演讲活动上的潜能和兴趣的同时,进一步培养和发展他们的批判性思维。

口语交际是学生主动梳理并整合已有的知识和能力、在具体的语言情境中正确有效地表达自己观点的过程。在逐渐变得"能言"的过程中,学生的各项素养都得到了运用和锻炼,促使他们的思维在个性化实践中得以发展,最终在"思辨"中形成自己对世界的独特看法。

语言是认识世界的工具,表达是认识世界的方法,我们要在教学中引导学生学会运用它们,并借此构建起他们独一无二的世界。

参考文献:

[1] 中华人民共和国教育部. 义务教育语文课程标准(2022 年版)[M].北京:北京师范大学出版社,2022.

[2] 上海市教育委员会教学研究室. 教学与评价的风向标——上海市中小学各学科核心素养研究[M].上海:上海科技教育出版社,2018:7.

[3] (美)道格拉斯·费希尔,南希·弗雷. 扶放有度实施优质教学[M].福州:福建教育出版社,2019:2.

[4] 贺志艳. 初中语文演讲训练价值与策略探究[J].教师,2021,(24):21—22.

[5] 李英楠. 统编版语文教材初中年级口语交际教学研究[D].山东师范大学,2021.

06　浅谈围棋读本教学实践中的"教""学"转化

潘　婷

一、研究背景

在不断地学习理论、搜集材料、整合资源、尝试编写后,终于看到笔者负责的"围棋古诗"板块已初具雏形了。笔者从一个完全不懂围棋的"门外汉",到现今能根据涉及的名人轶事、主题思想、围棋典故等对诗进行分类,再按照学生的认知水平进行编排。而之所以有这样的转变,都源于师生共同努力的结果,算得上是一个里程碑式的进展了。在享受读本成形带来的成就感的同时,笔者又陷入了如何进行课堂实践的深层思考。

正当苦于探索无绪之时,班中小围棋手得知笔者在编写关于围棋方面的读本,表现出了强烈的好奇。他的反应让笔者找到了"柳暗花明又一村"的突破。

二、促进师生共进的教学策略

原本觉得无所适从的课程,居然蕴含了如此大的吸引力。爱因斯坦说过:"兴趣是最好的老师。"一个人一旦对某事物产生了浓厚的兴趣,就会主动去求知、去探索、去实践,并在求知、探索、实践中产生愉快的情绪和体验。这也许就是大家如此投入的原因吧!

(一) 激发兴趣,激活潜能

从某种意义上说,好奇心是产生对问题探究的心理根源,也是推动人类成长和前进的根本动力。兴趣是学生学习动机中最易激发的因素，有了兴趣，就会萌发求知意识，在求知过程中又会产生无穷无尽的兴趣，再次促进探索。兴趣越高，学习的效率就越高。如果能让学生的兴趣得到充分的满足，又何愁学生不学呢？学生是教育的对象，是学习的主体。教育学家苏霍姆林斯基曾经反复强调："学生是教育的最重要力量，如果失去了这个力量，教育也就失去了根本。"因此，要充分挖掘学生的学习潜能，使他们真正地成为学习的主体，成为教育最重要的力量和根本。

既然个别学生已经产生了兴趣，就应该乘胜追击逐一突破。某日放学后，笔者找来某位小棋手，开始尝试构想。笔者询问："《观棋》中有这么一句'得势侵吞远，乘危打劫赢'。对其中'打劫'这个围棋术语不太了解，正好你学围棋，能否讲解一下意思？"

学生对于老师亲自向他请教表示非常惊讶，随手拿起纸和笔画起棋盘来。"'打劫'就是两方相互吃子，反复提子。你看黑子把白子包围了吧，这样这颗白子就可以被提走了，再下这步白子也可以把黑子提走，但是不行，必须要在别处下一手才能回到这里把黑子提回。"他见笔者一脸茫然，又进一步解释起来："这边反复提子，等于这棋没完没了，既浪费时间又分不出输赢，所以要不就是在别处下一手再回来提子，要不就是找其他的'劫财'……"

"总算明白了，原来是这样啊，放到古诗里真是一语双关呀，不仅能反映棋局的短兵相接、战况激烈，更能反映对弈者针锋相对、运筹帷幄！"笔者不禁感慨道。学生也若有所思地说："噢，这首诗中的围棋术语用得太妙了，比我单纯地会下棋高明多了！好期待这样的围棋课呀！老师你要加油哦！""这次多亏有你，真是帮老师解决了大难题。"看着他得到肯定后的高兴劲儿，听到他的鼓励，笔者信心倍增。

学生的潜能一旦被激发出来，产生的效果是立竿见影，甚至意想不到的。可以充实教学内容，打破编书者、执教者的定性思维。教师只要运用科学的教学方法，发挥学生的主体性，给学生创造展示自我的机会，鼓励学生对问题进行讨论，就能让学生的潜能在思维碰撞的过程中产生出智慧的火花。应充分挖掘出这些互动的内容，激活学生思维，与文本展开对话，实现有效互动。对学生的问答往往可以开放性、多元化处理，不局限、不拘泥，让他们体会到学习的乐趣。更多地唤醒他们尘封的潜能,诱发他们正在萌发的创造冲动。

(二) 思维碰撞,整合重构

信息时代,学生知识的广博、见闻的广泛远超于我们的想象,不能一味墨守成规,用停滞的眼光去衡量他们。教师不仅要有引领学生学习的意识,也应该有向学生学习的意识。在教学设计或教学实施的过程中,要善于寓教于乐,充分调动学生多方面的兴趣,激励学生自主探究,从而达到事半功倍的效果。所谓"三人行,必有我师焉",通过交流发现有特长的学生并让其乐于发挥自己的特长和优势。之前,遇到关于围棋方面的专业问题,笔者总是习惯于请教身边的同事——围棋老师,而这次不耻下问的经历也让笔者意识到学生和老师身份的转换,教与学的转化竟来得这样猝不及防。

此后笔者又召集班中围棋生座谈,让他们说说关于课程实施的建议,在思维相互碰撞的过程中,激射出很多绚丽的火花。比如:可以利用围棋名人轶事导入激趣;搜集围棋传统文化知识进行拓展;了解围棋术语背后的故事;开展围棋诗诵读的活动;运用所学的赏析古诗的方法,把围棋与时代背景结合起来,感悟作者的心境和情感等。大家在轻松的氛围中继续讨论、相互学习,从中体验到了对围棋课程的兴趣,仿佛看到了课程的美好未来……学生们的表现给了笔者许多惊喜。俗话说:"知疑灵犀通,善思出睿智。"适时调动他们的积极性,让学生用心思考研习文本,在常见的现象中生疑质疑,钻研、探索的好奇心有了,学习的动机也就显现了。

学生的身上确实有许多值得教师学习的东西,要放手让他们去尝试。教师对无知领域要勇敢承认,适时地"示弱"——提出一些问题来"请教专家",会让学生积极起来,迅速地成长起来,他们的分析能力也会越来越强。教师再给予学生真诚的鼓励和感谢,从而赢得了学生的信任,无形之中满足学生的被认可感,满足学生被需要的心理。让学生看到了自己的优势,信心倍增地去学习和探索,兴趣也会越来越浓。在兴趣中体会成功,在成功中培养兴趣。这样不但不损伤教师在学生心目中的形象,反而更能增进师生感情,课程设计也在重构中得以推进,资源得到整合。

(三) 平等对话,合作探究

在课程的开发阶段,教学对象的兴趣和知识储备是基础;到了课程的实施阶段,教师和学生之间平等、合作的互动才能唱响和谐的旋律。要先从研究学生入手,在了解学生兴趣需求的基础上设计课程,真正体现"以生为本"的教育新理念;要敢于打破预先设定的条条框框,迎接多种挑战,根据教材的重点和学生探究的现实学情,及时调整教学的策略。

学生是教学活动的主体,强调学生的自主性,并不否定教师的主导作用。实质上这种课程开发实践的探索活动是在教师"导演"和指导下的活动,从而实现从知识传播者到学生学习组织、指导、参与者的角色转换。

1. 教师是课堂教学的组织者

由于学生的组织应变能力有限,无法顾及其他个体的反应,如果缺乏教师有效的组织管理,必然导致课堂的无序和失控,从而降低课堂教学效率。教师在课堂上应该给学生充足的时间,让他们自己去安排;给学生创设条件,让他们自己去锻炼。精心创设互动情境,如问题情景、对话情境、生活场景等,尽可能做到问题由学生提、规律由学生找、异同由学生评、结论由学生定。某次笔者在课堂上提过一个开放式的问题:"围棋有很多别称,如烂柯、手谈、左隐、乌鹭、吴图、纹枰等,谈谈古人作出这些命名的意图。"这个问题一时间激发了大家讨论的热情,学过围棋的学生从围棋的对弈形式入手进行解释,比如"手谈"是指下棋的时候,手执棋子落下,双方以落子作为语言进行交流,在棋盘上传递对弈者的思想。"坐隐"是把对弈者正襟危坐、运神凝思时的神态,比作是隐世高僧参禅入定。思维较活跃的学生通过想象乌鸦和白鹭的颜色,推测"乌鹭"正巧对应围棋黑白棋子的颜色,从而成为围棋的别称。班中文科较好的学生从文学典故方面讲解了"王质烂柯"的故事,顺便联系了语文教材中《酬乐天扬州初逢席上见赠》中的"到乡翻似烂柯人",进一步把课内所学迁移到课外,构成有机的整体,加深对围棋文化的理解。学生的思想纵横驰骋,在愉快、轻松、和谐的教学氛围中,打破传统意义上教师的教和学生的学,激起学生的学习欲望,让学生自主探究、合作交流,缩短师生之间的情感距离,使学生主动参与到教学中来,从而获得最佳的师生之间、生生之间的互动效果。

2. 教师是学生拓展的指导者

由于学生认知水平的差异,致使他们对新问题的认识停留在原有的层次上,学生对课堂中即时生成的内容要建立在教师的帮助下才能完成。某日笔者讲了《橘中棋仙》这则神话传说:故事讲述了在一户人家的橘园里,农夫半夜被园中传来的说话声吵醒,他前往一探究竟,发现声音是从一枚硕大的橘子内部传出,他摘下橘子,剖开一看,里面竟然有两位白发老叟在对弈。学生纷纷表示情节太假,甚至感觉有些荒诞。于是笔者联系语文教材中《中国古代神话故事三则》这篇课文,引导学生思考神话产生的背景,使他们正确认识了神话的意义。如果没有教师创设情境的引入和因势利导的促进,学生就不能在较高的认知层面上得到提高。所以,当学生在学习中出现了模糊、不理解之处时,教师要适当点拨,启发学生积极主动思考问题,帮助学生分析并总结出现偏差的原因。同时还要鼓励学生树立严谨治学的态度,形成积极思考的好习惯。不盲从书本,不听信权威,不拘泥于前人的结论,不墨守成规;对自己的观点、主张必须言之有理,持之有据。这样才能有利于学生在教师的指导下独立完成拓展任务,才能提高学生探究的质量。

3. 学生将成为课程探究的促进者

改变了传统的教师讲、学生听的固有学习模式,如何让学生积极主动地探索、尝试是核心问题。有一次补充材料涉及宋太宗自创了"对面千里""海底取明珠""独飞天鹅"三个死活题的内容,对于没学过围棋的人来说很难明白其中奥秘,而学围棋的学生虽然了解布局走法,但缺少文化底蕴的支撑很难领会命名的精妙。于是笔者充分挖掘团队中个体学生的潜能,充分发挥学生所具备的优势,在展现学生个性、才能的基础上,让某方面擅长的学生通过自己的学习经验来帮助学习产生困难的同学,一方面能攻克畏难情绪,利用间接经验可以少走弯路,提高成就感;另一方面能促进学生自我教育,帮助他们保持学习积极性,厘清自己想要学什么、怎么学的问题。学生由被动的接受变为主动学习,培养了独立思考、解决实际问题的能力,实现生生互助,推进课程实施的进程。

彼此形成一个真正的"学习共同体",教师不再仅仅去教,而是通过某种形式在学;学生在学的同时也在教人。师生源于同样的兴趣共同探索,让学生消除学习的"压抑感"和"神秘感",形成了自主探究意识与创新精神,变为真正的乐学、爱学、善学;也会让教师加强对"自身薄弱环节"的重视,从而提供了学习的动力,也在一定程度上促进了教师的专业化发展。

三、结语

这次"兴趣之旅"是一次偶然的尝试,和学生融为一体,使笔者真正体验到"教学相长"带来的益处。感受到学生的灵感迸发并为此努力求真的这份激情,感慨于教学的艺术不在于传授本领,而在于激活、唤醒和引领。希望在彼此心中升腾,这曾是笔者教学生涯中可望而不可即的东西,但现在却真实地存在并发生着。只要有兴趣就会更加投入。善于思索的人,才能走入智慧的殿堂。

参考文献:

[1] 李积元.浅谈语文课程的研究性学习中教师的角色转换[J].读写算(教师版):素质教育论坛,2017(43):1.

[2] 杨木平.创设互动情境让语文课堂"动"起来——新课改下课堂教学的有效互动初探[J].新课程学习(上),2014(01):12—13.

[3] 李元.让语文课充满魅力[J].散文百家·教育百家,2014(03):46—47.

[4] 陈玉虎.有效平台之构建,多面思维之激活——浅谈提高语文课堂教学有效性的几点经验[J].时代报告:学术版,2014(10):2.

07 "双减"背景下初中数学分层作业设计策略

朱玉杰

　　作业,是教育环节中重要的一环,是学生学习生活的重要组成部分,是培养学习能力的重要渠道,是教师、学生、家长相互交流中不可回避的话题。因此,教师应提升作业设计能力,提高作业质量,助力学生更有效地学习。

一、为什么进行分层作业设计

(一)学业压力过重,亟需改善

　　教育部在 2022 年连续出台的"双减"政策和"五项管理"政策中均提到要合理调控作业结构,加强作业质量监督,在合情合理的范围内,发挥作业应有的功能,切实减轻学生过重的学业负担。同时也要求提高作业质量,布置分层作业、弹性作业和个性化作业等。

(二)课程理念指引,目标明确

　　《义务教育数学课程标准(2022 年版)》指出:义务教育数学课程要落实立德树人根本任务,使得人人都能获得良好的数学教育,不同的人在数学上得到不同的发展,逐步形成适应终身发展需要的核心素养。因此,教育既要面向全体学生,又要充分考虑个体差异。

(三)作业功能使然,促进发展

　　作为教学五环节之一,作业有助于促进学生发展,包括学生巩固和应用学习内容、自主学习能力、学习习惯、学习方法、责任感、自律性、持之以恒的意志力、时间管理能力、创新实践能力、学业成绩等多方面的发展。在日常教学过程中,如果我们只关注作业诊断学业成绩的功能,会产生一个误区:多做作业有助于学生更好的学习,多做作业可提高学科在学生心目中的地位。作业究竟在实际过程中起到积极作用还是消极作用,取决于学生个体的差异及作业设计和实施的质量。

因此,设计出符合学生特点和学习规律、与学生学习水平相匹配、形式多样且适量的分层作业,才有可能做到减负增效,人人受益,促进发展。

二、什么是分层作业

分层作业的界定目前没有统一的定论,主要是指对学生的学习成绩、思维表现、学习水平、兴趣爱好等多方面能力综合考量下的表现相对匹配的作业。根据学生综合的表现进行合理分层,完成相应的作业任务,最大化地促进学生的发展。教师可从以下几个方面思考设计分层作业:一是通过作业的数量或者难度进行分层,让学生在相近的学习时间内完成符合他学习能力的作业;二是在同一知识背景下通过改变作业类型进行分层,满足学生的学习习惯或兴趣爱好方面的差异;三是对同一份作业的答案呈现方式要求不同进行分层,满足学生思维表现上的差异;四是需要小组合作完成的作业根据学生的能力不同进行任务分工实现分层,突出学生特长。

三、如何进行分层作业设计

(一) 对学生进行分层

作业实施的主体是学生,分层作业设计的前提是要根据学生的学习成绩、学习习惯、学习态度、能力水平、畏难表现等多方面表现,进行一定的分层。在分层过程中要把握学生学习能力之间的差异,重视每一个学生的发展,尊重学生身心发展具有不均衡的特点。同时也要做好各层次学生的思想工作,在一定程度上降低"标签化"效应,让学生接受不同层次的作业训练可帮助其在原有基础上有一定的提升。结合学情,按照合适的比例,可将学生大致分为三类:

学习态度认真,敢于挑战,善于思考与创新,具备良好的自主探究能力,数学成绩较优异的学生,视为 A 层;

学习态度端正,能认真完成老师布置的基础任务,存在一定的畏难情绪,数学成绩处于平均水平的学生,视为 B 层;

学习态度一般,学习效能低下,自觉性不高且具有明显畏难情绪,数学成绩处于中下等水平的学生,视为 C 层。

(二) 设计分层作业目标

作业目标是反映作业需要达成的功能和作用。目标的适切性决定了作业设计的方向,目标的达成度决定了作业设计的成效,目标的科学性决定作业设计的难度,目标的差异性决定了作业设计的分层。因此,在分层作业设计前应先设计相应的分层作业目标。

(三) 利用身边优秀资源设计分层作业

1. 善用教材资源,设计日常作业

分层作业是课堂教学的延续,具有教学诊断的功能,是充分发挥作业功效的重要途径,也是新课标背景下作业布置的基本要求。学生通过作业内化课堂所学,老师通过作业反馈教学成效。以初中数学平面几何证明题为例,在日常作业分层设计过程中,不妨从教材中挖掘优秀的资源设计变式训练,将经典例题的条件和结论做一定的调整,围绕同类知识点设计多个层次,既能巩固基础,又能一定程度上体现能力差异,做到"教、学、评"的一致性。

案例一:"直角三角形的性质"作业设计

适用年级:八年级第一学期

素材来源:沪教版《数学》八年级第一学期"19.8 直角三角形的性质例题"

分层设计目标:

学生情况	目　　标
C 层	运用直角三角形的有关性质解决简单的几何问题
B 层	根据所给条件,自主设计命题,灵活运用直角三角形的有关性质解决简单的几何问题
A 层	适当添加辅助线构造基本图形,灵活运用直角三角形的有关性质解决较复杂的几何问题

分层设计作业:

(C层)1. 已知:如图 1,在 Rt△ABC 中,∠ACB＝90°,点 M 是 AB 的中点,CD⊥AB,垂足为 D,且点 D 是 MB 的中点.求证:∠A＝30°.

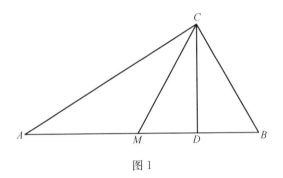

图 1

(B层)2. 已知:如图 1,在 Rt△ABC 中,∠ACB＝90°,点 M 是 AB 上一点,点 D 是 MB 的中点.请从① ∠A＝30°;②点 M 是 AB 的中点;③ CD⊥AB 中选取两项作为题设,第三项作为结论,其中真命题的有_____种,请选取其中一个真命题加以证明.

(A层)3. 已知:如图 1,在△ABC 中,∠A＝30°,点 M 是 AB 的中点,点 D 是 MB 的中点,且 CD⊥AB. 求证:∠ACB＝90°.

设计说明:三道作业均属于教材例题的变式,难度逐层递增。C层作业考查直角三角形相关性质的运用,条件充分,目标明确,对学生综合能力要求较低;B层作业具有开放性,由学生自主选择题设和结论,设计命题加以证明,让学生在完成作业的过程中,体会互逆定理之间的关联性;A层作业缺乏必要的直角三角形背景,需适当添加辅助线构造,建立已知条件之间的联系,灵活运用直角三角形的有关性质解决问题。

2. 利用模考资源,设计专题作业

九年级综合复习阶段的数学作业具有综合性强、考查知识点多而灵活、知识关联性、系统性强等特点。而学生面临着中考升学压力,一方面学业负担重,学习时间相对紧张;另一方面多数学生对数学综合性压轴题存在畏难情绪。因此,供学生使用的作业质量显得尤为重要。以上海市为例,各区县近几年的一二模卷中的试题是用以复习巩固的优质作业资源,一线教师可研究并选择一定的素材作为背景,结合具有一定强关联性的复习内容进行分层作业设计。尤其是近几年中考的热门考点,可从一二模卷中选择一定的题目作为作业背景,根据制定的作业目标,结合同类知识点对比分析,进行合理的改编,满足不同层次学生需求,进行专项训练。

案例二:二次函数背景下"新定义"问题作业设计

适用年级:九年级第二学期

素材来源:上海市各区县一二模卷及中考卷

分层设计目标:

学生情况	目 标
C层	掌握在一般式条件下的二次函数求顶点坐标及与 y 轴交点坐标的方法,根据新定义的要求解决问题。
B层	掌握在一般式条件下的二次函数求顶点坐标及与 y 轴交点坐标的方法,根据新定义的要求及菱形或矩形的性质解决问题。
A层	掌握在一般式条件下的二次函数求顶点坐标及与 y 轴交点坐标的方法,根据新定义的要求及正方形的性质解决问题。

分层设计作业:

如果抛物线 $C_1:y=ax^2+bx+c$ 与抛物线 $C_2:y=-ax^2+dx+e$ 的顶点关于原点对称,且开口方向相反,大小相同,我们称抛物线 C_2 是 C_1 的"对称"抛物线.

(C层)(1) 求抛物线 $y=2x^2+4x+8$ 的"对称"抛物线的表达式.

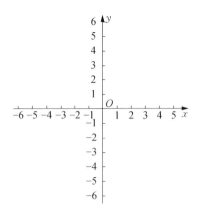

（B层）（2）抛物线 $y=x^2+4x+c$ 的顶点为 A，与 y 轴的交点为 B，其"对称"抛物线的顶点为 A'，与 y 轴的交点为 B'，如果以 A、B、A'、B' 为顶点的四边形恰好是菱形或矩形（请选择其中一种情况作答），求 c 的值.

（A层）（3）抛物线 $y=x^2+bx+c$ 的顶点为 A，与 y 轴的交点为 B，其"对称"抛物线的顶点为 A'，与 y 轴的交点为 B'，如果以 A、B、A'、B' 为顶点的四边形恰好是正方形，求原抛物线 $y=x^2+bx+c$ 的表达式.

设计说明：三道题目均侧重于考察在一般式条件下的二次函数求顶点坐标及与 y 轴交点坐标的方法，结合新定义的背景解决问题。C 层作业为简单的对新定义的理解和运用；B 层和 A 层需结合特殊平行四边形的性质建立等量关系，利用方程思想解决问题，其中 A 层对学生分析问题的能力要求更高。

3. 妙用生活资源，设计趣味作业

作业是家校沟通的重要话题之一，学生日复一日地做着作业，教师日复一日地布置和批改着作业，家长日复一日地辅导和监督着孩子的作业，作业是教师、家长、孩子三方之间经久不衰的谈论话题。合理有趣的作业可以缓和紧张的亲子关系，拉近师生及家校关系。而数学本身源于生活，又服务于生活，与生活的方方面面息息相关。因此，在作业设计过程中，可适当融入生活情景或利用身边的资源，如探究类作业、实践类作业、互动类作业等，提升作业的趣味性。同样依据学生的综合情况，进行作业分层设计，做到恰如其分，尽其所能。

案例三："花式 24 点"

适用年级：七年级第一学期

设计分层目标:

学生情况	目　　标
C层	灵活运用规则,在有理数范围内设计四则混合运算,提升数感、运算能力及分析问题、解决问题的能力。
B层	灵活运用规则,在有理数范围内设计混合运算(包含乘方运算),提升数感、运算能力及分析问题、解决问题的能力。
A层	灵活运用规则,在实数范围内设计混合运算,提升数感、运算能力及分析问题、解决问题的能力。

设计分层作业:

和爸爸妈妈一起,利用 2、2、4、6 进行 24 点运算,方法越多越好.

(C层)使用整数或分数进行混合运算,结果为 24.

(B层)可加入乘方进行混合运算,结果为 24,规定:$\boxed{}^2$ 的情况为使用一个 2.

(A层)可加入乘方、根式进行混合运算,结果为 24,规定:$\boxed{}^2$ 为使用一个 2,$\sqrt{\boxed{}}$ 为使用一个 2.

设计说明:24 点小游戏是一个老少皆宜的游戏,以此为背景,给出一组恰当的数字,制定一定的规则,根据学生的能力,设计不同难度层次的作业,且答案易得且众多(见表1)。寻求解答的过程中,可邀请爸爸妈妈共同参与,增加亲子互动及家校互动,在玩中提升学生的运算能力及分析问题、解决问题的能力。同时也鼓励学生跨层解决问题,有效降低畏难情绪。

表1　"花式 24 点"作业部分答案

范围	结　　果
整数范围内	①$2-2+4\times6$;②$(4-2)\times6\times2$;③$4\times(6-2+2)$;④$6\times(4-2+2)$;⑤$(2+4-2)\times6$;⑥$6\div2\times2\times4$;⑦$2\times(4+6+2)$
有理数范围内(不含乘方运算)	①$4\times6\times\dfrac{2}{2}$;②$2\times6\div\dfrac{2}{4}$;③$4\div\dfrac{2\div2}{6}$

范　围	结　　果
有理数范围内（含乘方运算）	①$2^4+2+6$；②$6\div\left(\dfrac{2}{4}\right)^2$；③$6\times\left(\dfrac{2}{4}\right)^{-2}$；④$6\div2^{2-4}$；⑤$6\times4^{\frac{2}{2}}$；⑥$6^2-2\times4$
实数范围内	①$\sqrt{4}\times2\times6$；②$(\sqrt{4})^2\times6$③$\sqrt{4^2}\times6$；④$(\sqrt{6\times4})^2$；⑤$(\sqrt{2})^4\times6$；⑥$6\div\sqrt{4^{-2}}$

4. 巧用技术资源，设计互动作业

随着技术手段的不断发展，作业的呈现方式或完成方式也可以作为作业分层的方式。设计适切的作业形式，鼓励学生互动交流，表达自我，欣赏他人，树立自信，发展核心素养。教师可通过作业的布置有意识地为学生提供必要的学习方法指导，提高学生自主学习能力。

案例四：录制"一道我最喜爱的题目"讲解视频

适用年级：六至九年级均可

设计分层目标：

学生情况	目　　标
A层	通过完成一道最喜爱的题目的讲解视频录制，提升表达能力和自主学习能力。
B层	通过学习和评价他人作品，提升表达能力和思辨能力。
C层	通过学习和模仿他人作品并适当给予他人评价，提升表达能力和思辨能力。

设计分层作业：

思考本单元所学内容，从以下三份作业中选择一道完成.

（A层）(1) 选择一道最喜爱的题目，录制讲解视频，参与评选.

（B层）(2) 作为评委，对参评选手的作品按照一定的要求进行评价和打分.

（C层）(3) 至少完成一道题目的视频学习，并录制视频复述完整的

解题过程,同时对学习的参选作品给予一定的评价.

设计说明:在作业设计过程中,借助技术手段,可以丰富作业呈现方式以及完成方式。以此题为例,学生可自主选择一种方式完成作业,作为参赛选手、评委或模仿者均是鼓励学生自我表达,敢于交流。在交流互动过程中学会欣赏自我、欣赏他人。

四、结语

减轻学生过重的学业负担,需要提升作业设计质量。设计分层作业是提升作业质量的良策。在相同学习阶段让学生完成力所能及的作业,通过分层作业希望每个层次的学生都能够达成符合其学习水平的作业目标。但分层作业的设计一方面会加大一线教师的工作量,另一方面囿于教师的作业设计能力和设计意愿。因此,提升教师的作业设计能力是解决作业问题的关键。需要转变教师作业观念,加强教师在作业实践中的自我反思,加大教师对作业设计的研究力度,提升各级教育管理部门对作业的管理水平。任重而道远,希望分层作业这一为学生减负的良药能够真正落到实处,发挥效用。

参考文献:

[1] 中华人民共和国教育部.义务教育数学课程标准(2022年版)[M].北京:北京师范大学出版社,2022.4.
[2] 王月芬.作业的本质及其育人价值[J].今日教育,2021(10):8—11.

08 基于深度学习的初中数学单元教学设计案例分析

孔忆琳

一、背景分析

（一）深度学习是落实核心素养的重要途径

《义务教育数学课程标准（2022 年版）》中进一步提出了课堂教学转型的需要和课程目标的转变，指出了要从知识点的了解、理解与记忆，转变为学科核心素养的正确价值观、必备品格和关键能力的培育。这就要求教师必须提升教学设计的站位与格局，准确把握课程标准和教材，围绕核心素养开展教学与评价。在 21 世纪全球核心素养中国化的趋势下，对基础教育阶段的课程教学提出了要采用多学科课程整合的更高要求。因此，学生的学习方式需要转变。教学要从关注教师的"教"逐步走向关注学生的"学"，发展学生学科核心素养和综合能力。

深度学习即学生在教师的引导下，对知识的学习经历了解、认知、理解、运用的过程，最终促进学生个体的全面发展。笔者也认为在教师指导下，学生需要从浅层学习向深度学习转变，进行积极主动的理解性学习，能自主建构自身的知识体系，将已有知识迁移到新环境中解决问题，从而发展自己的高阶思维，形成核心素养。

（二）深度学习视域下的初中数学单元教学设计

1. 单元教学设计的学习内涵深度

基于单元的教学设计能有效整合学科知识，联结真实情境，促进深度学习，实现学科素养目标向课堂教学目标的转变。并且，初中阶段数学各单元内容既自成体系又互相联系,单元教学能通盘设计,组成学习序列,形成知识网。作为教师,在进行单元教学设计过程中要抓住数学知识的结构性特点,提升教学整体性。

2. 单元教学设计的数学思维深度

数学单元教学的价值在于培养学生自主思考和数学思维。数学单元教学的逻辑性、严谨性和单元教学活动的多样性、互动性,推动了学生主动探究和深入思考,学生在学习的过程中发现问题、提出问题、分析问题、解决问题,发展多维度思考问题的能力,形成数学深度思维。

3. 单元教学设计的学生参与深度

深度学习的教育观念和数学单元教学相融合的教育方法能够提高学生对数学的认知,发展应用意识与实践能力。深度学习的教育观念鼓励教师创设真实情境,学生既能体会到数学单元各知识点之间的联系,也能在不同单元的学习中进行有效迁移,提升数学学习能力。同时,学生在教师创设的相关学习情境中将新旧知识融会贯通,类比迁移学习经验和学习方法,提升了数学关键能力。

二、案例分析

(一) 单元教学内容分析

以沪教版七年级下册第十二章"实数"单元为例。

1. 以线性结构对单元知识内容进行梳理

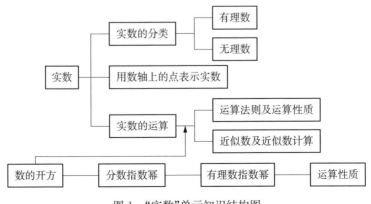

图1 "实数"单元知识结构图

2. 从各课时教学目标中形成单元学习目标

各课时教学目标：

（1）通过操作、分析、思考等活动认识无理数，经历数的扩展过程，体会理性思维精神；知道实数的概念和系统，知道扩充新数的一些基本原则。

（2）理解平方根、立方根及 n 次方根的意义，会利用乘方与开方互为逆运算的关系求一个有理数的平方数的平方根或立方数的立方根；会用计算器求平方根、立方根和其他一些 n 次方根。在方根的学习过程中体会类比思想。

（3）会用数轴上大致位置的点表示无理数，知道实数与数轴上的点一一对应；理解实数绝对值的意义，会进行实数的大小比较，会求数轴上两点间的距离。体验数形结合思想。

（4）知道实数运算的意义，掌握实数加、减、乘、除、乘方、开方等运算的法则和有关运算律，知道实数的运算顺序。

（5）知道准确数、近似数、精确度、有效数字等概念的含义，会用计算器对含无理数的实数运算进行近似计算；并会利用实数运算解决简单的实际问题。

（6）理解分数指数幂的意义，能利用分数指数幂的性质进行运算和化简算式。

单元教学目标：

通过学习实数的概念和运算，培养学生从多方面、多角度分析问题、解决问题的思想意识，培养类比迁移的数学能力。

（二）单元教材教法分析

1. 单元学情分析

本单元是学生在学习了有理数的基础上，经历数的进一步扩充，认识实数。学生已经掌握有理数已有的运算法则、运算性质、运算顺序和乘方的相关知识。这为后续学习实数的概念和数的开方提供了学习经验。

在本单元的教学中，要注重数学思想方法的渗透和数学文化的熏陶。例如，从平方根到立方根，是学习方法的迁移；从平方根、立方根到 n

次方根,蕴含着特殊到一般的思想方法;从有理数的运算到实数的运算是知识的迁移;认识实数与数轴上的点一一对应,体现了数形结合的思想。

2. 单元内容解析

本单元所属模块为数与运算,核心内容为实数的概念和实数的运算,包括"实数概念""数的开方""实数运算"三个专题。

专题一"实数概念",通过观看空中课堂视频引入,了解无理数的产生,构建实数系,引导学生经历数的扩展过程。

专题二"数的开方"包括平方根、立方根、n 次方根的概念和性质。开方的学习重点是开平方,通过乘方运算与开方运算互为逆运算引入,进行对比学习。开立方运算的探究通过与开平方运算类比展开,而开 n 次方运算的探究则是以开平方和开立方为特例进行。这三者作为同一专题的组成部分,知识内容具有紧密联系性、探究方法具有类比迁移性,有利于梳理学生的知识结构,展示知识的整体性。

专题三"实数运算"类比有理数运算,进一步学习在实数范围内相反数、绝对值的计算及混合运算。最后引入分数指数幂,为方根的运算开辟了新的途径,并进一步扩充了有理数指数幂的运算。

本单元在初中数学教学中还具有重要地位,为后续学习二次根式、一元二次方程、解三角形、函数等章节提供了理论基础和运算依据。同时,利用数轴将"数"与"形"联系起来,使学生初步认识到"数形结合"这一思想方法的应用。

3. 单元教法分析

在本单元教学时要注重类比迁移的学习方法。从平方根到立方根,再到 n 次方根的概念的建立,可通过类比分析,引导学生把握开方运算与乘方运算之间的关系,发展概念,迁移知识。对于实数的大小顺序和基本运算的探究,也可通过类比有理数的探究过程,帮助学生明确探究思路,把探究有理数所获得的经验和方法运用于新的情境,正确认识有关概念和性质从有理数范围到实数范围的推广。

（三）单元评价

表1 "实数"单元评价表

评价项目	评 价 内 容
教学目标	（1）依据课程标准、发展学科核心素养； （2）目标设置准确、合理，有层次。
教学过程	（1）突出真实性、挑战性、自主性、合作性的特点； （2）围绕重难点设计有一定思维深度的问题，能够激发和调动学生的学习积极性； （3）设计注重启发性和研究性，师生互动性强。既关注预设，也注重即时的生成，注重培养学生独立获取知识的能力和解决问题的能力。
作业设计	（1）依据学业质量水平等级要求设计作业； （2）有分层性和实践性，以知识内化和培养解决问题能力为导向。

（四）教学设计案例

以"12.2平方根和开平方"和"12.3立方根和开立方"的教学设计为例。

首先由情境引入。问题1：小明家的桌子是一张方桌，桌面的边长是9分米，这个正方形桌面的面积是多少？问题2：小明家一张方桌的桌面是面积为64平方分米的正方形，这个正方形桌面的边长是多少？这两个问题由生活情境计算方桌面积出发，学生在已经掌握开平方运算的基础上，学习它的逆运算开平方。在学习开立方运算时，利用相似的情境，也由两个问题引入。问题1：小明制作了一个棱长为8分米的正方体模型，那么它的体积为多少？问题2：小明要制作一个体积为64立方分米的正方体模型，那么它的棱长应取多长？这些情境与学生的生活实际息息相关，虽然引入的问题简单，但引出的逆运算内涵丰富。通过分析解决这些问题，引出了平方根和立方根的概念。

新知探索的过程延续了六年级学习整式和分式运算的研究方法。学生先从代入具体的数字运算开始，再尝试用字母归纳一般的运算规律。思考 1：求下列各数的平方根：(1)0.16；(2)0；(3)−16。通过题组运算，加深学生对开平方运算的感性认识，并归纳性质：正数有两个平方根；0 的平方根是 0；负数没有平方根。在此基础上，教师还应引导学生会用字母和符号来归纳表示。思考 2：求下列各数的立方根：(1)1000；(2)0；(3)−0.001。归纳性质：正数的立方根是一个正数；0 的立方根是 0；负数的立方根是一个负数。教师应引导学生类比平方根来学习立方根的概念和性质，并启发学生联系比较，弄清两者的区别和联系，并适当分析原因。学生在归纳总结的过程中，进一步体会初中数学研究从特殊到一般的学习方法。在数学的教学内容中很多概念常常以精练的定义形式出现，所以需要将知识的形成过程揭示出来。学生经历观察、比较、抽象、概括、验证等概念的形成过程，能更准确地抓住概念的本质，提高数学能力。

最后在课内练习和课堂小结环节，通过设置一组由浅入深的变式练习，帮助学生巩固平方根和立方根的知识点。在发挥学生作为教学主体的主动性的同时，学生感受学习的乐趣和成功的喜悦。

在这两节课的教学实践中，教师既能引导学生比较开平方和开立方运算的区别与共同点，同时渗透类比迁移的学习方法。学生在学习新知的同时巩固已学的知识，更深入地理解开方运算的知识内涵。同时，教师还能引导学习能力较强的学生回顾已学过的所有运算，梳理整式、分式等知识点的联系，初步建立初中阶段代数相关的知识架构。并随着后续的深入学习，学生还能不断完善丰富知识点，形成独属于自己的知识体系，充分发挥类比迁移、归纳总结的能力，形成深度思维的学习方法。

三、实践反思

(一) 设计既有真实性又有挑战性的学习情境

在新课标中提出要发展学生的核心素养。不仅让学生知其然，更要知其所以然；不仅让学生知其所以然，更要知其所用。因此，在这个背景下，设计具有真实性的、可迁移的学习情境，有助于学生更充分地运用知识，真正地解决实际生活中的问题。在运用学科知识解决问题的过程中发展学生的核心素养。通过设计有挑战性的学习情境,使得学生的学习在原有基础上有更多、更高、更深的思考。学生的学习处于最佳发展区,真正地发展学生的能力和品格,也真正地让学生获得成长的成就感。

(二) 设计既有自主性又有合作性的学习任务

在单元教学设计中,首先需要明确单元教学任务,其次在设计具体的学习任务时可以遵循知识的深度,进阶性地设计学习任务。在这样的框架下,学生自主性得到充分发挥,学生的学科核心素养也会在进阶性的任务逻辑中得到发展。因此,学习任务设计要与素养发展的逻辑相匹配,发挥学生的自主性,让学生进行深度学习。同时,对不同层次的学生,在同一堂课上,如何进行深度学习活动? 笔者认为除了设计自主性的学习任务以外,还要设计合作性的学习任务,以此弥补学生在学科知识和技能水平上的差距。并且,在同伴合作中,促使学生提高合作意识,互相学习,提升综合素养与合作意识。

(三) 既关注过程性也关注结果性的学习评价

从不同视角对学生学习过程进行的过程性评价,能对学生是否发展深度学习进行阶段性的评估。过程性评价是在教与学的过程中基于评估学生得到的反馈信息不断进行调整和发展的评估。过程性评价有利于激发学生的自主性学习和学习动力,有利于学生充分发挥学习潜能,展示学生才能,进而形成深度学习。结果性评价是对学生学习成果的终结性评价,能有效地考查学生能力、核心素养的发展水平。两种学习评价模式结合,能更好地促进学生的深度学习。

参考文献:

[1] 邝源.浅析在深度学习中发展数学核心素养[J].数理化解题研究,2019(20):38—39.

[2] 周九星.初中数学单元教学的设计策略[J].数学学习与研究,2020(3):26+28.

[3] 中华人民共和国教育部.义务教育数学课程标准(2022年版)[M].北京:北京师范大学出版社,2022.

09 线上课堂教学之策略研究

罗佳琪

一、线上与线下授课的比较

对于平日我们熟悉的线下教学,已经有许多经验和方法,从如何备课、教案、板书到反思,教师们都驾轻就熟。不仅如此,受到空间、时间的限制,教师需要分别教授多个班级,有多次授课的机会,可以对教学进行修正改进。线下授课中,教师、同学之间是面对面的,不仅可以对学生的违规行为进行监督、制止,也可以就教学内容进行有效互动,调节课堂气氛,加强学生的记忆。

线下授课的劣势也很明显,主要集中在以下几点(见图1):

第一,目前教学主要以板书与电子设备结合的半电子化教学为主,学生端电子教学设备尚未普及,存在设备适配度低、可操作性差、可看性差的问题,无法充分发挥数字化的优势;

第二,学生之间存在私下交流、开小差等情况,不仅会影响个别学生的学习状态,严重时还会妨碍整体课堂的教学情况。

而线上课堂的优劣势应该和线下是相对的。随着个人电脑、平板电脑、智能手机的普及,以网络平台作为媒介,构建线上课堂不仅解决了线下课堂中电子设备适配与普及率的问题,方便教师更好地使用各种电子设备和软件,而且软件可以统计在线人数、在线观看的时间、试卷批改、计时记分等教学数据,有助于对教学质量进行定量分析。其劣势则在于:

第一,难以实时监控课堂,仅可以通过教师屏幕上的小窗口观察学生的状况,对于学生屏幕后是否摆放影响学习的物品、屏幕外是否存在

影响听课的人或物的环境变量,以及他们是否趴着听还是躺着听,无从得知;

第二,由于线上课堂打破了教室与人员的时空局限,多个班级可以同时上课,导致线上课程往往只有一次机会,缺少对教学内容进行迭代的机会;

第三,教师和学生的线上课堂,都需要一个安静平稳的环境用以授课或听课,但家庭环境不可控制,教师环境因家里噪声打扰、学生与家人之间相互干扰等因素都还是存在,无形中增加了教师线上授课的难度和压力。

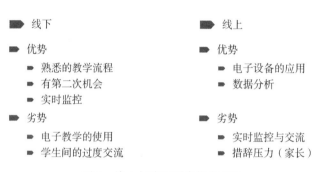

图1　线上与线下课堂优劣对比

二、如何构建有效的线上课堂

分析完各自的优劣,在不得不完成线上授课的情形下,保证课堂的有效性是重中之重。我们期望的在线课堂的目标是什么呢? 最基本的要求是让所有学生必须按时听课,但教师需要与家长配合,准备好相应的网课设备,创设合适的线下环境,让学生安心听课。学生如果发呆走神能及时被发现,会受到批评;再上个层次是学生会主动去听课,教师说得很有趣,会吸引我,学生愿意听;最后一个层次是学生听得懂,能在作业或练习中反馈出自己的听课效率。从而达到教师想要学生成绩提高的目标。

虽不能还原最原始的课堂,但是如果在在线课堂的各个环节中穿插紧张感、亲切感、真实感和科技感等设计,也会让线上课变成学生必须听、想要听、听得懂的网课(见图2)。我们判断这样的课堂对学生是有效的。

接下来,用案例进行说明。

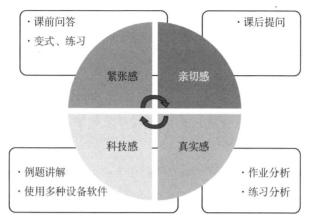

图2 构建有效课堂的方式

案例1:紧张感

在课前的几分钟,会设置快问快答环节,让同学们尽快进入状态,使课堂开始就具备紧张感。同时也是对上一节课学生掌握情况的了解,起到温故而知新的效果。另外,也可以通过语气、语调、语速来控制紧张感。

A同学在线下的课堂中就偶有开小差的情况,我会在课堂开始前提问他。问题设置从易到难,容易题加入可以提升学生信心,让线上课程开个好头。随着渐入佳境,此时我的语速也逐步加快,对于基础题降低语调,对于易错问题,提升语调,营造出紧张的氛围,其他同学也迅速做好上课准备。如果开麦速度比较慢,会在接下来的一些问题中,反复请他回答,其他同学也会以此为鉴,提高听课效率。如果A同学能正常回答,并且正确,此时可以提高语调,给予肯定,并且期待他接下来的表现。虽然是线上课程,但是通过提高紧张感,课堂效率得以提高。开麦慢,或者答不出基础问题的同学少了。紧张感的加入,让大部分学生思想集中度提升从而提高了听课效率。

案例2:亲切感

课堂活动的最后一个环节,可以留下让学生自由开麦的时间,学生可以对今天的课堂提出相应的问题。

同学B在平时相对内向,不愿意和教师过多交流,但是线上反而能大胆提问,把自己不懂的知识点与教师分享。对于同学 B 而言,隔着屏幕,反而可以打开自己,对平时有所敬畏的老师,愿意有更多的沟通,更积极的交流,使得师生之间的距离变得更加近了。

在学习锐角三角比时,我们只教授了小于 90 度的角的弦和切,但 B 同学在课后提问"90 度的锐角三角比的情况呢?"虽然这个知识应该会在高中阶段讲解,但是 B 同学愿意思考探索,这对于数学学习是很重要的品质。其余同学也会一起倾听,使得课堂升华,教师也与学生更加贴近。

对于这类敏感内敛的学生,如果能让他迈出第一步,愿意走向老师,提出问题,教师一定要抓住机会。也许隔着屏幕,学生和老师都反而更为放松。教师伸出积极沟通的橄榄枝,给予真诚的肯定和鼓励,提升自己的亲切感,对于掌握所学知识和师生关系提升都尤为重要。

案例3:科技感

科技的力量是伟大的,理科教学常常会借助于辅助软件。在研究动态的几何题中,如果穿插科技的元素,会使得课堂更加引人入胜。

在讲解翻折运动时,就使用到几何画板,将抽象的概念具象化。由特殊到一般,让同学们体会线上教学的优势,使得只能通过想象的动态变化跃然纸上,直观也更容易理解。

图 3 显示了在学习相似三角形中的动态变化,在几何画板中,通过拖动点 D 形成不同的图形。看似简单的两个相似三角形,通过变化体现出在不同位置下出现相似的可能性。作为相似三角形中的基本图形,方便同学记忆。通过观察,不仅仅只有 $\triangle ADE$ 与 $\triangle ABC$ 始终相似,其中还包含着其他的相似图形,同学们可以进行观察,猜测,证明。在线上课堂,给了同学们更多独立思考的时间,而不是只是几位思维快、有自信的同学的独角戏。虽缺乏讨论,但对于思考量较大的学科来说,能安静观察也是线下学习所需要的重要能力。动中有静,动态的图形中抽象成基本图形;静中有动,这些基本图形都可以由旋转图形而来。

使用几何画板时,不少同学都会发出这样的感慨"原来是这样的啊!""我看得更清晰了""好厉害!"……说明同学们更愿意去听线上课堂,更扎实地掌握相应知识,也更容易总结概括出一类问题的解决思路。这正是科技感的力量。

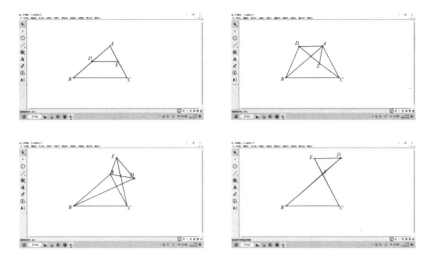

图3　几何画板中相似三角形的案例

除此之外,教师也可以将软件的使用方法介绍给同学们,让学生们运用软件去自主学习。初中低年级时,可以增强趣味性和科技感,绘画出多种多样的有趣图形;高年级时,可以加深对几何作图的认识,清楚点、线、面及非线性图形的构成。对于动态问题,极限状态的绘制,更是让学生在想象有困难、解题遇瓶颈时,多了一种解决问题的途径。

在线上教学中,同学们离屏幕也更近了。多采用这样的手段来教学,不仅使学生感受到教师使用数学软件的能力,也丰富了课堂内容,从而达到提高课堂效率的作用。教师和学生一起使用,不仅给课堂创设了另一种可能,同时也增强了课堂的科技感,让学习变得有趣。

案例4:真实感

线上课堂中,由于缺乏伙伴陪伴、老师监督,学生会出现慵懒,懈怠,作息不规律等问题,这也是缺乏课堂真实感的表现。要让线上课堂变得真实有效,可以提出有仪式感的要求。

线上授课要求同学们穿着校服,戴红领巾。规范统一的衣着,让同学们感受到线上和线下的统一。

升旗仪式、室内操、每日小结等都不可少。并且完全按照平时线上课堂的作息,既让同学们放松眼部,增强体育锻炼,又无形中增加了线上课堂的真实感,也让同学们的生活更加丰富和充实。

对于线上课堂,每天授课都有复习引入,新知教学,小结分析和布置作业,其中作业部分尤为关键,这是每日教师与学生最直接的书面沟通。特别对于人数较多的班级来说,学生在课堂不一定有机会用语言交流,那么作业里的沟通是师生间唯一的真实交流了。因此,教师要认真批改,及时反馈,对于作业有问题的同学,留言沟通,在第二天的教学中也进行分析讲评,突出批改中反映的问题。这些都能让学生看到自己的努力或者成绩被关注,真实感受到老师对他的关心和关注。力求和线下时的生活作息,整个教学过程无异,力求还原真实感。

三、如何有效利用空中课堂资源

空中课堂是许多教师辛苦的劳动成果,每一堂课都是精心准备,完美呈现。我觉得可以站在巨人的肩膀上把我的课变得更好。首先可以在课前使用,我这里说的不是给学生看,而是教师自己先看。教师自己备完课后,对比一下空中课堂,有没有遗漏,有没有其他的方法在课堂上及时补充,学习空中课堂教师的用词用语,提问句,过渡句,总结的语句都可以借鉴。在学"三角形一边的平行线"的第三课时时,同学们都知道哪些线段成比例了,不如第一课时那样愿意去听推导过程,而空中课堂的最后一句结束语是"在数学天地里,重要的不是我们知道什么,而是我们怎么知道",授课前我就抛出这句话,让更多同学认真听推导过程。在学习仰角和俯角的这节课中,空中课堂的小结又很诗情画意:"既要抬头'仰'望星空,憧憬美好;又要低头'俯'看道路,脚踏实地",送给这个年龄段的同学们很应景。在学习锐角三角比的应用,甚至六七年级的课程中,都可以反复给同学们强化这个思维:"方程思想是解决应用问题的'神兵利器',只要找准等量关系,就能披荆斩棘,无往不利。"这些语句都是斟酌良久,集大智慧的,拿来使用,给课堂和本人都增添了魅力。

空中课堂中的许多引入都关注时政,题材新颖,比课本更能体现当下数学的实用性。如在"锐角三角比的应用"这节课中,空中课堂就用了2020年珠峰测高的例子作为导入,小结中也做了解答,语言很精确,其前期的知识储备和严谨性都是值得学习的。我将这两部分也作为我线上授课的开头和结尾。

无论是课前,课上,还是课后,使用好空中课堂都是站在巨人的肩膀上,让效果事半功倍。抓住关键词"有效",让同学们都学到知识,不负时光。

四、思考总结

线上与线下授课各有优劣,其中客观条件是无法改变的,无需过多介怀,只要能构建有效的线上课堂,让学生在线上课堂中,必须听、想要听、听得懂,就是有效课堂。我们可以将劣势化小,缩小和线下授课的差异,像仪式感、作息、陪伴等,都可以从线上授课的点滴中,用有效的手段和方式方法来改进。从案例中我们也可以看到,紧张感、亲切感、科技感和真实感的加入,会让课堂如虎添翼。这些情景的创设都是平时授课中经常被使用和必要的元素,也是教师具备的基本技能。在线上课堂中融入这些元素,能切实提高线上课堂的效率,较为容易地达到教学目标。最后,使用好空中课堂资源,学习空中课堂教师的台风、语言、素材,和自己的备课授课做对比,从而不断改进,融会贯通,就能站在巨人的肩膀上,让线上课堂的效果事半功倍。

虽然线上课堂的策略在不断变化,但是电子化教学趋势不会停歇,总结更多线上课堂的经验,让学生有更好的听课体验,所学知识更加容易掌握,随时应对线上线下的授课,是教师需要不断思考和再探索的问题。

参考文献:

[1] 张钰昆,关壬铨,于长春. 线上线下混合教学模式在教学中的探究应用——以高中生物课堂为例[J]. 现代交际,2020(13):207—208.
[2] 徐泉,周洋,张瑛媛. 线上线下混合式教学结合翻转课堂的探索.[J]科技风,2020(29):30—31.

10 指向六年级学生数学阅读能力培养的教学实践研究

孙璐怡

数学阅读有利于学生数学核心素养的培养。

在《义务教育数学课程标准(2022 年版)》中就有明确要求:"学生初步学会运用数学的思维方式去观察、分析现实社会,去解决日常生活中的问题,增强应用数学的意识。"数学核心素养中,"数学建模"搭建了数学与外部世界联系的桥梁,是应用数学解决实际问题的基本手段;"数据分析"则针对研究对象获取数据,运用数学方法对数据进行整理、分析和推断。其中,应用问题是"数学建模"的"缩影","数据分析"中不乏图表的存在,但"应用"和"图表"这二者对学生而言,只有在数学阅读能力达标的前提下才能理解。不难看出"数学建模"以及"数据分析"两块数学核心素养是可以通过数学阅读能力的培养而提高的。

现今课堂中,学生对于知识的掌握往往是通过对教师讲解的内容进行反复记忆和模仿,而不是通过阅读去分析理解再创新应用。其实,数学教材中不乏阅读材料,教师可大胆放手让学生通过数学阅读主动建构知识结构,形成丰富的数学课堂。习近平总书记在全国教育大会上的重要讲话中明确指出,高校要"着重培养创新型、复合型、应用型人才"。这意味着我们要对课堂进行突破与革新。

即使是课堂外,学生生活中也离不开数学阅读。随着社会的发展,身边的"数字化"现象越来越多。仅具有语文阅读能力已明显不能适应社会的进步,人们可能理解不了商场的优惠规则等。我们可以发现很多规则中囊括了不等式等数学知识,也包含了分类讨论的数学思想,需要数学方面的阅读能力来提取有效信息,理解规则背后的意义。

基于上述两点,在课堂教学中开展数学阅读能力培养的实践研究是有必要的。其意义及价值在于，数学阅读有利于体现课堂中学生的主观能动性，有助于数学教科书作用的充分发挥，有益于学生数学核心素养的培养；数学阅读能力符合数学的生活化需要。

一、分阶段架构数学阅读策略实施方案

数学阅读是一个完整的活动过程，它包含符号语言的感知和认读、新概念的同化和顺应、阅读材料的理解三种活动。

数学阅读能力的提高并非一蹴而就，也并非教师在课堂中给予学生阅读时间就能提升。笔者从培养数学阅读能力的理论依据入手，发现2006 年中学数学阅读教学实验研究课题组提出了关于数学阅读能力培养从"扶"到"放"的四个阶段。基于以上理论的支持以及六年级学生的心理特征和知识体系，笔者将提升学生数学阅读能力分为四个阶段，并在各阶段中制定了学生数学阅读实施计划（见表 1）。

表 1　学生数学阅读实施计划

		策略或措施	涉及的数学阅读能力	目标	涉及章节	
第一阶段	激发阅读兴趣阶段	"趣味型"数学阅读	/	激发学生数学内在阅读动机	贯穿整个学年	
第二阶段	培养学生正确的数学阅读方法阶段	"概念型"数学阅读	1. 感知和认读数学术语 2. 新概念的应用	加强学生接受新知识的能力	3.1 5.1	比的意义 有理数的意义
		"操作型"数学阅读	1. 感知和认读数学符号	培养学生语言的转换能力	7.5 8.2	画角的和、差、倍 长方形直观图的画法
		"多材料型"数学阅读	1. 感知和认读数学图表 2. 提取信息 3. 归纳总结	学生分析问题、归纳问题的能力	2.9 3.5 6.4 6.11	分数运算的应用 百分比的应用 一元一次方程的应用 一次方程组的应用

	策略或措施	涉及的数学阅读能力	目标	涉及章节
第三阶段	学生内化数学阅读方法	《数学阅读能力测试卷(后)》测试	对学生的阅读习惯、方法和能力进行评价	
第四阶段	教师总结经验,对学生提出新的更进一步的阅读能力要求			

二、指向学生能力培养设计多元的数学阅读活动

(一)"趣味型"数学阅读激发学生数学内在学习动机

"趣味型"数学阅读,即材料有趣,多为一些数学故事或者数学史,可激发学生的阅读兴趣。

在学生的认知中,数学因大量的数学术语而显得枯燥,因大量的文字而显得繁琐。但数学故事就不同,它以叙事的形式将数学的神秘面纱揭开,以此引发学生的好奇心,从而激发出他们的探求渴望。教师借机以激发兴趣为导向,消除学生的消极负面因素,从而真正做到激发学生内在学习数学的动机。

另一方面,通过数学家的故事、数学史料的阅读,可以给学生建立榜样,体现数学育人特性。

以"5.6 有理数的乘法"为例,学生经常犯将乘方运算当作乘法运算的错误:"$2^3=6$""$4^2=8$",而普通的指正已无法纠正学生的错误,所以教师在学生课堂练习讲评后提出:"老师发现同学们总是将乘法运算和乘方运算混淆,然而你知道吗? 乘方的'威力'其实比乘法大多了。请阅读以下故事,并讨论一下自己的看法。"随后出示了《棋盘上的米粒》这一舍罕王与宰相西萨·班·达依尔的经典对话作为阅读材料。故事以风趣的内容和直观庞大的数字呈现让学生切实感受到了乘法与乘方的区别,从而有效避免了学生乘法和乘方两个概念上的混淆。学生一旦错误

率下降,自信心自然得到了提升,那么课堂阅读的目的便达到了。

(二)"概念型"数学阅读加强学生接受新知识的能力

"概念型"数学阅读,即以文字描述为主,详细解释相关概念的阅读材料。

教育心理学家布鲁纳认为,掌握一门学科,就是要掌握这门学科的核心概念。类比而言,数学概念是反映数学对象的本质属性和特征的思维形式。所以在整个数学学习中概念的学习处于虽然基础但非常重要的地位。

在授课时,教师不应简单出示概念,而是应要求学生在阅读中学会思考以下问题从而接受新知识:

1. 概念是通过什么引入的,有相关背景吗?

2. 概念的意义与概念的相关内容是什么?

3. 概念本身起到了什么作用? 有其他等价的表现形式吗?

4. 运用概念时有哪些注意的地方?

故笔者撰写了以下案例:

3.1 比的意义(部分)

一、教学目标

1. 理解比和比值的意义;

2. 会区分比和比值,会求比和比值;

3. 建立比与除法、分数等概念之间的联系与区别;

4. 通过自主阅读材料,培养学生接受新概念的能力。

二、教学流程设计

按照阅读提纲进行阅读 → 对提纲中的问题进行思考 → 阅读交流 → 练习巩固 → 阅读小结

三、教学过程

(一)请认真阅读数学课本,回答以下问题:

1. 课本是如何引入"比"这一概念的?

2. 比和比值的意义是什么? 你能联想到以前学习的什么知识点?

3. 比和比值有什么区别与联系?

4. 什么叫比的前项、比的后项？

5. 除了课本上比的例子，你能试着写几个比的例子吗？能算出例子中比的比值吗？

6. 比、分数和除法三者之间的联系与区别是什么？

7. 计算比值时有什么需要注意的地方吗？

本案例为沪教版数学六年级上"3.1　比的意义"的部分教学。由于本节课内容较为简单，并且着重需要掌握的知识点均为新概念，故笔者放手将本节课作为一节"概念型"数学阅读课。案例中的学习单以六年级学生现有的阅读能力为基础，为学生出示了阅读提纲，阅读提纲通过概念引入（揭示研究的必要性）、概念获得（概念学习的具体过程）、概念巩固与运用（了解概念的运用，在运用中巩固概念）这三个过程，让学生根据自己的回答，串联起本节课的重难点，从而掌握本节课的知识，揭示比和比值的意义。

通过本次"概念型"数学阅读，有阅读提纲的指引，可以纠正学生看见数学术语就选择性放弃的不良的阅读习惯，让学生适应新概念和数学术语，为学生进一步独立进行阅读学习打下了基础。

在学生适应了通过数学阅读去找到信息学习新知识的模式后，教师在沪教版数学六年级下"5.1　有理数的意义"的教学中也采用了"概念型"阅读的方法。这次教师并没有罗列阅读提纲，而是选择先让学生回忆了"3.1　比的意义"中所出示的阅读提纲，再让小组去找本节课的新知识，构建属于自己的阅读提纲（见图1）。

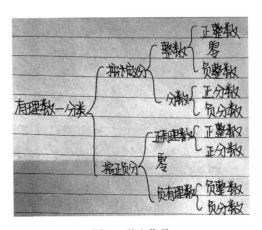

图1　学生作品

通过"概念型"数学阅读,学生可以感知和认读数学术语,新概念的应用得以训练,同时也培养了学生发现问题、提出问题、分析问题并解决问题的能力。

(三)"操作型"数学阅读培养学生语言转换的能力

"操作型"数学阅读,即通过几何作图操作来理解的阅读材料。

六年级第二学期学生将学习平面几何中最基本的图形——线段与角的有关概念、画图等知识和技能。在教材第七章中,明确要求学生"逐渐适应几何知识的符号化语言",并且在教学建议指出"重在画图,在教学中要重视几何语言的训练"。

而在笔者的教学经验中,六年级学生几何学习困难的主要表现之一就是不会画图。画图的过程就是将文字语言转换为符号语言的过程,这也恰恰是教会学生感知和认读数学符号的好机会。于是笔者重视教科书中的"操作"环节,命名为"操作型"数学阅读,本质就是让学生读懂"操作"中的文字语言,并能成功转化为符号语言。

以"7.5 画角的和、差、倍"的教学为例,教师在课堂中出示:

例3:已知$\angle AOB$.请阅读以下操作步骤,作出$\angle AOB$的角平分线OC.

1. 在OA、OB上分别截取OD、OE,使$OD=OE$;

2. 以点D为圆心,以大于二分之一DE的长度为半径作弧;同样,以点E为圆心,以大于二分之一DE的长度为半径作弧,两弧交于$\angle AOB$内的一点C;

3. 作射线OC;

所作OC即为所求.

此阅读材料的本质是掌握用尺规作角平分线的方法。笔者将本题转化为"操作型"数学阅读,直接在题干中给出学生操作的步骤,让学生逆向通过阅读操作步骤来试着作图。学生已有章节7.1—7.4的知识铺垫,上手操作的可能性变大。同时,学生看着自己一步步将要求的几何图形画出的过程,也增强了自身的成就感,为之后继续感知和认读数学符号作了铺垫。

笔者认为学生动手画图的操作能力至关重要,所以便有了"操作型"

数学阅读。学生只有在阅读理解的基础上再动手操作时才会对图形所蕴含的定义和相关内容有更深刻的体会,同时学生的识图能力才能逐步得到提高,语言转化愈加灵活、清晰,给今后学习推理几何阶段打下坚实的基础。

(四)"多材料型"数学阅读培养学生分析问题、解决问题的能力

"多材料型"数学阅读,即篇幅较长、条件较丰富较多样的应用类阅读材料。

学生在长篇阅读中学会分析问题,归纳问题,其实就是学会从现实生活或具体情境中抽象出数学问题,从而建立方程等表示数量关系和变化规律。

六年级学生学习了一元一次、二元一次方程组和一元一次不等式(组)后,其数学思维应由算术思维向代数思维过渡。在教学中,笔者发现很多学生仍以小学算术的方法计算出结果,这充分说明了学生对方程思想的陌生,这其实也是学生阅读能力水平较低导致的。学生不是不会解方程,而是审题不清,他们不能在长段的文字中找出合理的数量关系,建立等式。而这些文字量大、条件较多的题目笔者称之为"多材料型"数学阅读。笔者希望通过"多材料型"数学阅读,让学生面对应用题不再有畏难的情绪,拥有合理分析问题、归纳问题的数学能力。

在此,笔者提出了解决问题时的阅读步骤,帮助学生分析问题、归纳问题:

1. 粗读(圈画):找出题目中的已知量、未知量,将其圈画出来;

2. 细读:仔细研究题目内容,找出等量关系(列表、画图):

(1) 常用等量关系:路程＝速度×时间;利息＝本金×利率×期数;工作总量＝工作时间×工作效率;盈利＝售价－成本等;

(2) 找到和、差、倍关系;

(3) 找到题中的不变量;

3. 根据列出的等量关系,设立未知数,建立等式.

三、教学思考与启示

(一) 由浅入深,转变学习观念

"趣味型"数学阅读,用引人入胜的数学故事丰富了课堂,也给学生课余生活提供了数学上的探索方向,让学生获得了数学阅读的内在学习动机,自信心增强,形成一个良性循环;"概念型"数学阅读让学生不再害怕面对新概念、新的数学术语;"操作型"数学阅读帮助学生解决了文字语言向符号语言转化的问题;"多材料型"数学阅读则从根本上帮助学生打破应用题的"魔咒",可以说四种数学阅读逐个击破学生"枯燥""抽象"和"应用"的数学畏难点,让学生的学习观念发生了极大的变化。

同时,数学阅读也改变了教师教学的观念,数学教学可以不再是简单的讲练模式,教师根据学情的需要,提供相应的数学阅读材料,提高学生数学阅读能力。它的推动有助于对传统教学流程的再造,让教师关注学生学习情感与效能的变化。

(二) 养成学习习惯,提升数学核心素养

数学阅读培养了学生良好的学习习惯。在"多材料型"数学阅读中学生知道了"圈画标记、画图、列表"的重要性,学会了粗读和细读两个过程,在粗读中圈画关键语句,在细读中将知识进行联系并完成画图或列表。而这看似微小的一些习惯改变,其实可以让学生形成"内化知识——自主探究"的学习过程。同时,随着数学阅读的不断深入,当学生不再排斥文字量较长、阅读量较大的材料时,学生将伴随着积极的心理活动,经过长时间的探究,最终提高发现问题、分析问题并解决问题的能力,并在不断的阅读中渗透"数学建模"与"数据分析"两大数学核心素养。

(三) 高效赋能,符合时代特征

在现今的"双减"时代,教学强调满足不同层次的学生需求,最大化地实现减负增效。而数学阅读作为教学环节的出现,可以让学生逐渐地

从通过对教师讲解的内容进行反复记忆和模仿转化为通过数学阅读主动建构知识结构,从而实现高效赋能。同时,数学阅读的过程为我们现在所推行的"项目化"学习作了铺垫。数学阅读将数学问题生活化、情景化,着眼于在熟悉的环境中让教师为学生构建有效的指导和关键的提醒,体现出应用的价值。在实行"概念型"阅读时,我们也需要根据驱动性问题去寻找答案,这都是"项目化"的必要过程。可以说数学阅读紧跟时代特征,是每个教师都可以思考并运用的环节。

参考文献:

[1] 中华人民共和国教育部.义务教育数学课程标准(2022年版)[M].北京:北京师范大学出版社,2022.4.
[2] 李兴贵.新课程数学阅读教学新论[M].成都:四川大学出版社,2006.

11 通过"创新型英语作业"设计 激发学生自主学习意识

江 颖

一、"创新型英语作业"设计背景

（一）作业的重要性与价值

《教育大辞典》把完成学习任务的作业分为课堂作业和课外作业两大类。众所周知，熟能生巧，因此，作业的布置是教师组织教育活动中重要的一环，是学生复习巩固所学知识不可或缺的方法手段。通过完成作业，学生不但可以夯实自己的学习基础，还可以发现自己的知识漏洞，进而有针对性地进行提高和改善。

（二）目前英语作业设计中的瓶颈和困惑

通常来说，英语学科作业可以被划分为以下几个类别：按照作业类型来分，包括口头作业和书面作业等；按照作业性质来分，包括操练性作业、复习性作业和应用性作业等；按照完成形式来分，包括个人作业和小组作业等；按照完成时间来分，包括课堂作业、课后作业、短作业和长作业等。纵观实践操作中，令人颇感遗憾的是，有些作业只仅仅停留在"强化课堂学习"的层面上，简单地设想通过不断叠加作业量，借由重复再重复来达到从"量变"到"质变"的目的，对作业应该起到的教育教学激励功能熟视无睹。其结局不但是"无差别"的"一视同仁"，甚至可能导致学生因负担过重而产生厌烦、抵触情绪。

此外，在传统的课堂中，学生只是作为教师实施教学计划、完成教学任务的工具。教师是通过学生来实现教学目标的,因此,学生并非学习的主体,他们的学习行为是被动的。一旦学生接受了这样的设定,那么他们对于自己的学习是无目的、无规划、无思考和无动力的。他们通过日积月累地被"打造",最后也只能成为做题的"机器"。而自主学习是与传统的接受学习相对应的一种现代化学习方式。将学生作为学习的主体,通过阅读、听讲、研究、观察、实践等手段,培育他们强烈的学习动机和浓厚的学习兴趣,从而进行能动的学习,这样才能使学习效果事半功倍,高质量的学习状态可持续发展。

二、"创新型英语作业"设计原则

"最近发展区"理论是由前苏联教育家维果茨基提出的儿童教育发展观。他认为学生的发展有两种水平:一种是学生的现有水平,指独立活动时所能达到的解决问题的水平;另一种是学生可能的发展水平,也就是通过教学所获得的潜力。两者之间的差异就是最近发展区。我尝试通过"创新型英语作业"设计来激发学生的自主学习意识,使得他们形成有效学习策略的内在动力,以此为依托进入各自的"最近发展区"。

"创新型英语作业"设计也并不是为"变"而变,追求花里胡哨的形式主义,而是基于课本内容,遵循课标导引,根植学生学情,坚持实践检验,不断改善,实现动态化的发展模式。在设计此类作业时,我们也需要注意以下一些设计原则。

(一) 营造良好"作业生态"

联想到生态系统,我们也可以打造良好的"作业生态"。可以理解为在学习这个空间内,学生与周遭的人、事、物构成的统一整体。在这个统一整体中,学生与环境之间相互影响、相互制约,并在一定时期内处于相对稳定的动态平衡状态。作业也是其中一个关键要素。研究表明,作业量的多与少、作业难度的大与小、作业耗时的长与短、作业类型的单一与多样都会影响到学生的学业成绩和学习心态。

(二) 满足学生发展需求

作业设计必须以学生需求和发展为设计支点。我们在作业设计时要充分考虑到学生的年龄特征、学情特征、学力特征等,有针对性地、有阶梯性地帮助他们通过作业,逐步夯实学科知识,激发学习兴趣,形成自主学习意识,从而提升学习效果。

(三) 增加作业延伸拓展

作业设计必须具有适度的开放性,可以扩展到他们的课外活动。作业是课堂学习的延伸、补充,同时也是学生课堂学习和自主学习的桥梁。在作业设计时能更紧密、巧妙地结合学生的实际生活,会让他们以更饱满的、更积极主动的精神态度去完成相应任务。

(四) 贴近学生身心特点

作业设计必须贴近学生的心理特点。对于非智力因素的开发与培养在学生的发展和成才过程中扮演着不可低估的作用,在教学中也占有重要的地位。对其的关注,可以帮助学生进一步明确学习目标,激发其学习动机。

(五) 强化学生实践探索

作业设计必须能够增强学生的实践性与探索性,使他们能够在学习和实践活动中独立获得新知识。许多学生之所以对某些作业感到厌烦,正是因为他们认为通过完成某些机械性的作业,例如抄写和背默等,不能够获得更多的学习体验,反而是在无谓地消耗时间。

(六) 明晰作业内容要求

作业设计必须要包括明确、详细的要求,例如形式、内容、涉及的成员、截止日期、评估方法等。笼统的作业布置方式,会使得学生不知道如何完成这项作业。这样,就会出现一些学生浑水摸鱼,想要潦草应付的情况。同时,明确的作业要求,也会给学生在完成任务时提供一定的支架。

三、"创新型英语作业"设计实践案例

在平时的教学实践中,为了激发学生的自主学习意识,从"被动"学到"主动"学,从消极对待作业到积极探究拓展,我开始尝试设计各种创新型的英语作业,旨在帮助学生在课内外提高英语语言技能的同时,更能够提升学习的效率和积极性,改善自身学科的综合素养,培养"乐"学、"好"学、"会"学的良好品质。

(一) 听歌学单词,余音绕梁,三日不绝

英语单词是学习英语的基石,但一直以来也是许多学生的困扰。简单的死记硬背效果欠佳,不是需要花费大量的时间,就是前背后忘,学习体验感糟糕,久而久之,英语单词在某些学生眼中就成了洪水猛兽,避之不及。传统的单词学习作业,无非就是抄写,学生在机械性的抄写作业中,学会了应付了事;要么就是通过大量的书面练习,反复做,做反复,以期待通过"炒冷饭"的方式让这些单词在学生面前混个"眼熟"。这两种"一刀切"的做法其实消耗了许多同学的时间和精力。

为了改变在学生心中形成的学习英语单词枯燥乏味的刻板印象,让他们可以乐于学习,并且能够主动学习,我设计了如下作业:

Homework:

1. Choose an English song which can be popular or your favourite.

选择一首流行的或者是你最喜欢的英语歌曲。

2. Make several lyrics disappear.

设计几处需要填空的歌词部分。

3. Prepare the audio of the song.

准备好这首歌的音频。

4. Get ready for the introduction.

描述为何选择这首歌曲以及设置这些空格的原因。

Tips(注意事项):

1. 歌曲不宜过长,三分钟左右为宜,必要时可以适当剪辑。

2. 歌曲内容必须积极向上。

3. 歌词内容不得出现污言秽语。

4. 歌唱者以吐字清晰为佳。

5. 歌词挖空部分,词性类别多样,新词旧词都可涉及。

Happy

It might seem _____ what I'm about to say (crazy a.)

Sunshine, she's here, you can take a _____ (break n.)

I'm a hot air _____ that could go to space (balloon n.)

With the air, like I don't _____ baby by the way (care v.)

Because I'm happy

Clap along if you feel like a room _____ a roof (without prep.)

Because I'm happy

Clap along if you feel like happiness is the truth

Because I'm happy

Clap along if you know what happiness is to you

Because I'm happy

Clap along if you feel like that's what you want to do

图 1　歌词练习

　　学生对于这样的作业类型是非常喜欢的。他们会在课余时间,通过了解歌手、歌曲背景、歌词等方面,挑选合适的歌曲。在课堂上,他们还能像小老师一样与同伴分享,互相帮助,共同成长。在这样寓教于乐的作业体验中,他们有了自我表达的机会,有了自我探究的体验,有了自主学习的意识。

(二) 视频走天下,多维刺激,锦上添花

　　英语学习不能局限于平面化,它需要对学生感官进行多维刺激。我仔细地从 Ted 演讲中挑选了一些视频。考虑到学生的年龄特点和认知水平,每段视频一般不超过三分钟,配有双语字幕,适合不同英语水平的学生观看。大部分的主题都与学生的实际生活、学习紧密相关。这种作业通常在周末布置。一方面,学生可以有足够的时间观看视频并完成相关任务;另一方面,它不会对学生的视力造成太大的伤害。

　　以下是此类作业的设计案例:

　　学生们对这种学习方式兴趣盎然。英语能力好的学生习惯关闭字幕,集中精力练习听力技能。英语能力较薄弱的学生可以根据视频中的英文字幕来提取一些名言好句。这项作业给学生的自由度很高,他们可以在弹性的时间,根据个人需求,及时调整学习策略,从而训练了自身的学科技能,也进一步提升了自主学习的意识。

Homework：

Watch the video and take notes if necessary.

观看视频并根据个人需求记录笔记。

Tips（注意事项）：

1. You can watch the video with the English or Chinese subtitles on.

你可以在观看视频时开启中英文字幕。

2. You are suggested to turn off the subtitles after learning about the main idea of the video.

在熟悉视频内容后，建议关闭字幕，再进行观看学习。

3. You'd better take down some notes including beautiful words and sentences as well as some interesting opinions.

你最好可以边观看视频边进行好词佳句的记录，抑或一些有趣的观点。

4. You can decide how to take notes in an electronic way or a paper way.

你可以用电子或纸质的书面形式呈现笔记。

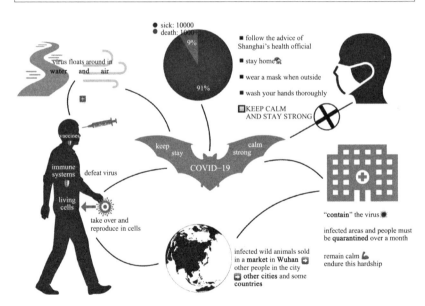

图 2　电子化笔记

（三）讲演树自信，挥洒创意，收获经历

学生投入英语学习的时间和精力普遍较大，但是其中不乏一些学生仍然停留在"哑巴"英语阶段。他们或许书面表达非常优异，能够从容应对各类考试，但缺乏足够的自信开口表达自我观点。究其成因，第一，可

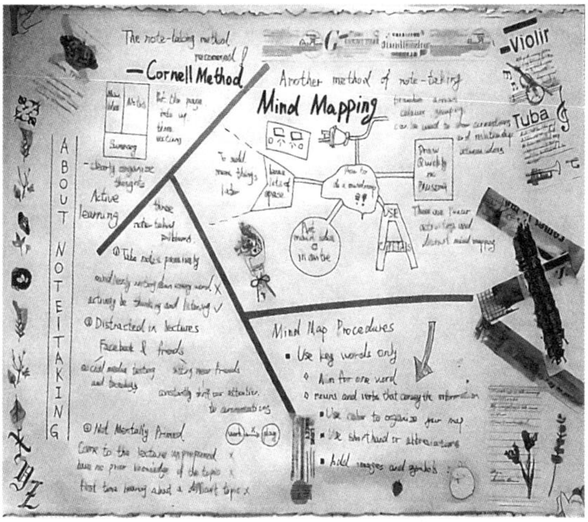

图3　纸质化笔记

能是缺乏必要的语言环境。受到课时的限制,学生在课堂上可以进行英语口头交流、表达的机会不充分。第二,应试教育模式下产生的负面影响。在这种"唯分数论"的驱动下,学生逐渐形成了重笔试轻口语,重分数轻实践的思维惯性。第三,部分学生因为性格比较内敛,容易焦虑,害怕失败,参与口头交流的积极性不高。为了让学生可以正视口头表达在英语学习中的重要性,以及让他们可以体会到口头表达所带来的成就感和树立学习自信心,我设计了如下作业:

Homework:

Prepare for a Mini-talk on the topic of Pets.

准备一次以宠物为话题的小小演讲。

Tips(注意事项):

1. You need your speech written.

你需要准备英语书面演讲稿。

2. Your speech should last no more than 2 minutes and no less than 1 minute.

你的演讲时间不能少于1分钟,也不能超过2分钟。

3. You'd better not just read your written statement.

你最好不要照着你的文字稿照本宣读。

4. You can express yourselves freely with the help of a Mind Map.

你可以在思维导图的帮助下,梳理自己的演讲内容。

5. You are suggested to raise 2 or 3 questions based on your speech for your classmates to think about.

—— 建议你可以根据自己的演讲内容,提出 2 到 3 个问题供你的同学在听的同时进行思考。

—— This is my dog. Her name is Doumi. Now she is four years old. She has golden fur. Her eyes look like two pearls. When she was younger, she always wanted to be free, but now she just likes staying at home. And she is very enthusiastic. Every day when I come home, she always jumps up to me happily with her tail moving. She seems to be my best friend.

When I first saw her, she was found in the street, clean and healthy. I told my mom I wanted to take her home and she agreed. When I was in Grade Three, my family went to Tonglu with her. We climbed the mountain and also walked on a bridge. She felt a little bit scared but excited. Last summer holiday, we went to Wenzhou for our vacation. She had a good time there, too.

Now she has stayed in our home for three years. The relationship between us becomes closer and closer. Therefore, we all think she is an important member in our home. I really have the pleasure of her company.

There is a saying that, "People can't accompany a dog for a lifetime, but a dog can spend a lifetime to accompany his owner". Why not try to keep a dog as our pet?

图 4　学生演讲作业

　　将英语微演讲融入学生的作业中去,在培养学生的英语能力和听说能力方面都具有积极的作用。这种英语微演讲的方式为学生学习和巩固英语知识提供了扎实的平台。因为门槛不高,对学生的能力要求也呈现螺旋式上升,可以以此来提高学生学习英语的自信心,让他们获得学习的成就感。

(四)读报品佳文,思维导图,学之利器

　　语言学习想要获得有效、高质量的输出那就必须建立在充分、扎实的输入上。仅仅依靠教材上的学习材料是不够的。因此,我还坚持组织和鼓励学生通过欣赏英文报纸上的好文佳句来扩充自己的知识面以及英语语用素材。通过阅读英语报刊文章,学生不仅可以了解时事,还可以欣赏地道的英语表达。但报刊文章有时颇有难度和深度,对于一些基础知识较为薄弱,或者是阅读能力不够的学生,要读懂、读透,还能为之所用,并不是一件易事。如不解决这一问题,这样的学习方式仅是读个"热闹",读个"形式"。

此时,思维导图浮现在我的脑海里。思维导图又叫心智导图,是一种简单却很有效的图形思维工具。思维导图中的"图",顾名思义是通过作图将各级主题的关系用相互隶属与相关的层级图表现出来。同时不可忽视的是相关的文字说明,所谓"图文并茂"。

为了让他们可以通过掌握这一学习工具,在今后的英语学习中构建自己的理解框架图、知识系统结构,达到自主学习的目的,我设计了如下作业:

Homework:

After reading the passage about Covid‐19, try to design a Mind Map to help to retell the content.

在读完这篇有关于新冠病毒的文章后,请通过制作思维导图来对文章内容进行复述。

Tips(注意事项):

1. You can adopt various shapes of Mind Map with colorful lines, words, marks and so on.

你可以使用不同的思维导图模型,同时用各种颜色的线条,文字,记号等来做标识。

2. You don't need to copy all the sentences.

你不用摘录所有的词句,只是记录关键词即可。

3. According to what you've learned about the passage, you can make the Mind Map unique and meaningful.

根据你对阅读文本的理解,尝试让你的设计独特且有意义。

思维导图是一种将思维形象化的方法。它的简单、有效、高效等特性使得学生可以用极具创意的方式呈现他们对文章的了解程度。在这

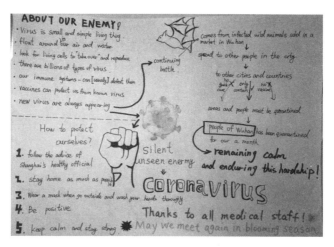

图 5　学生思维导图设计

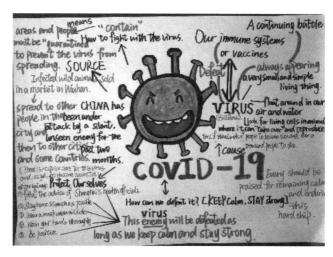

图 6　学生思维导图设计

样的作业中,学生通过不断探究,由点及面,站在高位去理解、记忆并能
运用所学篇目。同时,我们皆知,"授人以鱼不如授人以渔"。教会了他
们这种解构思维的方法之后,他们就可以自行高效阅读,发散思维,识记
知识,宛如如虎添翼,从而养成自主学习的意识。

(五)创刊共学习,班班互通,强强联手

　　如何激发学生产生自主学习的强烈意识一直以来是我思考的问题。
成为课堂的主人,成为学习的主人是解决这一难题的良方。因为付出而有所获的成就感无疑是驱使不断自主学习的内在原动力,有时再稍稍加上一些"仪式"感,必然事半功倍。学生的学习资源往往来自于课本、报刊等,如果他们自己的作品,思维火花的碰撞,思想过程的结晶也能被同伴津津乐道,互相探讨,岂非甚美。

因此,在我的鼓励下,我的两个教学班的学生们合作创办了一份英文报纸 *Monthly Prophet*。顾名思义,这是一份月刊,作业布置的频率也是一月一次。首先,学生进行自主讨论,确定每月主题。然后,组织同学进行投稿,再针对所有的手稿中,一起分享和讨论,最终确定适合在本期发表的文章和作品。通过这种方式,学生们可以体验成功的喜悦,并将所学知识真正应用到实际生活中去。从报纸文章的收集到版面的平面设计,都是以学生为主导,体现了以学生为中心的核心教学理念,也在不断激发他们的自主学习热情。

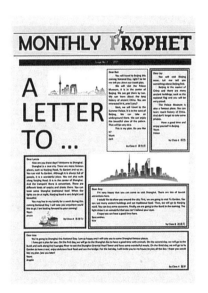

图 7　学生小报

这对学生来说确实是一项艰巨的任务。在起始阶段,他们遇到了很多困难,比如版面设计中的一些技术问题,或者在选择文章时意见产生分歧。然而,他们通过自己的智慧和努力,一个接一个地解决了这些问题,团队的凝聚力和实力不容小觑。在这项作业中,他们不仅学到了语言知识,实践了学科技能,还懂得了如何相互尊重与合作。

四、启示与展望

所谓"教师努力,学者受益"。"创新型作业"最大的优点是将教师的安排变成了学生的自主选择;是将机械性的重复练习变成了创造力的不断叠加喷发;是将被动接受的无奈应付变成了主动探究研学的可持续发展。除了个人操练外,学生需要更多的集体交流与合作。在灵活多变的"创新型作业"的帮助下,我相信学生一定能够全面运用学科语言,享受探索和创新所带来的成功喜悦。

参考文献:

[1] 中华人民共和国教育部. 义务教育英语课程标准(2022年版)[M].北京:北京师范大学出版社,2022.

[2] 上海市教育委员会教学研究室.上海市初中英语学科教学基本要求[M].上海:上海教育出版社,2021.

[3] 马燕婷,胡靓英等.核心素养导向的作业设计[M].上海:华东师范大学出版社,2021.

12　基于深度学习的初中英语听说课评价量表的设计
——以上海牛津版教材六年级听说教学为例

王　丽

一、初中英语听说课程的改革之势

近年来,英语学科教学的核心素养越来越受到重视。初中的英语新课标要求教师创设恰当语境和实践活动来激发学生学习兴趣,结合任务型教学,利用网络资源为学生开设个性化的学习创造条件,激发学生已有的知识和经验进行知识构建,引导学生发展技能、拓展视野、实践应用等,从而引发学生进行深度学习以及促进学生综合素养的发展。

传统的听说教学课仅仅让学生进行跟读或者句型操练,思维量低,已经无法满足学生深度学习的需求。在平时的教学中,教师时常发现听说能力是学生的薄弱点,中考中的听说部分也是学生失分较多的地方。新中考第一轮听说考试之后,教师发现听说教学要从低年级开始训练,从低年级开始培养学生的高阶思维,让学生学会整合知识、迁移运用。因此,基于牛津英语上海版六年级教材,笔者展开深度学习模式下的听说教学评价量表设计研究,聚焦"初中英语六年级听说教学的深度学习现状""怎样的评价量表可以促进学生深度学习的发生"等问题。

二、六年级英语听说课中深度学习与评价量表使用的现状调查

调查制定了200份调查问卷,以我们任教的六年级学生为调查对象,从学习态度和动机、是否注重教学标准、思维水平和认知层次是否分层、知识的迁移与应用、评价反思五个维度出发设计了调查问卷。调查结果

显示 66% 的学生学习动机不强，自发性学习的意愿较弱，大部分学生觉得自己不是为了自己而学习。75% 的学生认为教师在教学的过程中教学标准不明确，对自己的思维和认知没有特别多的关注。59% 的学生表示课堂所学内容不能解决自己在其他地方碰到的问题，所学内容比较死板，自己不太懂得灵活运用知识。

80% 的学生反映教师在课堂上并没有运用 checklist 等形成性评价工具，给出的反馈只有 "good, great, good job" 等反馈。由此可见，深度学习在听说课堂上的发生频率还是较低。基于以上调查结果，联系深度学习路线，笔者总结出适用六年级的英语听说教学的评价量表制定方法。

三、基于深度学习的英语听说课评价量表设计研究现状

笔者在知网搜索"深度学习与英语听说"后，搜索到相关文献共 9 篇。其中多为深度学习的初中英语听说教学策略。

而笔者搜索国外数据库发现，关于深度学习的听说教学的评价量表几乎没有，而深度学习策略的研究较为成熟。国外学者对深度学习的研究多侧重于用实证的方法来验证深度学习的影响因素以及提升深度学习的策略。国内外对于深度学习的策略研究已经取得了较大的进展，而深度学习与英语听说教学相结合的研究仍有很多空白。至于形成性评价的研究也较多，而评价量表作为形成性评价的一个分支，对其的研究几乎为零。因此，本次研究将六年级英语听说课中的深度学习与评价量表相结合，希望通过设计一份具有思维量的评价量表，来引导学生进行深度学习。

四、六年级英语基于深度学习的听说教学评价量表的制定路径

（一）目标设置

根据能力框架，参照《初中各学科年级和单元教学目标》及北师大教授王蔷老师关于英语学科核心素养的观点，深度视域下六年级听说教学目标及对应的深度学习如表 1 所示：

表1　深度视域下六年级听说教学目标及对应深度学习

英语学科能力要素			深度学习	听说教学目标
A 学习理解能力	A-1	感知注意	应用 分析	1. 在听说活动中判断与话题相关的词汇和短语
	A-2	记忆检索		2. 在对话阅读中判断对话的情景和话题；说出简单的记叙文的要素
	A-3	提取概括		
B 应用实践能力	B-1	描述阐释	分析 综合	1. 在学校、家庭、城市等情境中，运用词法、句法知识完成听说读写活动
	B-2	分析论证		2. 在日常交际中，用英语口头或书面简单介绍中国传统节日、饮食文化和传统建筑风格等
	B-3	整合运用		3. 在交际活动中对有关可能的功能进行口头表达，发展语言能力
C 迁移创新能力	C-1	推理判断	综合 评价	1. 对外来文化产生兴趣，感知与了解中外文化的共同点和差异
	C-2	创造想象		2. 在日常交流中注意到文化习俗的差异，并进行恰当表达
	C-3	批判评价		3. 通过对中外文化的简单认知，初步具有民族自豪感和国家意识
				4. 初步具有质疑意识，能表达个性化观点

（二）理论基础——深度学习路线

布鲁姆根据学习者所能达到的思维水平和认知层次，将认知目标分为知道、领会、应用、分析、综合及评价等由低到高六个层次。基于他的理论，在设计听说教学模式时，设计的深度学习模式也由低至高递进。詹森在《深度学习的7种有力策略》一书中对深度学习路线（DELC）进行了详细阐述。深度学习路线有三个阶段。第一阶段为准备学习阶段：步骤1——教师应设计标准与课程中规定的内容和技能；步骤2——教师分析教学目标和课程的设计是否符合学生当前的学习能力水平；步骤3——营造积极的学习文化，提高学生学习的投入程度；步骤4——教师在导入阶段预备和激活学生已有的知识，为深度教学作铺垫。第二阶段为加工内容阶段：步骤5——获取新知识，在该步骤教师要将教学内容分解组块,尤其要注意各教学环节的时间分配和逻辑顺序;步骤6——知识的深加工,分为知识的觉知、分析和综合、应用、同化四个领域。第三阶段为总装阶段(及评价阶段),即教师要评价学生的学习情况,评价方式可以是测试、小测验、评注、个人反思、档案袋、同伴反馈等多种方式。初中英语听说课评价量表的制定主要与深度学习路线第二阶段的步骤6及第三阶段相关联。

基于以上两个理论,并结合《初中各学科年级和单元教学目标》,笔者尝试总结出了可行的初中英语听说课评价量表的设计方法。

(三) 评价量表设计路径

结合听说教学目标以及深度学习要素,笔者初步制定了评价量表的以下设计路径:

确定单元目标 → 确定课时目标 → 分析深度学习要素 → 制定量表 → 实践修改

第一步,根据《初中各学科年级和单元教学目标》,确定单元的教学目标;

第二步,结合课时内容,教师提炼课时的重难点,并确定课时目标;

第三步,查阅文献,结合詹森的深度学习理论中的"觉知、分析与综合、应用、同化",根据每一课时的主题,确定本课的输出活动,在输出活动中架构尽可能多的深度学习要点;

第四步,根据以上架构的深度学习要点,制定出输出环节的评价量表;

第五步,将形成的评价量表运用于教学实践并进行改进。

五、教学实践与结果分析

(一)教学实践1

1. 牛津教材 6AU4 listening and speaking: different jobs

本课的重点在于学习不同的职业,帮学生树立初步的职业观。本课单词的构词法以及不同的句子结构是重点。书本最后的输出活动为运用"Would you like to be a/an . . . ?"句型询问他人对未来职业的期望,运用"I would('d) like ... because I ..."句型简单陈述自己希望从事某种职业的原因。一开始,教师设置了如下评价量表见表2。

表2 职业谈论自评表

具体描述	达成度		
	Excellent	Good	Fair
1. Do I speak aloud?			
2. Do I use "I would ('d) like ... because I ..."correctly?			
3. Do I pay attention to the stress and tones?			

在一开始的听说课上,教师只是简单地组织学生进行 pair work,通过机械的套表达来操练,在此过程中特别侧重学生句子的重音、意群的划分、停顿以及升降调等,思维量很小。

考虑到时代是在发展的,当今时代已经出现了很多课本上没有的职业,而现在的职业也可能会随着科技的发展而变化甚至消失。因此,结合深度学习的目标,为了提升学生的思辨能力,使其初步具有质疑精神,教师将最后的输出活动设置为辩论活动。辩论题为"With the development of science and technology, will some jobs be replaced by AI in the future?"深度学习的听说训练鼓励学生进行辩论,结合当代科技的发展,思考一些传统职业的未来走向,提出质疑,形成初步的职业观。学生利用 checklist 对正反方的辩论进行评价,如表3所示。

表3 职业辩论他评表

	具体描述	达成度		
		Excellent	Good	Fair
	1. Are the viewpoints clear?			
分析 综合 评价	2. Are arguments supported with facts and examples (statistics, literature, science report, etc.)?			
	3. Are arguments strong and convincing?			
	4. Can voice always be heard?			
	5. Do they show debate manner?			

2. 实践反思

这样一堂听说课,既锻炼了学生的思辨能力,也可以让学生参照评价量表,知道一份好的辩论稿是怎么样的,知道辩论的论据应该基于事实、数据、文献和科学报道等。学生也可以清晰地了解到辩论的礼仪是什么,辩论不是谁嗓门大就赢了。总体来说,这是一堂思维发生碰撞的听说课。

(二) 教学实践 2

1. 牛津教材 6BU3 listening and speaking: Zongzi

本课的教学重点在于学习各种口味的粽子的英语表达,并用"I like..."和"I don't like..."来表达自己对不同口味粽子的喜好,在听说学习中感受中国的饮食文化,以便在日后的交际中传播中国文化,增强民族自豪感。一开始教师设计的输出活动为 pair work,通过听对话,理解核心词汇的含义及用法,并正确朗读。学生结对编对话来表达自己对粽子口味的喜好。根据以上目标,教师设置了如下评价量表。

表4 喜好表达自评表

具体描述	达成度		
	Excellent	Good	Fair
1. Do I understand the meaning of salty, beans and read them correctly?			
2. Do I use "I like . . ."and "I don't like . . ." correctly?			
3. Do I express my preference for different flavors of zongzi clearly?			

以上这种传统的操练活动仅仅关注语法点与词语的意思,学生不需要动太多的脑筋,课堂也相当索然无味。结合深度学习的目标,教师设计的输出活动为 10 人一小组,选出组长、调查员、被调查员以及报告者,调查员对每个组员的喜好进行调查并画出柱状图,各小组成员协作完成一份调查成果报告,最终由报告者陈述调查结果。从而引导学生以小组为单位,调查组内学生对粽子口味的喜好,使用柱状统计图向全班同学

陈述本组的调查结果,并利用 checklist 自我评价,如表 5 所示。

表 5　陈述调查结果自评表

深度学习	具体描述	达成度		
		Excellent	Good	Fair
分析综合	1. Do I begin with "…(number) people took part in my survey"? 2. Do I include the most popular and the least popular flavor of zongzi? 3. Do I draw a conclusion based on the data in the end?			

2. 实践反思

最终形成的调查结果为柱状图,正好与数学所学的图形相结合,可以较好地帮助学生进行数据分析。这种陈述调查结果的活动旨在考查学生的数据分析能力和总结能力,这也是学生在以后的学习工作生活中需要掌握的微技能。评价 1 和 2 考查学生的数据分析能力,学生分析参与调查的人都有什么特点。评价 3 考查学生基于数据得出结论的能力,例如有的学生就发现他调查出来最受欢迎的粽子口味是甜粽子,因为他调查的人里面南方人居多,南方人喜好甜口的粽子。这种听说学习模式不仅要求学生将听前听中的内容内化为自己的观点,而且评价量表的使用将学生的思维引向更高的层次,从而达到提高学生思维品质的目的。

六、总结与展望

深度学习与听说教学目标紧密结合,在兼顾一些基础听说技能的基础上,逐渐培养学生应用、实践、迁移、创新的能力,打破了传统套公式操练的形式,引导学生借助流程图、柱状图、饼状图、曲线图、思维导图等理性思维的工具进行听说活动。评价量表赋能听说教学改革,在输出环节帮助学生掌握本课的重难点,给学生提供一定的思维框架,做到每堂课都能让学生的思维得到锻炼,从而提高学生的思维品质。而这种思维品质必将作用于学生之后的考试、问题的解决甚至是工作之中，这种力量是无穷的。

此次深度学习的研究还是不够透彻，运用的实践范围还不够广泛，只是深度学习在听说课中的小小运用。笔者必将在今后的教学实践中继续探索，不断完善，将深度学习贯彻到课堂教学中，形成更多的研究成果。

参考文献：

[1] Chomsky N. The Science of Language ［M］. Cambridge: Cambridge University Press, 2012.

[2] 初中各学科年级和单元教学目标[M].上海:上海市教育委员会教学研究室，2020:135—139.

[3] E.詹森.深度学习的 7 种有力策略[M].温暖，译.上海:华东师范大学出版社,2010.

[4] 百度百科.布鲁姆教育目标分类法［EB/OL］.［2019 - 04 - 05］.https://baike. so. com/doc/8757797-9081259. html.

[5] 李蔓,潘灵君.基于深度学习的小学英语听说教学策略研究[J].基础教育研究,2020,(1):63—66.

[6] 张浩,吴秀娟.深度学习的内涵及认知理论基础探析[J].中国电化教育，2012,(10):7—11.

[7] 金琳.基于深度学习的初中英语听说教学实践[J].英语教师,2020,(13):154—158.

13 线上教学背景下的物理微课有效性初探

曾玉琦

针对疫情对中小学线下课堂教学造成的影响，如何实施并保障线上教学的教学质量，对于教师来说是一次新的尝试和挑战。随着现代信息技术的不断发展，人人都有手机，家家都有电脑，每个人都可以用自己的设备上网进行学习。因此，在在线教学中微课是一种有效的方式。作为一线的物理教师要努力适应这样的变化，尝试探索制作微课的方法，提高制作微课的有效性，以引导学生进行在线自主学习。

一、微课的特点

（一）时间短

微课是指运用信息技术按照认知规律，将学习内容、过程及扩展素材以碎片化的形式呈现出来的结构化数字资源。根据中学生的认知特点及学习规律，学生注意力集中的黄金时间约为 8~10 分钟，又由于在微课中没有平时线下教学的互动，节奏相对紧凑，因此，微课的时长一般是线下教学时间的 1/2 左右（即 20 分钟左右），以 15 分钟左右为宜。

（二）内容少

微课的内容少，一般解决一个知识点、一类问题或一个专题等，相对于线下教学，微课的内容需要做到目标更明确、主题更突出。

（三）语言精

由于微课的时间不宜太长，又要在有限的时间内将问题讲清楚，这就对录制微课的老师的语言有很高的要求,既要指向性明确又要语言精练。

二、微课制作的策略

怎样制作一节有效的微课呢？通过学习,结合这段时间对微课制作的探索与实践,一般可以将微课的制作分为这样四步:第一选题,第二设计,第三录制,第四定稿。

（一）选题

微课以录制视频的方式呈现,只有老师独自进行授课,与线下教学不同的是没有学生在场,无法进行讨论活动,所以不是所有的内容都适合利用微课来呈现。在选题上应该选择适合学生自主学习的内容,比如讲授一个概念、解释一个规律、现象或问题,或者讲解一道题等。对于需要学生互动的教学内容不适合录制成微课进行教学。教师可以选择一些在线直播平台,如腾讯课堂、钉钉、Classin、CCtalk、雨课堂等,实时在线互动教学。

（二）设计

教师在线下教学时,要进行备课,在录制微课时同样也要认真地进行备课,要备教材、备学生。在录制微课时,虽然学生不在现场,但在设计时要想象学生在观看微课时的情况,做到心中始终有学生。一节完整的微课与我们线下教学一样,需要有合理的引入,目标明确的主要内容和适当的小结。

1. 合理的引入

根据微课的类型不同,在进行引入时,可以为学生创设情境,如做小实验、描述生活中的现象或实际问题等。也可以开门见山,目标明确地直接提出本节课要讲授的主要内容。由于微课的时间限制,无论是哪种方式进行微课的引入,录制时都要注意时间的设定,要明确引入是为更好的讲授主要内容服务的。

2. 目标明确的主要内容

在设计微课的主要内容时,要注意这样几点:

（1）讲授的线索要清晰；

（2）教师的语言要斟酌；

（3）设计的板书要简练；

（4）教学的主题要突出。

3. 适当的小结

一节课的最后要有一个适当的小结，不能因为微课时间短而省去这个环节。但微课的小结应该快速、简明扼要，可以以提纲或知识框架的形式进行，帮助学生理清脉络，加深印象。一个适当的小结会对一节微课起到画龙点睛的作用。

（三）录制

微课的录制方式有很多，大致分为这样两类：

1. 使用外部视频工具拍摄

使用手机、数码相机、摄像机等对在黑板或纸张上进行的各类演算、书写或画图等教学过程进行实时的音频或视频录制。这类方式的优点是制作工具容易得到，操作方便，设计过程省时省力。

缺点是录制的效果相对比较粗糙，音质和画面的效果比较差，并且一个人很难完成录制，需要有人帮助拍摄录制，后期的编辑工作较多。因此，适用于演示物理实验过程这样的微课。

2. 使用PPT＋录屏软件录制

录屏软件可以对电脑、平板电脑的屏幕和教师的语音进行实时同步录制，常用的软件有"Camtasia Studio""录屏大师""爱拍""E笔微课"和PPT的"录制幻灯片演示"功能等。

这种方式比较快捷方便，在电脑上即可实现，录屏软件种类也比较多，使用方法都可以通过网络学习得到并且大多简单易学。这样的录制方式适用于介绍概念和讲解规律这样的微课。

当然在教师有配套手写笔的情况下，也适合录制习题集中讲解、专题辅导和复习课这样的微课。也可以结合word进行录制，无需制作课件，利用录屏软件和配套的手写笔就可直接讲解，简单高效。

通过实践，使用PPT的"录制幻灯片演示"功能进行微课制作，对一线教师来说最容易上手，录制和修改起来都比较方便。

（四）定稿

微课录制完成后，还需试播，从头至尾观看一遍，检查一下有没有问题。比如图像的清晰度，声音的响度，图像是否与音频同步，有没有发生口误、噪声等情况，对视频进行适当的修改后定稿。

三、微课制作有效性实践

物理教学有不同的课型，如新授课、习题课、实验课、复习课等，根据不同的课型要求和特点，在设计制作微课时也有所不同。

（一）新授课

在设计新授课时，可以在引入时尽量举一些贴近生活的例子或现象，如学习"磁体、磁感线"时，先播放银行磁卡、擦窗神器、磁浮列车等图片（见图1），激发学生学习的兴趣，帮助学生创设情境，达到快速进入新课学习的目的。

录制微课时，不能像在线下教学时那样当场做演示实验，如果就是一味地讲授，不仅枯燥，而且教学效果也不理想。

为了尽可能地提高实验效果，这就需要老师花时间和精力到网络上收集资料，找到满意的视频（见图2），或者利用家中的实验器材事先拍摄好实验视频，插入到课件中进行录制。在播放演示实验前，指导学生观察的语言要指向性明确，提高实验的可视性，明确实验在本节课的作用。

在初中物理中有些知识点较为抽象，学生理解起来有困难，因此，在微课中单凭教师的讲授很难达到好的效果。而现在网络平台上会有很多优秀动画（见图3），可以将抽象的知识变得具体化、形象化，帮助学生更好的理解，并激发学生的学习兴趣，使我们的微课做得更好，提高教学的效率和效果。如遇到动画无法通过PPT的"录制幻灯片演示"功能进行录制的情况，可以配合录屏软件，先将动画录制成视频，再插入到PPT课件中进行录制。

生活中的磁现象

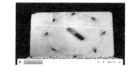

图1　　　　　　　　　图2　　　　　　　　　图3

（二）习题课

在录制微课时，特别是讲解习题时，由于对着屏幕讲授，老师可能会出现一口气将一道题从头讲到尾的现象，如果题目的难度略高或解题过程较长，学生就容易疲劳分神，效果就会很不理想。因此，在设计习题课时，首先要精选例题，其次在讲解例题的时候要在题干中进行圈画并做出一些解题的解析，将解题的关键步骤留在 PPT 上（见图 4），以声音配合图像的形式帮助学生提高注意力集中的时间。语言需精练但不能有严重的跳步，注意语速和节奏的把握，要给学生留有反应和思考的时间与空间。也可提示有需要的学生在听课时按下暂停键或反复回放听讲进行自主学习。

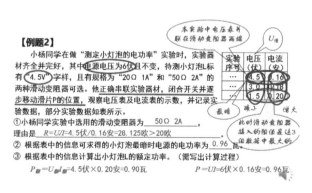

图4

（三）复习课

录制复习课，一般可以设计为三个板块。第一板块为每个知识点的梳理讲解，在梳理知识点的过程中可以配合情境或与学生一起回顾在新授课中观察过的实验现象、做过的实验（见图 5），以唤起学生的记忆。

第二板块为构建知识结构。在第一板块中学生对每个知识点有了

知识点1：光的反射

2.光的反射定律

(1)反射光线、入射光线和法线在 <u>同一平面</u> 内；
(2)反射光线、入射光线分别位于 <u>法线的两侧</u> ；
(3)反射角 <u>等于</u> 入射角。

图 5

一定的了解，但这样零散的知识点很容易被遗忘。所以在具体复习完各个知识点后，可以带领学生构建知识结构（见图6），使知识点之间形成联系，为记忆搭建支撑，帮助学生理清各知识点之间的联系，打通知识之间的壁垒，降低记忆的难度。从而使学生对所学的内容掌握得更深入。

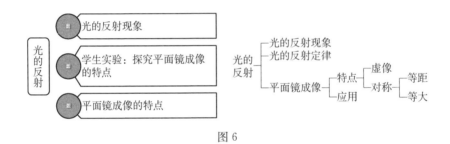

图 6

第三板块为配套例题，这里的制作方法和具体录制时要注意的事项与习题课相同。

在疫情期间，学生们虽然不能到学校上课，但在家中并没有停下学习的脚步。作为九年级的学生，不仅有新课知识要学习，而且要进行全面复习，迎接中考。通过录制微课供学生学习使用，给不同程度的学生提供了学习资源。学生认真观看微课将复习的知识点进行整理内化（见图7），提高了复习的有效性，激发了学生复习的动力，为复习提供了方法，得到了学生的欢迎。录制的微课也作为教研资料在组内进行展示交流，共同研讨。

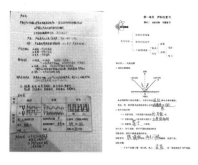

图 7

四、思考及建议

这次尝试录制微课是在特殊时期，主要用于线上教学。在设计和录制微课时，笔者一边学习相关的信息技术不断探索改进，一边对微课和线下授课进行比较，思考如何制作更有效的微课，也考虑可以将这样的微课应用到线下教学中，进一步提高课堂的教学有效性，现有以下几点思考：

第一，对于一些实验效果短暂的或实验效果不明显的演示实验，可以尝试通过录制微课的方式应用于课堂中，以提高实验的可视度。

第二，根据美国的一份调查报告，在面对面教学、在线学习以及混合学习三种教学模式中，混合学习是最高效的，面对面教学是最低效的。学生在课堂上注意力的集中时间可能达不到 40 分钟。如果我们尝试将微课穿插在我们的线下课堂上，可以切换学生学习的模式，提高学生的注意力，从而提升课堂的效率。

第三，在实验教学中，讨论完实验方案后，可以利用微课将实验步骤清楚地录制下来，引导学生反复观看视频，让学生明确每一步骤的操作过程，了解每一个操作的实施方案。这样学生在做实验时将减少无效的操作，增强实验操作的规范性，提高实验课效率。

第四，毕业班物理教学一到复习阶段，往往任务繁重，压力大，学生对复习缺乏兴趣。为解决这一问题，可在复习课中穿插一些微课让学生观看学习，既能提高学生对复习课的兴趣，又能提高复习效果。通过此次尝试，笔者发现在复习课上通过录制微课的形式可以配合情境回放新授课中的实验现象或实验过程，可以丰富枯燥乏味的复习课，也可以将录制好的微课提供给一些基础薄弱的学生，以便课后反复观看，进行巩固。

最后，为将来想要录制微课的老师提些建议：

第一，课件的制作要尽量地简洁美观，页数不要过多，太过繁复的课件会对学生心理造成一定的负担。

第二，授课的声音要清晰响亮，尽量减少杂音及噪声。建议可以在安静并且隔音条件较好的房间或者是在较为安静的晚上进行录制。使用台式机录课时，可以使用麦克风以减少噪声和杂音。

第三，将录课稿撰写成文。对于初次录课的老师来说，对着机器授课，没有学生互动，会有些不适应。建议将录课稿写得尽量详细些，并在录之前反复读上几遍再录。

微课作为一种新兴的教学方式，符合现代教学的实际，方便学生通过手机、平板电脑、电脑进行观看，贴合学生的实际情况。教师可以针对一个个知识点进行讲解录制。微课时间短，教学内容明确，在特殊时期，可以帮助学生在家进行学习，也能指导学生利用碎片时间进行学习。对于听一遍不能明白的知识点或内容，也可以根据自身需要进行多次重复的学习，能够满足学生个性化、深度学习的要求，为学生自主学习提供渠道。如何使录制的微课更有效，并能为我们的今后教学服务，正是我们一线教师需要思考、实践、探索的方向。

参考文献：

[1] 刘月.《土地利用规划》微课教学方案设计[J]. 科教导刊：电子版，2017(35)：105.

[2] 焦建利. 微课及其应用与影响[J]. 中小学信息技术教育，2013(04)：13—14.

[3] 牛丽. 微课在高中物理教学中的应用[J]. 黑龙江科学，2019，10(23)：106—107.

[4] 王瑾. 灵活利用微课资源，活化物理课堂教学[J]. 学周刊，2020(02)：156.

14　巧用图表优化初中物理答疑效率

周伊佳

一、研究背景

（一）基于学科素养培育的教学转型

为进一步深化基础教育课程改革，教育部对 14 门学科课程标准进行了修订，新的课程方案和课程标准中各学科凝练提出了学科核心素养，这意味着教育改革进入了新的阶段。其中物理学科的核心素养是学生在接受物理教育过程中逐步形成的适应个人终身发展与社会发展需要的必备品格和关键能力，是学生科学素养的重要构成。为了更好地培养学生物理学科的核心素养，教师要帮助学生从简单的知识走向能量观、相互作用观等层面，帮助学生从提问走向提炼，将课堂教学、课后作业、课后辅导等过程进行整体设计，在各个教学活动中培养学生的学科素养。此外，中共中央办公厅、国务院办公厅印发《关于进一步减轻义务教育阶段学生作业负担和校外培训负担的意见》，其中关于进一步减轻义务教育阶段学生作业负担和校外培训负担的主要任务与重大措施中也包括加强作业完成指导、拓展课后服务渠道等。

从以上文件中可以看出，教育在逐渐向减负增效方向迈进，而学科核心素养和"双减"政策的推进让如何为学生答好疑成为了新的命题。在上海市空中课堂的线上课程中，除新课视频外还录制了"答疑解惑"和"单元聚焦"课程，以单元视角对知识点进行系统梳理（见图 1），提炼出学生学习知识时的难点并进行解答，形成了完善的课程体系。作为学校的一线教师，更要充分利用课后服务的时间，为学生做好个性化教学指导和答疑工作,切实做到减负提质,保障学生学业质量。

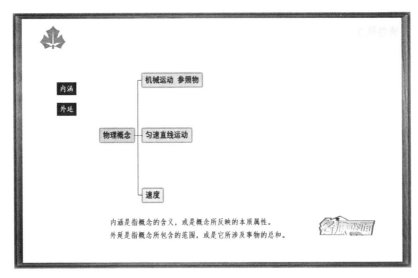

图1　上海市空中课堂的名师面对面栏目中,"匀速直线运动"的授课教师对于"运动"概念的梳理

(二) 答疑存在的困境与突破

1. 学生的提问过于碎片式

学生在答疑时提出的问题往往具有碎片式的特点:问题杂乱无章,仅从自己困惑的某个点或者作业中反映出的某道错题出发。如果学生事先未进行系统梳理,就会出现不同问题中相同知识点提问多次的情况,较为浪费时间。

2. 师生理解不同,物理概念过于抽象

在描述学生的问题时,教师经常会以"你的概念不清楚"归纳学生出现困惑的原因,而学生认为解决的方法就是把物理课本中的公式、定义等抄写背诵,这样显然是起不到很好的效果的。这是因为教师和学生在看待问题时所站的角度是不同的,对知识点死记硬背的同学还停留在较为浅层次的"知道"层面,在试图理解教师的答疑时会出现偏差。

3. 缺少方法,无法自行掌握

除概念理解外,学生在解决物理问题时往往还需要借助一些方法,出现疑问的原因也可能是缺少了相应的科学思维品质。比如在研究光

学、力学、磁等内容时经常借助模型建构的方法，这是基于经验事实建构物理模型的抽象概括过程，是物理核心素养中非常重要的内容。以往的答疑在科学方法的引导层面不够多，导致学生虽然在答疑时能听懂，但自行操作时屡屡碰壁。

（三）答疑图表化的意义

1. 有利于知识逻辑的结构化

在答疑时首先要求学生绘制图表，从知识层面归纳小结知识点之间的逻辑关系，有利于学生跳出单一的题目情境，站在更高的维度进行提问。同时这样做也有利于教师从学生的视角了解他们对所学知识的认知，从而更好地制定答疑方案。

2. 有利于物理概念的直观化

珠玉在前，空中课堂的"答疑解惑"环节为我们提供了宝贵的可借鉴资料。教师分别从内涵和外延两个角度绘制图表对物理概念进行分解，并将学生的问题归因到内涵和外延的理解偏差上。通过物理概念分解图可以让学生对看似抽象的"概念"二字更加清晰。此外借助思维层次图表能够将自己的困惑对号入座，明确问题，对症下药。

3. 有利于物理学习的方法化

通过罗列不同物理概念和解决方法的细目表、学习内容与相应学习水平的对照表等可以帮助学生发现解决问题的关键，让学生意识到自己究竟是在哪一方面出现了疑惑。当学生自主复习时也可以合理利用好这些图表，发现物理概念和研究方法之间的关联，寻求解决问题的新途径。

4. 有利于教师答疑的高效化

目前针对教学的几个重要环节都有具体的指南，例如教学目标的设计、教学活动的设计、作业设计和评价设计等。但是针对答疑缺少一些指导性的设计指南。学生碎片式地提问后，教师有能力在答疑时体现问题的逻辑和物理思想。但学习的受众是学生，往往学生很难达到教师的理解层面。通过图表梳理答疑的流程，并在答疑中用好各种图表能让抽象的内容更具体，让教师的思维条理清晰地落在纸上，提高答疑的效率。

二、物理教学应用图表的理论基础

（一）思维导图、双向细目表等量表的应用现状

思维导图是一种有中心的发散性思维网络，通过图、符号、连线等方式建立一个有序的图像。目前，思维导图在物理教学中的应用逐渐增多，很多国家还将思维导图作为必修课程。学生一般在章节内容学习完后可以通过思维导图进行复习整理。物理课本中会给出一定的参考模板（见图2）。而双向细目表多用于编制物理作业、考试试题。一份好的双向细目表具有指导性、发展性、科学性，能够更客观、全面地进行形成性评价。除此之外，在课堂中，特别是物理实验课上有较多的学生实验和活动，学生与学生之间可以借助评价量表，通过自评、互评的方式为实验完成度、误差情况、结论合理度等打分；参与听课的教师可以通过量表关注授课教师的多项课堂状态并对其进行评价，让评价结果有理可循，也能帮助授课教师发现问题、快速成长。

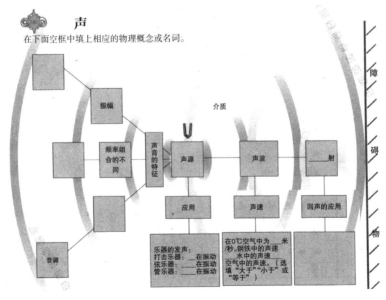

图2　上海教育出版社《八年级第一学期　物理》教科书中"声"章节的概念图

各类图表在教学的作业布置环节和评价环节都有诸多应用，但教师答疑也是能关注到学生个性化发展的不可或缺的部分。目前关于有效

答疑的研究较少,也缺少一定的答疑策略和规范的操作流程。

(二) SOLO学习理论

SOLO分类评价理论是香港大学教育心理学教授比格斯(J. B. Biggs)首创的一种学生学业评价方法,是一种以等级描述为特征的质性评价方法。根据SOLO分类评价法,比格斯把学生对某个问题的学习结果由低到高划分为五个层次:前结构、单点结构、多点结构、关联结构和抽象拓展结构。具体含义如下:

1. 前结构层次(prestructural):学生基本上无法理解问题和解决问题,只提供了一些逻辑混乱、没有论据支撑的答案。

2. 单点结构层次(unistructural):学生找到了一个解决问题的思路,但却就此收敛,单凭一点论据就跳到答案上去。

3. 多点结构层次(multistructural):学生找到了多个解决问题的思路,但却未能把这些思路有机地整合起来。

4. 关联结构层次(relational):学生找到了多个解决问题的思路,并且能够把这些思路结合起来思考。

5. 抽象拓展层次(extended abstract):学生能够对问题进行抽象的概括,从理论的高度来分析问题,而且能够深化问题,使问题本身的意义得到拓展。

三、答疑设计

(一) 答疑设计流程

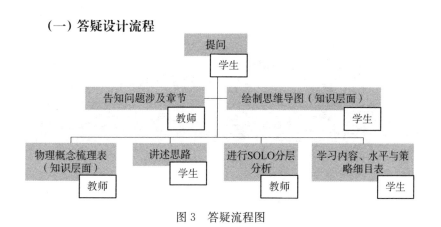

图3　答疑流程图

（二）案例及效果分析

以下展示了学生在学习初二第二学期热学时提出的问题和答疑解决策略。

【学生提问】铁的比热容大于铜的比热容，质量相等的铁块和铜块吸收了相等的热量，那么（　　）

A 铁块的温度升高得多

B 铜块的温度升高得多

C 铁块和铜块升高相同的温度

D 由于初温未知，所以不能判断

【告知问题涉及章节】这个问题涉及到的是第五章热与能。你可以首先通过思维导图的形式对该章节进行知识梳理，明确基本知识点，这是解决疑问的基础。

【学生绘制思维导图】

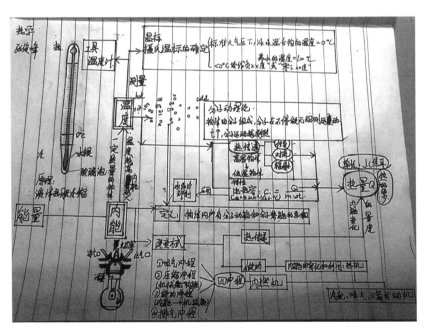

图 4　学生绘制的热学思维导图

【教师梳理物理概念】

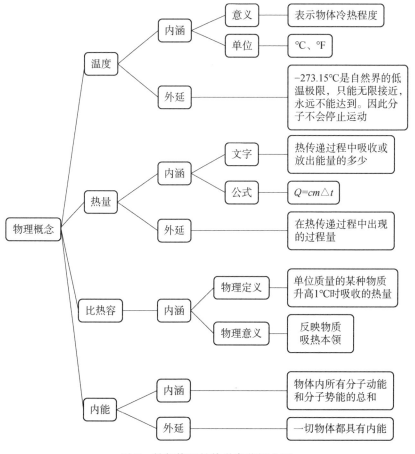

图 5　教师梳理的热学章节概念图

以上是教师梳理的物理概念表。在学生自行整理思维导图后，他已经对基本的知识层面的内容进行了整体性的复习，不至于毫无头绪。结合学生的思维导图与问题，可以看到学生的疑惑点主要出现在热量相关概念上，且主要是对热量内涵的公式理解上不够熟练。教师究竟要提供什么样的帮助从而更适合这位同学呢？

学生讲述思路，教师对照 SOLO 层次表进行分析。

【进行 SOLO 层次分析】

SOLO 层次	学生回答具体表现
前结构层次	仅根据两种金属的比热容不相同认为升高温度不同，但说不出理由。
单点结构层次	知道与公式 $Q = cm\Delta t$ 有关，但对其中的相关物理量不明确。
多点结构层次	知道要使用 $\Delta t = \dfrac{Q}{cm}$，也知道物理量的关系，但在运用分式计算上有欠缺。
关联结构层次	知道要使用 $\Delta t = \dfrac{Q}{cm}$，对分式的计算较为清晰，知道当分子相同时，分母越大的值越小。
拓展抽象结构层次	由此题总结出热量定性分析题的解题逻辑，在变中找不变。

在 SOLO 层次表中，教师可以根据学生的表述明确学生的思维层次，首先对解决单一问题而言是非常有帮助的。比如学生的回答是"我知道要用到热量的计算公式，但是接下来该怎么算？"时，他的问题出在仅停留于单点结构思考。教师可以引导"本题问的是什么？我们可以将公式进行什么样的变形？试着在题干中寻找提示信息"等，将学生向关联结构层次指引，帮助他解决问题本身。再比如在初三学习浮力时，学生仅知道浮力的计算公式是不够的，还要和初二学习的重力、二力平衡等知识结合起来，这也需要达到关联结构层次。此外，在答疑时也要注重学生的拓展抽象结构思维，从一道题概括出一类题的解决策略。比如本题可以进行小结"式中出现了几个物理量？给出几条信息时就可以解决问题？你一般会先找相同量还是不同量？"等，为学生构建学习的桥梁，让答疑的过程得到升华。

【填写细目表，是答疑的终点也是起点】

学习内容	学习水平	解决策略	我的难点
热量定性比较			
密度定性比较		公式变形、找不	
电阻定性比较	理解	变量和变量、结合分式等数学	找不变量和变量
液体内部压强定性比较		运算工具求解	
...			

　　学生答疑后可以对细目表中学习内容的第一行、学习水平以及我的难点进行填写。本题看似到这里告一段落，但是随着物理学习的深入，学生还会碰到很多类似的物理概念，他们的内涵中都包括多个物理量的计算公式或多个影响因素。学生在学习热量时存在的问题，在学习其他物理概念时可能也会遇到。通过细目表关注自己屡次出现的瓶颈，对问题进行归纳后发现通用的解决策略，将所学融会贯通。

四、答疑设计原则和方法

（一）答疑设计体现学生"主体性"

　　在进行答疑设计时要以学生为第一立场，站在学生的角度思考问题。在答疑时不能仅仅关注答案的对错，而是站在学生的立场重现学生的思考过程和认知逻辑。教师答疑的方向需要符合学生的物理认知结构，帮助学生回忆并利用已学的知识解决新问题，更新物理观念，从而形成新的认知结构。

（二）答疑设计完善知识"整体性"

　　答疑不仅仅是回答学生的某个问题，也是完整的教学活动中的收尾环节，是学生在学习完知识后重要的内化过程。因此，在答疑时之所以要设计完整的图表而不只是简单回答问题，是因为要在答疑时体现答疑内容的知识与知识、概念与方法之间的密切关联性，同时还要体现答疑方向与教学目标、作业的一致性。

(三) 答疑设计符合教育"发展性"

答疑的形式包括但不局限于学生问老师答,也可以是老师问学生答,甚至做到学生自问自答。这就要求教师在答疑时要用发展的眼光看待问题,通过图表明确学生的知识漏洞、思维盲点,结合图表找一找他可能还会出现什么样的问题? 通过什么样的训练能够帮助他进一步解决这个问题? 学生借助图表后,能领悟到的物理知识、物理概念、物理方法是什么? 我是否都掌握了等等。

五、总结与展望

随着教育改革的逐步落实,学生自我支配的时间更多了,自主学习的空间也更大了,而自主学习同样要借助教师的力量。在思维导图和细目表的配合下,学生对知识层面的内容认识更多维,也逐渐具备概括总结的学习能力;在概念梳理表、SOLO分层分析表的帮助下,教师答疑的目标性、指向性更为清晰明确,答疑的科学性也有理可循。希望在之后的教学过程中可以不断优化答疑的一般流程,改进以上图表的栏目,让答疑更加贴近学生的真实问题,真正走进学生的内心。

参考文献:

[1] 钟振华.大数据分析下的初三物理复习策略研究[J].考试周刊,2018(A1):144—146.

[2] 陈文君.初中物理命题中多项细目表的应用[J].文理导航(中旬),2018(03):43+46.

[3] 印恩书.思维导图在初中物理教学中的应用研究[D].贵州师范大学,2014.

[4] 汤铭.促进学生"创新思维"发展的思维导图教学研究[D].上海师范大学,2006.

[5] 黄和平,陈敏.初中物理目标教学评估的命题原则与命题方法[J].中学物理(初中版),1995(04):7—8.

15　学科核心素养视角下的初中化学实验课之实践研究

王玮丽

一、研究背景

2021年上海的中考新增了物理和化学实验操作考试,采用现场和视频二阅的打分模式,对考生的操作情况进行赋分,最终记入中考总分。实验考试总分15分,在750的中考总分中比重不高,但大家都觉得没有把握,特别是5分的化学实验考试,操作的细节很多,稍不注意就会失分。

二、在实验教学中渗透核心素养

实验操作不同于笔试考试,不仅考查学生的实验能力,还有临场应变能力,学生会比以往更加重视化学实验在化学学习中的重要性,但实验探究的意识和实验操作的能力不是一蹴而就的,而是要渗透在平时日常点滴的教学中。

(一)加强化学探究的实验教学

实验操作考试是一种新导向。化学学习的能力不仅仅是纸笔训练,有些能力必须通过课堂观察实验或者动手做实验来加以提升,实验的技能技巧是在平时一点一滴中学习和巩固的,特别是期中考试之后正是学生复习的倦怠期,促进对实验教学的研究和探索,培养学生的创新意识与合作意识,让化学核心素养得以落实。

例如:课本上氢氧化钠和二氧化碳反应的实验中,用气球变大说明了氢氧化钠可以吸收二氧化碳的反应,尝试让同学找到更多合适的装置进行实验探究,引导学生思考并提出问题——氢氧化钠溶液中的水会不会吸收二氧化碳引起压强减小呢?并鼓励同学设计实验并尝试探究,引导实验过程中控制变量等问题。

(二)化学实验的概念与原理教学

每个孩子都非常喜欢动手实验,有些平时很调皮的孩子让他做起实验来都格外认真。实验无疑是激发每个孩子学习化学的兴趣点。由于现在的实验操作考试纳入中考成绩,同学们走进实验室,兴奋之余着实有了一点压力,在上实验课的时候,格外认真。学生在实验的时候学会观察一些实验细节,生怕错了自己还不知道,比如有的学生在过滤的时候问我:"滤纸和漏斗中有一个气泡怎么办?""引流时,上面的烧杯嘴靠在玻璃棒的什么位置最合适?""在使用玻璃棒引流时,稍稍用力,漏斗下端没有紧靠烧杯内壁怎么办?"等。这都是同学们在自己实验的过程中,亲手操作后才会有的疑问。

例如:我们常采用向上排空气集气法收集二氧化碳,毛玻璃片有光滑和磨砂面(见图1),哪一面对着集气瓶口呢?如果只进行演示实验,学生没有真实体验很难关注这一细节。但是在实验过程中,我发现我们班的学生没有一人出错,因为学生在实验中关注到了每个仪器的细节,每个实验操作的规范动作都牢记于心,真的是说一遍不如做一遍令人印象深刻。

再比如说,同学们知道检查装置气密性是为了防止装置发生漏气的问题(见图2),那发生装置中哪些部位可能导致漏气呢?这又需要进一步思考。同学们通过观察装置,不难发现,装置的连接部位容易发生漏气的问题。

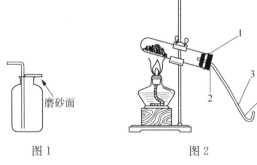

图1　　　　　　　　图2

这就是学生在实验过程中学习方式的改变,从被动地按照实验要求进行实验到学会了在实验中观察和思考,在动手实验和动脑思考中发现毛玻璃片和集气瓶的毛玻璃瓶口应该相互接触不容易漏气,以及玻璃管和橡皮塞的连接处也可能会漏气。

三、丰富教学手段,实现课堂转型,促进学习方式的改变

以实验操作考试为导向,随着实验操作考试考题逐步灵活多变,如何改变实验教学方式从而促进学生学习方式的转变,让学生能够形成良好有序的实验规范,学会做实验?把实验作为一种思维方式是改变传统教学的核心。通过实验操作课、实验探究课课堂教学方式的转变,试图改变学生学习的方式,让实验成为一种思维模式。

例如:利用数字化 AI 实验,将学生的实验步骤通过摄像头记录下来,进行实验步骤的 AI 赋分,查看每一步的操作是否正确,如果有错误可以进行查看,可以做到精准地对每个学生的每一步操作进行评价,如果有做错的部分可以进行视频回看,再做进一步修改。真正做到了数字化实验,关注到每位学生的操作,老师也可以在屏幕上看到每位同学的操作。

(一) 以学生自主学习和探究为导向的实验操作课

实验操作考的主阵地是学生实验操作课。比如实验室制取氧气的实验操作课是指在学习完氧气的实验室制法之后,学生进入实验室进行动手实验的过程,这是最能考查学生实验操作能力的时候。由于老师一个人不能关注到所有孩子的实验操作情况,并加以指导,如何有序进行实验、保证操作的准确性、实验的安全性是实验操作课的核心。主要分为以下四块内容:

1. 实验内容的科学划分,充分进行沉浸式实验

以往学生实验的内容都是按照教材配套练习册的内容进行,其中氧气的实验室制法和氧气的性质是分开的,二氧化碳的实验室制法和性质也是分开的,这就存在每次做性质实验前实验员要制备大量的气体,学生也缺乏制取气体后进行性质实验的真实、连贯的体验。于是,我对练习册每章节的实验内容进行整合,具体如表 1 所示:

表1　九年级化学练习册实验内容汇总表

章节编号	章节名称	实验名称	实验时间
第一章	物质的提纯	粗盐提纯	30 分钟
第二章	氧气的性质 氧气的实验室制法	实验室制取氧气并进行其性质实验	40 分钟
第三章	物质从溶液中析出	从硝酸钾和氯化钠的混合溶液中分离硝酸钾	30 分钟
第四章	二氧化碳的性质 二氧化碳的实验室制法	实验室制取二氧化碳并进行其性质实验	30 分钟
第五章	中和反应	酸碱中和反应	20 分钟
第六章	金属的化学性质	金属和酸、盐溶液的性质实验	30 分钟
第六章	盐的化学性质	盐的性质实验并进行物质的检验	30 分钟

将实验内容进行科学划分,目的是让学生在实验室进行沉浸式实验,充分锻炼其实验能力。对于 30 分钟内能够完成的实验,可以在一节课内完成;如果是 40 分钟的实验——例如制取氧气并进行性质实验,可以利用课后辅导的时间,大约 50 分钟到一小时,让学生们充分动手操作,充分体验和思考,为后续实验的思考和讨论打下基础。

2. 实验形式的有序安排,养成良好的实验习惯

填写实验报告是实验操作考试不可或缺的一部分,是培养良好实验习惯的重要环节。在实验过程中绝不能只注重死记硬背实验步骤与实验结果,要在实验学习过程中清楚整个实验各个环节之间的因果关系,才能真正掌握设计化学实验方案的本领,让学生自主设计实验进行科学探究,实现学习方式的真正转变。不仅如此,好的实验习惯还包括:

(1)预习实验的习惯

培养学生提前预习实验的好习惯。根据实验报告,学生需要认真了解实验目的和实验步骤,包括在实验操作考试中有检查仪器和整理桌面的要求,以及在实验中需观察什么现象。对实验认真预习后,可以完成实验报告内实验目的、药品、仪器和步骤的填空,更加明确实验目的,通过自主预习确保实验的成功进行。

（2）分组合作的习惯

之前学生操作实验的伙伴都是让学生们自由选择。我发现特别熟悉要好的同学之间,在做实验的时候不够认真。于是,我给同学们指定了实验伙伴,有的是强强联手,有的是互帮互助。合作学习、相互学习的学习习惯的培养是十分重要的。那如何相互督促,相互学习呢？以氧气的制取和性质实验为例,这个实验由两部分组成:先制取氧气再进行性质实验,先由A同学完成氧气制取的实验,由B同学打分,再由B同学完成氧气性质实验,由A同学打分。同学们先在预习时填写实验报告中关于一些仪器和步骤的空格,在实验前再了解实验操作的顺序、规范,大致的评分要求,后面就是沉浸式做实验的40分钟。从先清点仪器开始,能按照步骤有序进行实验,在实验中有些同学被实验现象震撼了,看好现象就马上记录下来,养成实事求是的好习惯,对同学的实验操作进行打分,也提醒自己在操作的时候注意规范。实验操作相互评分表如表2所示:

表2　九年级化学实验操作评分表

实验操作扣分点（一点一分,共十分）	得分
1. 检查装置气密性,观察到水中有气泡	
2. 装药品时,试管横放	
3. 搭装置时,试管口略向下倾斜	
4. 搭装置时,铁夹夹在离试管口三分之一处	
5. 搭装置时,导管在水槽内,不在集气瓶内	
6. 集气瓶装满水没有气泡	
7. 收集气体时,气泡连续不断产生时开始收集	
8. 停止收集气体时,等水排尽,水槽有大气泡产生时才停止收集	
9. 停止收集气体时,先撤离导管,再熄灭酒精灯	
10. 整理桌面,清点仪器	

通过设计打分的表格,给该实验各个操作要点赋分。给他们分组,两个人各做一次实验,相互打分,起到相互监督和帮助的效果。然后请大家相互点评,在小组合作中共同成长。

(3)记录数据和实验反思的习惯

有时候,在实验过程中学生会观察到一些和课本上描述不同的现象,比如:学生记录到木炭在氧气中燃烧并没有看到产生白光,却看到了火星四溅;氯酸钾收集得到的氧气闻到了刺激性的气味。还有一些现象和自己的预设不符合,比如有些学生氯酸钾的量加得少,导致后面产生氧气的量也少,只收集到半瓶氧气还有半瓶水,以为后面性质实验做不成了,没想到用半瓶氧气完成性质实验的现象也很明显,说明收集氧气的浓度符合要求,只是量少。当发现不一样的现象时,鼓励学生记录真实的现象,在实验反思中分析可能的原因。有时候对实验中的问题进行分析和探讨,能收获到更多的结论,让实验变成一种化学的思维方式。无论实验成功与否我们都能通过观察、记录、思考、查阅资料等方法得到结论,都能解决问题,在实验中体现了尊重客观事实、科学实验的精神。

学生在做实验时,我则忙着观察他们的问题和精彩之处,用手机记录拍照下来(见图3):有同学没有注意先撤离导管,导致水倒吸;有的同学铁丝燃烧的时候忘记在瓶底部放一些水,导致瓶底炸裂;有些同学直接用坩埚钳取广口瓶内的木炭等。收集好素材后,在第二天的课上我对于观察到的精彩瞬间和问题,结合照片以及同学们完成的实验报告,请他们再次讨论,相互作答。这种问题都是从学生出发,激发学生自主学习探究的意识和兴趣,在欢声笑语中扎实和巩固了实验技能。

以往的实验探究课,学生比较注重实验结果,观察实验现象,忽略实验操作,然而正确的实验操作技能应该

图3 学生进行制氧气及氧气性质实验

作为一种学习化学的基本能力,这种能力也是上好实验探究课的保证。于是把实验探究中的实验步骤细化,把探究活动设计为两个大任务,再将大任务分成若干个实验活动,在活动中细化实验操作,得到结论,解决任务,在正确的实验操作中形成了基本的实验操作技能。

(二)以培养核心素养和创新意识为主旨的实验比赛

学校为了更好促进学生学习化学的兴趣,培养扎实的操作技能和实验探究能力,开展了学生实验比赛,学生在半小时内完成一个独立学生实验与一个团队合作的创新实验,并对创新实验加以说明。在实验比赛中不仅锻炼了学生的实验操作技能,还培养了团队合作能力、实验探究和创新能力、口头表述能力。这和实验探究课的培养模式如出一辙,能更好地促进学生实验能力的发展,让实验成为学生化学学习中的一种思维方式。

四、启示和展望

化学实验操作考纳入中考总分拉开了中考改革的序幕,未来的实验操作考试也会逐步从技能操作考过渡到实验探究和创新,真正考查学生的综合能力,因此,改变学习方式的课堂教学改革是大势所趋。让实验成为化学的一种思维方式要落实在每一节化学实验操作课和化学实验探究课上,在课堂上通过实验探究完成化学任务,在实验中落实化学核心素养,让学生真正爱上化学,学有所用。

然而,学科素养的渗透应该从小抓起,在我校初二的课后辅导中,推出了项目化学习的实验探究的相关课程——制作简易制氧机(见图4、图5)、制作简易灭火器等(见图6),让学生们动手动脑,培养团队合作意识,渗透核心素养。

在上网课期间,我们也通过线上网课的机会鼓励同学们在家做一些有趣且安全的实验,例如:探究锡纸是不是锡?(见图7)如何让发黑的银器光亮如新?(见图8、图9)如何让手套鼓起来?(见图10)

图 4　制氧的实验装置

图 5　学生进行制氧实验

图 6　学生制作的简易灭火器

图 7　验证锡纸的成分

图 8　用锡纸还原发黑的银器

图 9　左右分别是实验前后银器光亮程度对比

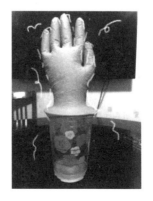

图 10　学生用家中的白醋和柠檬酸让手套鼓起来

化学学科核心素养就像一颗种子,你只要在适当的时候播撒它,精心浇水、施肥,它就会在孩子心中生根发芽。无论在课上、课下,无论是几年级的学生,都在不断地尝试用科学的方法思考问题,用实验的方法探究问题,这就是化学实验的最大意义——让同学们在实验的学习过程中有快乐、学知识、懂道理。

参考文献:

[1] 叶佩玉.关于中考增设实验操作考试的思考[J].化学教学,2020(6):33—37.
[2] 沈旭东.从"为情而境"到"由境生情"——化学教学中真实情境创设概论[J].化学教学,2019(07):25—29.
[3] 沈伟韧.化学教学中改变学生学习方式的探索[J].化学教学,2006(05):17—19.
[4] 张琪一,张翼.中考化学实验操作考试存在的问题与对策[J].中学化学教学参考,2021(09):33—34.
[5] 丁丽丽.初中生化学实验操作能力的培养与研究[D].山东师范大学,2015.

16　初中化学借助导图呈现可视化思维的教学策略

顾　青

　　初中化学是对千变万化的物质世界的认知起步。掌握良好的学习方法，注重科学态度和思维方法的培养尤为重要。《义务教育化学课程标准(2022年版)》在课程概念中提出："基于大概念的建构，整体设计和合理实施单元教学，注重启发式、互动式、探究式教学，引导学生自主学习。"思维导图正是通过绘制一个核心概念，向四周衍生出关键节点，类似于我们大脑中神经元的连接方式，从而有效地促进思维的整合与连贯。

　　借助思维导图的形式，再结合化学学科的特点形成具有本学科特点的学科思维导图，借助导图呈现的课堂教学策略开展丰富的教学实践与研究。在学习活动中利用思维导图能充分调动学生已有经验与主观认知间的相互关联，在接收新知与巩固重组的基础上主动地建构知识网络、深化理解，导图的呈现也将自身的思维可视化。在教学过程中培养了学生的思维力与学习力，为其今后解决实际问题提供应变的情境运用度与学科思维的迁移度。

一、课堂交互式的导图板书，实现可视化的思维对话

　　课堂板书呈现了一节课的主旨和概要，也是课后巩固的依托。基于真实教学情境，采用思维导图式板书，具有较强的应变性和灵活度，是有一定引导下的生成性思维建构，是生态课堂的展现。新授课中概念生成的教学很重要。而思维导图是一个开放的、多元的思维"对话"过程，这种思维的"对话"以可视化的形式呈现出来，以一种新的方式提升了课堂

教学的有效性,也是符合学生认知策略的有效抓手。例如,在"氧气的性质"新授课中,学生需要通过实验观察、阅读分析、比较归纳等过程和方法了解氧气的化学性质,这是九年级第一学期第二单元第二节"神奇的氧气"中第一课时"氧气的性质"。传统罗列式的板书设计如图1所示,内容详细但版面长文字多。因此,尝试用思维导图的形式来设计,形成以课堂师生的对话为载体,在互动与生成的过程中建构的知识板书,实现可视化的思维对话。

备课时需要教师对导图板书的框架有一定的构思方向(见图1),站在学生的角度思考他们的认知过程,并做好预设。导图框架分为三个板块:板块一是从氧气的浓度不同入手,引发思考影响可燃物燃烧剧烈程度的因素,即客观现象的差异;板块二是基于实验操作的注意点,从燃烧实验所使用的夹持等操作仪器入手,介绍实验装置;板块三是由化学表达式来归纳反应物、生成物和反应类型等特点。一条线就是一个思维延伸点,它连接了教与学,也建构起教学目标的落实与教学重难点的突破,形成主线明晰的知识网络架构图。

图1 "氧气的性质"课题的传统板书设计与思维导图式建构

课堂中学生的回答牵引着导图的走向,也是循着学生的认知过程,师生共同将导图的内容、分支和要点补充完成。在执教过程中笔者发现同样的问题,两个班级学生的思考角度不同时,回答也不一样,形成的导图设计走向也会不同(见图2)。比如"分别比较物质在空气中和氧气中燃烧的现象,你发现有什么规律?"学生的回答从不同的角度展开理解,包括氧气的助燃性、氧气的浓度大小和可燃物的状态等。当提到氧气的浓度时,教师给出引线指向以木炭(C)、硫粉(S)、铁丝(Fe)为代表的燃烧现象差异;当提到可燃物的状态时引线由氧气指向可燃性固体与可燃性气体(氢气、乙炔、甲烷);还可以按学生提到的生成物状态对建构顺序进行调整,循着导图的延伸,可以探索教学过程中学生知识的建构与组织过程。因此,交互式的思维导图并非定式,它既是预设的整体架构,又是生动课堂中师生对话的思维呈现。

图2　交互式导图板书呈现下不同班级的"氧气的性质"课堂教学

交互式的导图板书需要教师在课前充分把握住课堂的教学目标,明确知识框架。课堂中的师生互动、生生互动等生成性内容都将成为教学中最精彩的部分。并且可以借助导图顺藤摸瓜地分析学生的思维水平进入了什么层次,并在现有的层次上帮助和引导他们,不断提升学生的思维水平,促进知识的内化与应用。

二、课后整合式的导图笔记,再现可视化的思维重组

学生通过导图形式对课堂笔记再梳理,这种学习方法建立在理解的基础上进一步加深巩固,需要学生将课堂上的摘录抄写转化为课后的再思考、再回忆和再组织,是需要充分调动思维逻辑进行梳理的。

在九年级第二单元第三节"化学变化中的质量守恒"中第二课时"化学方程式的含义"一课中,教师课堂上主要采用多媒体软件授课(见图3),板书简单,学生当时的反馈是能听懂。但之后在单元复习中涉及到化学方程式含义的计算和变型时,近三分之一的学生会出现错误。原因是他们当时采用的是瞬时记忆,是模仿教师的推理过程,一旦情境有变化就会无从入手,并且在课堂中因学生停留在摘抄记录的时间过长,不会筛选重难点记录,从而忽略了在课堂中理解与反思的重要性,这对新知本身的迁移应用更为重要。

如何表示一个化学反应？

镁和氧气在点燃的条件下，生成了氧化镁。

文字表达式：镁 ＋ 氧气 $\xrightarrow{\text{点燃}}$ 氧化镁

化学表达式：$Mg + O_2 \xrightarrow{\text{点燃}} MgO$

化学方程式：$2Mg + O_2 \xrightarrow{\text{点燃}} 2MgO$

从化学方程式中还能得到哪些信息？

$$2H_2O_2 \xrightarrow{MnO_2} 2H_2O + O_2\uparrow \quad H-1 \quad O-16$$

微粒个数比	2个	2个	1个
	$2\times6.02\times10^{23}$	$2\times6.02\times10^{23}$	$1\times6.02\times10^{23}$
物质的量比	2mol	2mol	1mol
	$2mol\times34g/mol$	$2mol\times18g/mol$	$1mol\times32g/mol$
质量比	68g	36g	32g

图3　以多媒体课件呈现的"化学方程式的含义"部分教学内容

　　因此，借助思维导图这一工具，弱化部分课堂机械式摘抄而重在理解。课后对信息进行组织再加工，相当于学生对知识展开内化的行为。教师需要事先思考学生再整理笔记的意义为何？哪些内容可以通过再整理的方式起到增效巩固的作用？初始整理阶段需要怎样引导学生将知识点重组关联？这些也是他们在独立思考时把情境与知识连接起来的点，是知识得以运用的关键点。如图4中学生摘记完课堂关键点后，教师要启发学生找到"化学符号"搭起宏观和微观之间联系的桥梁，实现思维的转换。学生展现的导图笔记也是在以课堂认知为起点的基础上，由关键词到核心内容，理清思路，联系新旧内容展开元认知思考。这种对内在的学习过程作出的主动控制和调节，也提高了学生的思维品质和自主学习的能力。

六. 化学方程式的含义

例：双氧水制O_2：

$$2H_2O_2 \xrightarrow{MnO_2} 2H_2O + O_2\uparrow$$

2个	：	2个 ： 1个
2mol	：	2mol ： 1mol
$2\times(2+16\times2)=68g$		$2\times18=36g \quad 1\times32=32g$
最简比：17g	：	9g ： 8g
质量守恒：17g ＝		9g ＋ 8g

图4　"化学方程式的含义"学生课堂摘记的关键词

　　每节课的笔记可延伸至主题复习或单元复习笔记。例如，教师在教完物质的分类、组成与微观构成、原子的结构内容后，布置用一周的时间完成以"物质的组成与构成"单元主题为关键词的思维导图作业。初步

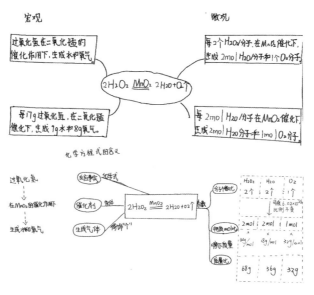

图 5　课后学生再整理的"化学方程式的含义"导图笔记

指导学生可以先罗列出这一单元主题下的知识点有哪些,或者说想要整理在一张导图内的知识点有哪些。审视这些知识点之间是否能够有关联,再通过分类、比较、归纳等方法将知识点组织起来。围绕核心概念,知识的广度和深度有序组织形成具体的学科概念,思维的脉络和串联呈现在导图中。

图 6 为学生整理的复习提纲。通过教师提出的引导方案结合不同层次展开设计:第一层,从宏观和微观的角度认识物质的组成和构成;第二层,从元素、分子、原子的关联与差异对物质进行分类;第三层,在复习提纲中罗列了思维导图的形成过程。从"组成"与"构成"切入,找到"元素"与"分子""原子"的二级分支,条理清晰。在导图中有学生围绕单元主题下微观粒子和宏观元素的知识关联展开,也有独到的个人见解,加入卡通形象的指代,是经过自身对知识整合理解后的体现。以此为复习提纲的思维导图设计提高了学生化学知识的概括性水平,从不同维度和深度上发展了学生自主学习化学的思维能力水平。

对整合式的导图笔记再梳理,有助于学生在课堂上跟着老师专心致志地学习听课,捕捉到课堂的重点,实现高效互动。在课后反思的过程中,学生就有更多的时间顺着课上记下的关键词来理清思路,提高自己的逻辑思辨能力。在整理的笔记中融入了学生对课堂回忆、反思后的再

图 6　用思维导图完成"物质的组成和构成"复习提纲

理解。单元视角下的复习导图整理,直观性强,不仅能够有助于建构完整的化学单元知识体系,还能提高自身逻辑思维能力和科学素养。学生个体是能动的,单靠纸笔练习测试是无法全面形成自我监控的。学科导图形式下的笔记梳理有利于培养学生获取知识的方法,促进他们对学习过程的循证反思,思维的呈现也是知识的主路串联,延伸的支路并列,在很大程度上激发了学生的独立思考能力与归纳整合能力。

三、导图评价的工具量表,指向思维的递进

学科思维导图呈现的背后需要依托评价与反思,更有利于指导学生下一轮的学习活动,赋予导图更大的效能。结合已有实践应用,四色花形式和雷达图形式是基于教师自主设计的评价内容,指向学生能力与思维的多重评价方式。

四色花评价模式在内容上更加直观,体现深层思维和层次性。如考虑从知识与技能、归纳与整合、逻辑与关联、构图与表现这四个方面对设计的思维导图作出评价,四片花瓣表征不同的量化标准,也切合学生的感受。而且根据外部因素如教师的反馈引导来作出及时恰当的调整,以

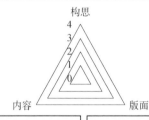

花瓣三：逻辑与关联
知识点间的关联紧密，
逻辑清晰，条理通畅，
形成指向核心概念的
建构式知识导图。

花瓣一：知识与技能
知识点是否准确；表达是否清楚；
囊括核心概念和必要的示例。

花瓣四：构图与表现
布局合理，图文美观，
能融入自己的看法和
设计思想。

花瓣二：归纳与整合
归纳子概念，处理好概念注
解、图示、示例、实验等与
核心概念之间的关系。

图 7　四色花形式的四维评价方式

1. 设置分支时能有自己的分类想法。
2. 每一分支的关键词明确，并能选择要点进行囊括。
3. 相互连接的旁支间内容不跳跃，关联性好。
4. 对主题的认识有递进的过程。

构思

4
3
2
1
0

内容　　　　　　　　版面

1. 分支内容直指上一级主题，契
合度好。
2. 分支内容围绕上一级主题，完
整性好。
3. 分支内容调理清晰，易读懂。
4. 知识内容准确，有经过自己理
解后的呈现。

1. 书写工整，无错别字。
2. 版面整洁，视觉效果
好。
3. 分支数目适宜，层次分
明。
4. 用色彩、图画等来加以
修饰的辅助。

图 8　雷达图形式的三维评价方式

主动监控自己的学习活动。

　　雷达图呈现的是一种多维度的评价模式，可以针对不同主题调整评价细则，学生可接受的体验感好，也能迅速发现亮点并促进思维的递进。评价指标从构思、内容和版面三个维度切入，每个维度设计了四个评价指标。在构思维度上并列设置评价细则，包括设置分支时能有自己的分类想法；每一分支的关键词明确，并能选择要点进行囊括；相互连接的旁支间内容不跳跃，关联性好；对主题的认识有递进的过程。在内容维度上并列设置评价细则，分别为分支内容直指上一级主题，契合度好；分支内容围绕上一级主题，完整性好；分支内容条理清晰，易读懂；知识内容准确，有经过自己理解后的呈现。在版面维度上分为书写工整，无错别字；版面整洁，视觉效果好；分支数目适宜，层次分明；用色彩、图画来加以修饰的辅助这四个指标。在九年级第一学期第二单元"浩瀚的大气"学习内容完成后,布置以"空气与氧气"为核心概念的复习导图设计作业。学生在一周后完成提交,教师用一课时介绍评价内容和方案,由学生自评、互评和教师评价组成雷达图打分(见图10),以下是选取班中两位同学的思维导图并进行评价的结果呈现:

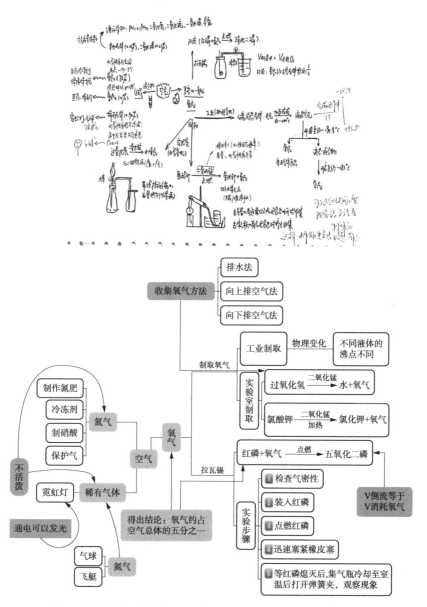

图 9　选取班中两位同学的"空气与氧气"复习主题下的思维导图

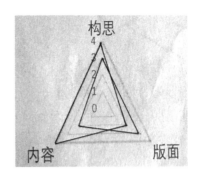

构思	内容	版面	畅所欲言，谈谈你的建议
3	3	2	如果内容没有污词写收容流亦的实验要手法，而他太章一旦分太不够明显，版面安排上不太四。
4	3	4	字迹端五，很好看五注!!! 可以加点色彩，加粗等修师，让各部分衔接更明些。
3	3	3	收集方法说到的遂择依据，发从装置也可以添入遂择依据，目的保护少则重思点在有围，所以可以一并加入

图 10　基于雷达图工具的两份自评、互评与反思

　　基于雷达图评价工具，学生展开自评、互评与反思（见图 10）。可以发现第一张导图在内容的涵盖量和准确性上较好，而第二张导图更倾向于在构思上的优势。结合三维指向评价直观性强的特点，学生在审视他人的导图过程中，借助评价内容主动做出分析，调动自身内部的知识体系积极展开思考，在发现他人的问题并提出优化建议的过程中激发了自身的思维品质。

　　在初中化学教学中，学科导图是可视化思维呈现的一种载体。在预习、笔记和复习等学习过程中呈现出知识建构的思维脉络，也培养了学生主动思考和建构知识的能力。借助学科导图进行教学的过程中，教师立足单元设计的角度确定教学目标，利用导图串起概念，开展活动。教学设计的板书呈现是可视化思维的依托，也是可循证的思维导线。依托导图的教学，提升了学生的思维品质，促进以学生为主体的主动建构式学习，需在学科实验活动的特点上再做渗透实践，以落实对化学学科核

心素养的培育。

参考文献:

[1] 中华人民共和国教育部. 义务教育化学课程标准(2022 年版)[M]. 北京:北京师范大学出版社,2022.

[2] 万芳,吴平,杨珺,晏妮. 概念教学的"形"与"神"——基于"思维导图""学科思维导图"和"概念图"的概念建构[J]. 当代教育实践与教学研究,2020(09):95—96+176.

[3] 徐晨红,蔡亚萍. 思维导图应用于化学教学设计的研究[J]. 中学化学教学参考,2010(10):22—23.

[4] 张文芝. 运用思维导图提高初中生化学自主学习能力的研究[D]. 华中师范大学,2020.

[5] 陆崟敏. 思维导图在初中化学教学中的应用研究[J]. 科学大众(科学教育),2019(11):20.

[6] 王祖浩,迟少辉.《义务教育化学课程标准(2022 年版)》解读——核心素养、课程目标和学业质量标准的研制[J]. 化学教育(中英文),2022,43(23):8—15.

17 初中历史学科黄浦区乡土历史德育资源的开发和应用

袁文菁

乡土历史是距离学生最近的历史,能使学生产生对历史的亲切感和渴望进一步了解的需求。黄浦区乡土历史资源可以说是俯首可拾,不仅存在于地方史志、历史专著、名人著作中,也存在于遗迹遗址、历史场馆、历史照片和人们的记忆中。黄浦区乡土历史资源中蕴藏着很多育人资源,如历史人物的嘉言懿行、历史纪念场馆的展览、优秀历史建筑的故事、学校的发展历程等等,在"立德树人"方面有着独特的作用。

中学历史学科德育资源是指"有利于历史学科最新理念、目标、内容、要求与实施途径等课程标准项目实现的各种因素的总和,既包括物质的,也包括人力的;既包括校内的,也包括校外的;既包括传统的(教科书),也包括现代的(网络、科技成果),等等"。乡土历史德育资源是指乡土历史资源中能够落实历史学科德育目标的资源。由于教材的统编性和有限性,黄浦区乡土历史德育资源在教材中的体现比较有限。

那么初中历史教师如何开发和应用黄浦区乡土历史德育资源呢?

一、初中历史学科黄浦区乡土历史德育资源开发原则

(一)多样性原则

教师开发的黄浦区乡土历史德育资源种类要多样。除了文字材料外,还可以是商标、校史、街区、遗址遗迹、历史照片、场馆、回忆等。种类多样的资源容易引发初中生的学习兴趣。

笔者在"经济和社会生活的变化"一课中，栩栩如生地讲述了20世纪20年代，上海天厨味精与美女"味之素"的一场商战。首先出示了学生生活中接触过的佛手味精商标（图片），激发了学生的学习兴趣，拉近了学生和历史的距离。接着讲述了1924年日本铃木会社声称佛手味精的"味精"二字侵权，要求中国商标局取消天厨味精的登记注册。天厨味精运用包括据理力争、积极应诉、爱国营销在内的各种合法手段，最终取得商战胜利。在讲述过程中，出示了几则短小适切的文字材料，如天厨味精厂在《申报》刊登的广告（1923年）、天厨味精广告词（1925年）等，引导学生分析"广告词中突出了天厨味精的哪些特色？"对文字材料进行分析对比，使学生体验了论从史出的史学方法。最后，通过"这场商战中天厨味精取得胜利的原因有哪些？"的讨论，使学生深切体会到诚信守法才能取得成功。

（二）适切性原则

教师要根据学情和校情选取、开发黄浦区乡土历史德育资源。

黄浦学校所在地曾是中国人自办的第一家公共体育场，1919年上海各界声援北京学生的"五四"爱国运动，1925年上海市"孙中山追悼大会"等重要集会曾在此举行……一场场爱国的风云虽然已经烟消云散，但朱仁亚老师认识到校史资源中蕴含着的育人资源。朱老师组织了"访百年校史·承五四精神"的探究活动。学生课前以小组为单位观看校园中的"校史陈列馆"、雕塑《五四烽火》，完成学习单。第一部分的前四个问题都可以在校园中找到答案，第五个问题"雕塑《五四烽火》中的手和火炬象征着什么？"旨在引导学生写出自己对雕塑象征意义的理解。第二部分问题："我还想知道当时发生在上海的哪些历史信息？"能引导学生思考拓展学习的方向。第三部分问题："我打算去哪里获得这些历史信息？"则渗透了初步的学史方法。由于课前进行了探究活动，因此，在"五四运动"一课中，不是由朱老师讲授相关知识，而是学生以小组为单位交流探究的成果。

五四运动距今已超过百年，对初一学生来说有点遥远，而且他们不感兴趣。黄浦学校的校史以及校址都和五四运动有着直接的关系。在学习"五四运动"一课前，学生已参加过以传承"五四"精神、发扬"五四精神"新时代内涵为主线的少先队活动。正是基于学生对五四运动有一定的了解，并且学校中相关资源较多，如"校史陈列馆"中有五四运动与上海的图文介绍，在操场上有纪念雕塑《五四烽火》等，因此，朱老师设计了探究活动。考虑到学生总体学习水平一般，朱老师设计了难度不大，也不需要花费很长时间的学习单，并及时组织适时指导，促进探究活动各个环节的有效开展。此次探究活动不仅促使学生以自主探究的方式追溯五四运动在上海的发展，体会到了"五四精神"，而且使学生在合作中得到了积极的情感体验。

(三) 可"触摸"原则

教师开发的黄浦区乡土历史德育资源要尽可能体现历史与现实的结合。

笔者在"七七事变与全民族抗战"一课中，介绍了"八一三事变"后，法国神父饶家驹建立南市难民区、收容十余万难民的史实。首先出示了地图《上海租界与老城厢》，使学生了解黄浦区的人民路在解放前叫民国路，曾是法租界和华界的交界处。结合照片《被挡在铁丝网外的难民》，通过富有感染力的语言，为学生呈现清晰、真实的历史景象："如今的人民路，街道整洁、秩序井然。而当时空逆转到 1937 年 8 月中下旬时，民国路则是完全不同的一番景象：抬头望到的是被战争黑烟染成黑色的云，将法租界与华界隔开的铁栅门南面一侧，聚集着大量难民，铁栅门一打开，他们就如潮水般涌进租界避难。"之后，提出三个问题："大量难民从何而来？""为什么大量难民要涌向租界？""难民在租界内外如何生活呢？"通过以上环节，老师带领学生回到了中华民族最危难、最悲壮的年代，了解我们的祖辈是如何在日军侵略的铁蹄下艰难求生存的。

接着介绍了饶家驹以第三国神职人员的身份挺身而出，斡旋于中、日、租界三方，倡导建立南市难民区。然后，出示《南市区志·第三十六编专记·附记·专记·南市难民区》的相关记载、照片《法国独臂神父饶家驹与驻沪英国防军司令麦克奈顿准将合影》、地图《南市难民区》等材料，组织学生对"南市难民区有什么特点？""难民们在南市难民区能得到有效救济吗？""你认为上海南市难民区的创建有哪些价值？"等问题展开了讨论。

以上学习过程,营造了有效的生命教育情境。学生产生"移情",对难民痛苦的生存状况感同身受,体会到了战争对普通民众生存环境和生活的破坏;同时对饶家驹的无私奉献精神和人道主义精神由衷钦佩。这样关注生存环境、珍惜生命的意识自然而然就增强了。后来,有些学生说,看到了介绍南市难民区的电视节目。还有学生说在逛城隍庙时,无意中发现了南市难民区的纪念碑!对学生来说,南市难民区以不同方式与自己的生活发生着联系。这段历史并不是遥不可及,是可以"触摸"到的。

二、初中历史学科黄浦区乡土历史德育资源应用策略

(一)兼顾不同的学习方式

1. 将黄浦区乡土历史德育资源作为课堂学习材料呈现给学生

课堂学习是一种常用的、高效的学习方式。课前,教师根据学习内容,精心选择适切的黄浦区乡土历史德育资源,并设计好教学环节。在历史课上,教师将黄浦区乡土历史德育资源作为学习材料呈现给学生,通过精心设计的问题,引导学生分析材料、理解历史现象,产生独特的情感体验。

江南制造局原址、江南造船博物馆以及以江南制造局命名的两条马路都在黄浦学校附近,因此,学生对江南制造局的名字并不陌生。江南制造局是洋务派在上海创办的规模最大的洋务企业。清政府投入巨资,江南制造局仿制出西方近代枪炮和建造蒸汽动力机械舰船,成为近代中国最大的军火工厂。朱仁亚老师在"洋务运动"一课中,首先出示地图,让学生"沿黄浦江找一找,与江南制造局有关的两条路名是什么?江南制造局的位置在哪里?"然后出示"江南制造局部分成就表",提问"为什么江南制造局能很快自行制造新式军舰和步枪?"接着出示李鸿章不同奏章上的内容,提问"江南制造局所造的洋枪洋炮质量怎样?为什么会出现这样的情况?"使学生了解这个"曾经的中国第一兵工厂"生产的军工产品,存在品质不高的致命缺陷。在探究原因的过程,学生感悟到只有吸收其他国家的先进技术和成果、掌握核心技术,才能创新、才能自

强。从而逐步树立创新自强、与时俱进的理想与信念。

2. 引导学生课外"发现"黄浦区乡土德育资源

发现学习强调学生学习的主动性，强调学习的认知过程，有利于激发学生的探究欲望，提升学生分析问题、解决问题的能力。课堂学习的时间很有限，因此，可以通过主题探究活动，引导学生利用课外时间"发现"黄浦区乡土德育资源。不过课外探究耗时较多，学生会遇到各种学习问题，需要教师及时指导。

对于格致初中学有余力的同学，笔者鼓励他们进行课题探究。在"上海城市之心·阅读黄浦百年街区变迁"课题探究活动中，学生以小组为单位，自主选择研究的课题，收集资料，了解南京东路街区的"前世今生"；剖析街区的故事，得出结论。学生不仅从不同视角了解南京东路街区的变迁，也开始对街区的现状有了思考。如完成课题"改革开放四十年黄浦剧场的变迁"后，黄同学说："世事变迁，物是人非。曾经繁华一时、为革命宣传作出了很多贡献的金城大戏院，如今也渐渐地淡出了人们的视野。像这样的老建筑还有很多，它们应该被重新装修，从而获得它们的新生，而不是渐渐地成为历史。"

(二) 基于不同的学情特点

由于学生和学校情况存在差异，教师在应用黄浦区乡土历史德育资源、选择学生学习方式时，一定要考虑到所教学生的学习水平和心理特点。

"我校(储能中学)初中生对鉴宝类节目特别喜欢，又特别希望走出校门，进入场馆实地探访文物。我本人对上海博物馆比较熟悉，假日常常去上海博物馆参观、听导览和参加讲座"，"学校距离上海博物馆仅十多分钟的路程"，这些因素促成钱燕宏老师开发了拓展课程"印象上博"。由于学生的学习能力一般，钱老师特别设计了一些实践性强的活动。没想到这些活动深受学生欢迎，如在青铜馆寻找动物的团队比赛让钱老师印象深刻："结果学生在半小时里特别积极主动地参与，发挥团队的力量，找到的文物远远超过我的估计，有的甚至找到51个之多，下课了都不肯走，还想找更多。"而课后冯同学则有点懊恼："我们组只找到了30个，本来可以找到更多的。我们一开始在那里打打闹闹，在学习单上乱涂。

等看到其他组的学习单,我们觉得没有面子,只能向钱老师要了一张空白的重新填。以后再有这样的活动,我们组一定会认真做到最好的。"在青铜馆寻找动物的团队比赛看上去比较简单,但学生的积极参与达到了钱老师的预设目标——培养学生的学习兴趣和团队合作意识。

(三)兼顾其他的学科素养

历史学科五大核心素养并不是孤立的,而是一体的。在运用黄浦区乡土历史德育资源凸显唯物史观和家国情怀素养的同时,还可以根据资源的特点,有效提升学生的时空观念、史料实证、历史解释等素养。

在"上海城市之心·阅读黄浦百年街区变迁"课题探究活动中,学生首先要自主选择研究主题。学生选择的区域和时间段实际上各不相同。以时间段为例,有些组选择百年变迁,而有些组选择了改革开放四十年。因此,在成果交流时,学生发现同一地点,在不同的时间段,不仅其发展和变迁的特点是不同的,而且资料的主要来源也是不同的。这样学生对时空观念和史料实证就有了很直观的感受。

综上所述,初中历史学科黄浦区乡土历史德育资源的开发和应用,不仅可以激发学生的学习兴趣,增强学生对身边事物的关注和思考,还可以增强学生的民族自豪感,激发学生奋发图强和报效祖国的热情。

参考文献:

[1] 周靖,陈明华.中学历史学科文本德育资源研究[J].思想理论教育·新德育(下半月),2006(08):13—14.

18 聚焦信息提取能力的跨学科案例分析教学实践探索
——以初二生命科学课为例

杨贝妮

一、研究背景

在《上海市初中地理、生命科学跨学科案例分析终结性评价指南》中提出"作为一个合格的初中毕业生,在学习了地理和生命科学核心概念,经历过实践体验和科学探究之后,面对各种自然现象、社会现象时,应该具有跨学科分析问题的思维习惯,有参与并解决简单的真实问题的能力"。因此,作为教育的实践者,如何通过课堂教学引导学生建立学科知识的联系,并关注具有时效性的热点新闻、热门话题,积极地在真实世界、真实问题中锻炼和提升能力,是目前急需深入思考与探索的问题。

在初三跨学科复习教学实践中笔者发现,学生虽然能较好地记忆学科基础知识,并且也能对一些概念进行辨析,但是基于问题情境将材料信息中的关键词、句进行提炼并合理拆分,从而匹配基础知识的实践经验不足。在所获取的有用信息之间,建立符合学科逻辑的关联这一能力的培养并非一蹴而就,需要一定的时间去进行训练与培养。因此,在本文中,将详细探讨如何结合空中课堂教学资源,以及如何融入情境下的案例分析来培养学生的问题分析能力。通过这样的教学方法,学生将能够培养批判性思维和问题解决能力,提高学科素养和创新能力。

希望通过本文的探索,能为教学实践提供一种有效的方法,帮助初二生命科学学生逐步提升他们的问题分析能力,并为他们的学习和未来发展奠定坚实的基础。

二、提升信息提取能力的教学思路

为了进一步引导学生与现实生活相结合，通过结合空中课堂教学资源，提供学习材料与互动方式让学生充分体验学习生活。有些学者提出跨学科学习课程，具体可通过学科知识综合，或以学习者为中心的综合指导实现。因此，在初二生命科学课中融入跨学科的案例分析教学，强调以学生为主体，立足现实情境，并结合现实的条件对问题进行分析和解决。因此，在教学中通过"问题情境的设立、思维导图的构建、学科知识的迁移"三个维度帮助学生提升问题分析能力。本文以人教版初中《生命科学》第三章第2节的第二课时"常见传染病及其预防"为例进行说明，本节课内容在初中《课程标准》和《生命科学学科基本要求》中属于B级要求，强调传染病流行的基本环节和预防传染病的基本措施。

（一）问题情境的设立

结合教学的内容选用适合学生且真实的问题情境并贯穿整个课堂，使得整节课更加生动，过渡也会变得更加自然，并且让学生自己通过课堂亲身体会生活经历或实时的热点新闻与话题，使得学生能够更好地将所学的知识点与现实的条件形成一个联系，这有助于学生自己对于这节课的理解与记忆。因此，在"常见传染病及其预防"一课中，笔者以全球新冠疫情的情境材料作为引入，在备课过程中先根据本节课的教学重难点对材料进行筛选和处理，删除与教学内容无关的一部分信息，从而进行精简与提炼，有助于在课堂教学中对学生进行提取信息与逻辑思维能力的训练。首先，请学生在材料中圈出相关的词句，共同进行精简和提炼关键语句，培养学生的信息提取能力。其次，根据本节课的教学设计，加入与学科知识点相关的信息，例如新冠病毒的形态结构特点等一系列材料，从学生熟悉的情境入手，以便学生更精准地把握关键的信息，帮助学生更好地理解"病原体"这一概念。

（二）思维导图的构建

由于整节课中有许多基本概念，例如"病原体""传染源""易感人群"

等,零散的概念不利于学生的记忆与理解。在以往教学中笔者也发现对于这些概念,学生很容易混淆。因此,通过在教学过程中,结合材料中关键信息的提取,将传染源、传播途径、基本环节和预防措施等提炼之后,逐步引导学生将这些核心概念进行整合形成联系,从而逐步建立和完善思维导图,既有利于在课堂小结时对整节课的脉络进行回顾和梳理,又有利于学生对课堂内容的整体把握,锻炼学生的总结归纳能力。同时,形象生动的思维导图更利于学生记忆,从而为知识迁移能力的培养奠定基础。此外,在之后的复习阶段中针对易错点对思维导图进行挖空并请学生来填写,从而将思维导图最大化利用。本节课思维导图如图 1所示。

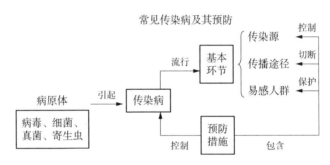

图 1 "常见传染病及其预防"思维导图设计

(三) 学科知识的迁移

在对本节课基础知识的梳理与区分之后,通过介绍在人类传染病家族里,新冠肺炎是属于新杀手,与之相比,还有更古老的传染病,引入"疟疾:祸害人类数万年,为何还不罢休"的案例材料。基于这些材料,请同学们自主阅读材料并且利用所学的知识分析"2018 年全球疟疾病例发病率图"。结合地理学科所学的相关知识,通过设置一系列的问题,例如问题一:疟疾的病原体、传染源、和传播途径分别是什么? 结合材料的信息,引导学生再次巩固思维导图中的关键概念;通过问题二:结合地理图分析目前疟疾肆虐的国家主要分布在什么地区? 认识到非洲和东南亚地区为疟疾高发区域,进一步引导学生从不同角度分析原因;问题三:请从传染病预防的三条途径出发,提出三条有效预防疟疾的具体措施。以题带面,让学生在掌握知识点之后,结合材料信息对知识点进行灵活运用。例如通过问题一的设置,在学生从材料中提取到关键词句后,进行处理分析,更好地在情境下区分"病原体"与"传染源"这两个概念;通过问题二,培养学生阅读地图的能力,并且结合生命科学与地理学科所学的知识,通过从气候、人口密度、文化水平、经济水平等多角度展开思考与分析,例如当地炎热潮湿,有利于蚊虫的滋生、人口密度大,使得传播速度加快、文化水平的落后,人们对疟疾的认识不足,没有及时进行干涉和预防、经济水平的落后导致医疗设施不足且环境不卫生。引导学生要去多角度思考,拓展思路,培养高阶的思维;在分析原因之后,进一步将这些原因结合预防的途径进行分类归纳,通过问题三,引导学生区分三条预防途径,并从三个角度分别提出相应的建议,从而培养与提升学生规范的逻辑表达能力。

在预防措施的分析过程中,通过介绍诺贝尔生理学或医学奖得主屠呦呦及其团队经过多年攻坚,在"抗疟机理研究""抗药性成因""调整治疗手段"等方面取得新进展,提出了应对"青蒿素抗药性难题"的切实可行的治疗方案,引导学生认识我国中医药的发展,有助于培养学生的科学探究精神,树立正确的科学价值观。

课后通过探究小课题"调查常见的几种传染病",范围扩大到医学院校、医院和防疫站等。可见,以调查为基础的项目式学习,跨学科学习的广度更大,往往还会涉及社会学、经济学等人文学科领域,基于基本知识的学习展开调查研究,帮助学生更好地掌握核心概念的同时拓展眼界,丰富知识,学以致用,在培养学生的科学思维,帮助学生建构生命观念的同时,发展学生的核心素养。

三、教学实施成效分析

根据皮亚杰的认知发展理论,他将儿童和青少年的认知发展划分为四个阶段:感知运动阶段、前运算阶段、具体运算阶段和形式运算阶段。虽然不同的儿童以不同的发展速度经历这几个阶段,但是都不可能跳过某一个发展阶段。同一个个体或许能同时进行不同阶段的活动,这明显地表现在从一个阶段进入到一个新的阶段的转折时期。青少年正处于形式运算思维阶段,思维不必从具体事物和过程开始,可以利用语言文字,在头脑中通过想象和思维,重建事物和过程来解决问题。利用语言文字在头脑中重建事物和过程来解决问题的运算就叫做形式运算。这一阶段的显著特征是孩子们系统的逻辑思考能力开始得以发展,在解决问题的同时,能够考虑到所有的变数,预测各因素间的相互关系,同时推论出可能出现的结果。因此,学生会对问题的答案进行系统的、有方法的探索。

在初二教学中,以情境作为载体,侧重引导学生建立知识结构图谱,继而在理论知识的基础上,掌握学习的方法。在教学的初期,以教师示范或引导为主,帮助学生初步在材料中把握关键的信息,在中期后期逐步采用不同的方式,例如学生根据材料设计题目来考考其他的同学等,从简单到复杂,逐步引导学生从被动圈化到主动养成习惯,培养和提升从材料中获取、筛选、整合、处理信息的能力。因此,基于"问题情境的设立、思维导图的构建、学科知识的迁移"三个维度,遵循学生发展的规律循序渐进展开课堂教学,使得课堂教学效率大大提升,在教学实践中学生的信息提取能力与逻辑表达能力也显然有所提升。通过分析与质疑相关解题信息,建立材料信息、课本知识及生活常识与问题之间的联系,语言表达更为严谨规范。此外,通过情境教学让学生的学习不仅仅局限于课堂,也不局限于知识。同时,通过渗透德育,培养学生关注社会热点新闻的习惯,增强学生的民族自信心。

整节课的设计在真实情境下进行案例开发,改变了以往传统的教学方式,充分应用学科核心原理解决问题,符合学生能力的培养,同时也处处渗透价值观,起到学科育人的效果,使教育教学的过程变得更加丰富多彩。通过问题链设计进行层层递进,能够有效引导学生在进行评议、比较、修正的过程中帮助自身完成知识技能的迭代优化。围绕信息的提取与处理、问题的分析与质疑、结论阐释与创新这三个跨学科案例分析中的关键能力的培养,立足大概念组织教学,精心设计问题链促进高层次的思维提升,落实学科核心素养的达成。同时学生也在教学中得到了发展,能够感受到学习的乐趣,在玩中学,学中乐的过程中轻松爱上学习,爱上探索。

参考文献:

[1] 王彩丽.中学生生物信息提取能力的现况研究分析[D].首都师范大学,2011.

[2] 严德稳.运用思维导图策略优化初中生物教学的实践研究[D].苏州大学,2011.

[3] 刘丽芝.新中考背景下的跨学科教学设计与实践[J].新课程研究 2021(13):122—125.

[4] 上海市教育委员会教学研究室.上海市初中生命科学学科教学基本要求(试验本)[M].上海:上海科技出版社,2018.

[5] 周敏,沈苹.指向深度学习品质的跨学科项目化学习实践探索[J].基础教育研究,2021(02):16—17.

19 基于核心素养下"菜单式"体育作业设计的实践研究

宋琳婕

一、问题的提出

随着信息化、全球化时代的到来,随着体育教学改革的不断深入,初中体育课堂逐渐向素质化教学转变。作为新时代的教师,要注重培养学生的核心素养并落实到教学实践中,要满足学生在体育学习和运动实践中形成的能够满足个体终身体育锻炼、全面发展和社会适应需求的关键能力,更要注重学生关键能力和必备品格的培养。2020年1月上海市教委等六部门联合出台的《上海市中小学体育工作管理办法》中明确表示"加强课外校外体育锻炼,全面实施学校体育家庭作业制度,鼓励根据学生体质健康实际情况,布置有针对性的家庭作业"。

由此可见,体育作业作为体育教学的延伸活动,受到的重视程度在不断增加,但其在实施过程中仍然存在不少问题,如体育作业的设计太过形式化、评价与反馈的渠道有限、学生无法得到及时有效的指导等。因此,在"双减"和"五项管理"的背景下,结合教学内容、学情、环境等因素,探索"菜单式"体育作业的设计策略,让精准、高效、增趣、自主的体育作业推动学生健康发展,提高学生运动能力,最终使学生养成终身体育的意识与习惯,已然成为"双减"背景下体育作业变革的新路径。

二、"菜单式"体育作业设计的有效策略

"菜单式"体育作业是教师根据作业的类别和特点,结合教学内容与

教学目标,针对不同年龄、不同身体素质、不同运动技能和练习环境,将作业分类并形成学练菜单,以便让学生像"点菜"一样,自主选择作业内容进行练习。因此,教师在设计"菜单式"体育作业时要以"健康第一""以学生发展为主"的指导思想,从分析学情、了解个体差异出发,把握好"菜单式"体育作业的内容,设计形式多样的作业,满足学生的锻炼需求,提升健康水平,提高运动能力,最终使学生养成锻炼习惯与意识。

(一) 分析学情,了解个体差异

学生只有通过一定次数与时间的练习,才能实现运动技能的形成和运动方法的巩固,这就需要教师特别关注练习量。并且并非练习次数与时间越多越好,若练习次数过多或者练习时间过长,会导致学生逐渐对练习方法产生厌倦,甚至还会严重影响到学生的练习兴趣。

因此,在设计"菜单式"体育作业时,要了解学生状况,特别是要根据不同年龄学生的身心特点和运动发展特点,设计符合他们年龄的体育作业内容。在此基础上,教师要通过体质健康测试、体育日常测试、学生在课堂上表现出来的学习状态、课上训练表现出来的运动状态进行综合评估,分析得出班级学生体育运动能力,对所教班级学生进行分级。例如将学生分为 A、B、C 三个等级,设计更适合不同层次学生需求的作业,既弥补学困生在体育能力上的不足,也要鼓励有特长的学生得到充分发展。同时关注到学生的发展,随时关注学生的学习动态,针对变化及时做出相应的调整,更好地发挥"菜单式"作业的功能。

(二) 遵循体育作业设计原则,助力学生最优发展

体育锻炼是人类生活中必不可少的活动,对于正处于生长发育阶段的初中学生来说尤为重要。通过合理布置体育作业,让学生在体育课堂以外的时间学习体育技能,提高体育锻炼能力和获得体育知识,可以说体育作业是加强课外校外体育锻炼的有效载体。由此可见,教师在设计体育作业时要遵循体育作业设计原则,首先要根据每一位学生的运动能力、身体状况、成长规律,设计符合学生特点的体育作业内容与形式,将练习内容有计划、有步骤地安排,逐步提高练习要求,进而发掘学生潜质;其次要注重作业设计的全面性,在促进学生全面发展的同时,也要关

注学生健康行为、锻炼习惯的培养；最后，教师在设计体育作业时，要考虑天气、场地等各种因素，可以整合学校、家庭、社区等多种资源，保证实施体育作业的可操作性。

围绕教学内容，结合学生的实际情况，遵循体育作业设计原则，以"菜单式"体育作业为载体，让每位学生都得到最优发展，从而实现"高效、增趣、自主"的目标。

(三) 把握好分层作业的内容，落实教学目标要求

体育作业是有效链接课堂体育和课外体育的载体，有效的体育作业实施能将课堂教学持续延伸到课堂外，提高教学质量，同样也是学生进行课外体育锻炼的一个重要形式。因此，在体育作业内容的设计上，笔者结合各年级学生的发展目标和实际需要，从设计意图出发，围绕教学内容，以温故知新、取长补短为原则，设计了类型多样的"体育自主练习菜单"（见表1）。在"体育自主练习菜单"中将练习内容分成三大块：一是以提高学生理论知识为目的体育作业；二是发展身体素质类、体能类的体育作业；三是巩固技术技能，提升学生兴趣的体育作业（低年级）和巩固技术技能，提升学生体育中考项目运动能力的体育作业。所以，安排有效的体育作业内容，不仅能提高学生的体能素质，助力教学质量提升，培养学生终身锻炼的习惯，而且能助力学生养成体育学科核心素养。

(四) 设计形式多样的作业，满足学生学习需求

1. 借助运动处方，助力学生科学健身

运动处方是由体能、康复和训练的专家，根据练习者医学检查的结果，按照其年龄、性别、身体素质、健康状况并结合生活环境与锻炼喜好或训练条件等主、客观条件，制定适合练习者的运动方法和训练内容，同时也规定其运动强度、运动量、运动时间和运动频率。由于常规的体育作业都是学生完成教师统一安排的练习内容，很少考虑到每位学生的个体差异性。因此，教师在设计体育作业时，可以借助运动处方的模式，为每个学生设计适合他的体育作业，对"症"下药。

表 1　作业设计类型、目标及内容

作业类型	作业目标	作业内容	布置方法	作业反馈
体育知识类	增强学生对体育知识、健康常识,养成正确的体育锻炼的习惯,培养学生体育精神	体育健康理论知识,运动的起源、运动规则等	自主选择	课题反馈
身体素质类	提升学生腰腹力量素质	平板支撑、仰卧举直腿、卷腹起、仰卧起坐等	定时、定量	体育作业记录表
	提升学生上肢力量素质	俯卧撑、跪姿俯卧撑、立卧撑跳、推举等	定时、定量	体育作业记录表
	提升学生下肢力量素质	半蹲跳、向上纵跳、弓箭步交换跳、跳绳等	定时、定量	体育作业记录表
	提升学生柔韧和协调性	坐位体前屈、弓箭步压腿、提膝跳跃、开合跳等	定时、定量	体育作业记录表
	提升学生耐力素质	跑步、游泳等	定时、定量	体育作业记录表
技术技能类	强化学生运动项目的技术,提升运动能力,培养学生对运动项目的兴趣,缓解压力	花样跳绳、球类活动、九子游戏、游泳、复习与巩固定时固课堂上所学习的技术技能等	定时	"天天跳绳"作业反馈、阶段性测试
体育中考类	结合体育中考项目,提升学生体育中考项目的运动能力	4 分钟跳绳、仰卧起坐、排球对墙垫球、乒乓球等	定时、定量	"天天跳绳"作业反馈、阶段性测试

　　例如,教师布置运动处方模式的体育作业时,首先要为学生建立个人学练档案;其次通过个人身体素质测试对学生运动能力进行评估;再次根据运动能力评估报告确定学生的弱项,并结合教学内容和教学目标,针对学生的不同年龄、不同身体素质、不同运动技能和锻炼环境为学生制订合适的运动处方(见表 2);最后教师也要根据学生完成运动处方模式的体育作业的情况,及时调整学生训练的内容与运动量。

表 2　运动处方式体育作业

当出现以下问题	可以选择练习	注意事项	建议每人练习次数/组数
当我一分钟跳短绳完成个数较少时,建议进行居家短绳练习	双脚跳	前脚掌发力	25—30 次/2—3 组
	摇绳练习	肘部夹紧	25—30 次/2—3 组
	摇跳练习	摇跳的节奏	40—50 次/2—3 组
	一次半摇跳	摇绳一整圈,跳半圈	10—15 次/2—3 组
	快速跳短绳	把握节奏	1 分钟/2—3 组

2. 借助学练菜单,助力学生健康发展

学练菜单是指教师在设计体育作业时,预设学生在学习中存在的问题,针对这些问题,给出相应的解决方法。并把这些问题和解决方法进行罗列汇总,以菜单的方式在课后呈现给学生,促使学生在课后体育锻炼时可根据自身技术学习掌握情况进行针对性练习和改正技术动作。

由于传统的体育作业往往会出现"一刀切"的形式,无法激发学生完成体育作业的积极性,个性也无法得到发展。因此,教师在设计体育作业时应考虑学生的实际,结合不同学段不同学生的特点,以及家庭时间、空间、器材等因素,设计"学练菜单"供学生练习。学生可以自主在"学练菜单"中选择适合自己水平的和有针对性的内容进行学练,进而激发学生的学练信心,提升学生练习的主动性与积极性,充分体现学生学习的主体性同时也可以保证每一位学生在原有基础上有所发展。

例如,在初三体育作业的设计中,由于每位学生在体育中考时对第二类项目的选择各不相同,为了更好地帮助学生建立正确的动作概念,掌握结构性的知识与技能,笔者结合客观条件,设计了"第二类选项学练菜单"(见表3),给予学生自主选择体育锻炼内容的机会,既充分培养了学生的自主能力,同时也引导学生根据自身情况,制定出符合自己的练习方案或计划,这样也丰富了学生科学锻炼的知识。这种针对自身需要的"专属定制",让学生会运动乐运动,也让体育锻炼更具有针对性。

表 3　第二类选项学练菜单

实心球	立定跳远	50 米	仰卧起坐	引体向上
1. 负重颈后臂屈伸 20 次/3—4 组	1. 收腹跳 20 次/3—4 组	1. 原地高抬腿 20 秒/4—5 组	1. 仰卧举腿 20 次/3—4 组	1. 哑铃上举 20—25 次/ 2—3 组
2. 俯卧撑 20 次/3—4 组	2. 半蹲纵跳摸高 15 次/3—4 组	2. 弓箭步交换跳 10—20 次/ 4—5 组	2. 俯卧抬背（背肌） 20 次/3—4 组	2. 仰卧两头起 10—15 次/ 2—3 组
3. 俯卧抬背（背肌） 20 次/3—4 组	3. 仰卧举腿 20 次/3—4 组	3. 扶墙后蹬跑 20 秒/4—5 组	3. 平板支撑 1 分钟/2—3 组	3. 俯卧撑 10—15 次/ 2—3 组
4. 双手前掷实心 3—4 组	4. 立定跳远 3—4 组	4. 50 米 2—3 组	4. 仰卧起坐 1 分钟/2—3 组	4. 引体向上 2—3 组

3. 借助项目作业，营造锻炼氛围

良好的体育锻炼氛围能够引导学生参与体育活动，尤其是良好的家庭锻炼氛围，能够激起学生对于体育运动的兴趣，促使学生积极参与到体育锻炼中。父母不仅是学生参与体育锻炼的监督者，更是学生的陪伴者和指导者。传统的体育作业设计的练习内容与安排的活动往往都是以教师为主体，学生并没有真正意识到自己对于体育作业内容的不可或缺性，导致初中体育作业完成率较低。

项目化学习强调把学习主动权归还给学生。因此，教师在设计项目化学习的作业时，可以构建学生、家长、教师三位一体的体育作业沟通互动模式，让家长做好学生参与体育作业的沟通者，更要鼓励家长与学生一同参与体育锻炼，帮助学生养成日常体育锻炼的习惯，营造家庭体育锻炼氛围。

例如，在八年级"我是家庭健身指导员"一课后，设计了项目化学习分工作业单（见表 4），同学生一起学习科学健身对身体素质的影响，了解科学健身的重要性。为了让学生成为一名合格的健身指导员，选择了"健身指导员"项目的学生，回家后可以根据"我是一名健身指导员"的作

业要求,通过网络搜索、书籍查阅,与家人一起学习整理出科学的、具有针对性的锻炼方法,形成某一肌肉群的锻炼菜单,并且为家长制定健身计划和运动处方。这样不仅能促使学生掌握运动知识,更能加强父母与学生之间的沟通,提高亲子间的互动性,营造融洽的家庭氛围和共同参与体育锻炼的氛围。

表4 项目式学习分工作业单

项目化学生 分工作业单		
如果我是……	内容	完成情况
A:健身指导员	1. 了解身体结构、肌肉组织、体育锻炼等知识 2. 形成某一肌肉群的锻炼菜单 3. 为家长制定健身计划或运动处方	
B:健康调查员	1. 设计体适能水平健康调查表 2. 讲解健康测试各个项目测试的目的 3. 设计健康测试的测试方法	
C:"嘉年华"参与员	1. 展现各个家庭的体育健身实践过程 2. 展示体适能水平的变化	

(五) 结合网络平台资源,建立评价反馈机制

评价反馈是师生进行有效交流的途径。准确、及时的评价反馈对学生能起到激励作用,同时,也能让教师完善自己的教学过程。因此,教师可以结合"晓黑板""天天跳绳"等网络平台资源,建立评价反馈机制,通过每学期对每个学生进行各项身体素质和身体指标的检测,关注学生身体素质的变化;通过汇总学生日常运动情况,实时检测学生的作业完成质量、每日体育锻炼情况;通过学生体育成长轨迹,与家长有效沟通,增强家校互动。促进学生健康成长。

例如,在六年级学习"篮球:行进间运球"这一单元时,教师可以尝试借助网络平台,分别在课前、课后两个阶段落实体育作业,进而增强家校互动。首先在课前阶段,教师可以将教学资源通过网络平台推送给学生,引导学生对之后所要学习的篮球运球技术动作进行初步模仿。同

时,鼓励学生能够将在课前的学习中发现的困惑点,及时反馈给教师,有助于教师在设计教学目标时更具有针对性。其次在课后阶段,教师可以利用"虚拟+现实"的 AI 互动技术,这不仅增加了趣味性,也能让学生在玩乐中收获体育带来快乐。通过学生上传篮球运球的练习视频,教师和家长都能及时掌握学生运动情况。通过观看不同时间学生上传的篮球运球视频,可以清楚地了解学生的进步及提升状况、对篮球运球技术动作的熟练情况,促使教师精准施教,设计的作业更加高效。

三、结语

综上所述,对于核心素养下"菜单式"体育作业的设计,教师不仅要根据学生运动能力的差异,设计形式多样的作业类别,鼓励学生积极完成体育作业,引导学生掌握科学的锻炼方法,关注体育作业内容要求与教学内容的结合,使其成为课堂教学在空间和时间上的有效延伸,真正让学生在活动中通过体验、交流、思考、探究等方式获得体育与健康知识、基本技术技能以及成功的体验,更要让学生从认知到感知,再通过不断的练习,丰富体育锻炼的经验,学会体育学习和锻炼。让学生在体育作业的实施过程中,培养运动能力、健康行为和体育品德等关键能力。

体育作业不仅是体育与健身课程的有效延伸,更是培养学生关键能力的载体。作为教师要构建课后体育锻炼空间,构建家庭互动平台,全方位地、立体型地优化课外体育作业实施路径,让精准、高效、增趣、自主的体育作业,推动学生健康发展,提高学生运动能力,最终使学生养成终身体育意识与习惯,让体育作业真正成为促进学生核心素养发展的生长点。

参考文献:

[1] 中华人民共和国教育部. 关于进一步减轻义务教育阶段学生作业负担和校外培训负担的意见[EB/OL]. [2021-07-24]. http://www.moe.gov.cn/jyb_xwfb/gzdt_gzdt/s5987/202107/t20210724_546566.html.

[2] 上海市教育委员会. 上海市中小学体育工作管理办法[EB/OL]. [2020-01-23]. http://edu.sh.gov.cn/zcjd_area_3868/20200706/0015-xw_104647.

html.

[3] 沈映霞.小学体育回家作业的"菜单式"设计[J].科学大众(科学教育),2019,(04):54.

[4] 祝莉,王正珍,朱为.健康中国视域中的运动处方库构建[J].体育科学,2020,(40):4—15.

[5] 莫婷婷.小学中高段"菜单式"居家微运动的创新设计与实践研究[J].体育教学,2021,(9):40—44.

20 基于项目化教学在初中体育武术课堂的实践研究

赵帅军

一、研究背景

随着初中武术教学改革的快速发展，教学理念在不断摸索中得到完善。但是初中武术教学中仍然存在诸多问题，如过度重视教学形式、重成绩轻教育等问题日益突出，这就使得现阶段的教学模式和教学方法受到了严峻的考验。学校如何根据自身的实际教学情况，采取科学合理、适合学生的武术教学模式是我们当前需要重点研究的课题，而这也使得项目化教学模式应运而生。

当前在学校武术教学中，学生对运动教学与武术教学的兴趣不断降低，很多学生对武术教学中的体育项目和运动技能、规则都一知半解，每个学生的体育素质存在明显的差异。并且武术教学的内容与方法也都缺乏特色和创新，这就使得学生对体育学习丧失了兴趣。而项目化教学重点强调学生的自主学习，让学生参与到武术教学中，让学生多次尝试，提升学生的主动性、创造性和积极性，提升学生在武术教学课堂中的主体地位，实现与传统教学模式中老师角色的互换。在武术教学中重视项目化教学的研究与实践，一定会取得有效的教学成果，实现学生素质的全面发展。

二、武术项目化教学的实施流程

（一）项目的原则和目标

在武术课堂教学中应用项目化教学，必须要按照学生的身体发育状况,要坚持身心发展与安全性、科学性以及实用性相结合的原则。要根据学生具体的身体状况和对武术的兴趣喜好,结合学校现有的师资力量和教学设备、老师的专业素质能力,确定本学期项目教学的分类,让学生选择感兴趣的武术项目,尝试学习。项目化教学模式的应用可以提升学生对体育课堂的兴趣,促进学生养成良好的运动习惯,增强学生的体质,培养学生积极面对挑战、勇于拼搏的精神。

(二) 项目准备

在进行项目化教学之前,必须要明确项目教学的目标。在体育课程教学前,老师需要做好学生的分组工作,根据班级的实际情况,组织学生共同进行项目计划的制定工作。在进行项目的制定时,需要充分考虑学生的特点、身体状况和兴趣爱好,使项目制定具有高度的可行性。在项目计划制定时,老师需要从专业的角度给每组学生提供专业的建议,使学生能够了解不同项目组的运动技能、专业知识。同时,各组负责人安排好组员的具体工作,如资料的查找、教案的设计工作、活动的完善等。

(三) 项目指导

项目的指导是项目化教学的关键与核心。在项目实施前,体育老师要做好项目的引导工作;在项目实施后,要做好指导与复习工作,同时还需要向学生讲解具体的实施内容和实施目标。此外,在项目教学中,老师要对整节教学有一个明确的掌控,有效地组织好项目教学的时间和具体过程,对于教学中学生遇到的问题要及时进行指导,尤其是各项体育器材的使用和运动技能的讲解。在项目开展中遇到不懂的问题,要鼓励学生及时沟通请教,让项目化教学在欢快的氛围开展。

(四) 项目总结

由于项目化教学并不是一个或几个课时就能结束的,需要前期专业知识的学习和认知、体能训练与恢复以及专业运动技能技巧的学习等有关活动。因此,老师在进行项目总结时,不能只针对某一次的项目活动作出评价与总结,而是应该综合考虑该学生在本学期项目活动中的表现,包括准备阶段的努力、学习态度、技能训练的掌握程度、比赛中的团队意识和竞争意识等,对于不同身体素质、不同基础水平的学生采取不同的评价标准,从而作出客观公正的教学评价。

(五) 教学效果的评价

在武术课堂教学中开展项目化教学,要求学生对项目化教学有着一定的认识与理解。因此,在开展项目化教学效果评价的过程中,应该采取问卷调查的模式,询问学生对项目化教学的感受,这种教学模式对自身知识、技能的提升是否有着明显的帮助,以及关于体育锻炼的认知等。通过这种问卷调查,学生可以客观、理性地回答,老师能够直观地了解项目化教学的效果,发现教学中存在的问题,这样才能够针对薄弱环节及时改善教学方法。

1. 构建立体化的初中武术项目推进体系

通过学校构建武术项目课程实施方案,明确学校武术项目的目标,设计武术项目校本化课程方案,进行武术项目课堂教学。通过大课间班级武术项目主题活动,形成班级武术项目自主练习机制。通过校园"武林大会"比赛,为群体武术项目学练成果搭建平台。学生个体在校园武术"段位制"中,可以进行个体的深造,获取更高的荣誉。

2. 构建多维化的初中武术项目评价体系

武术项目教学中,不单一进行武术项目技评,同时小组也会对武术素养进行互评。在校运会中加入武术项目的比拼,规定好动作及套路的标准,对每个班集体作整体性的评价,还可以通过模拟"段位制",对学生个体比拼进行等级评价。

三、提高武术课堂项目化教学质量的有效策略

(一) 具备项目化教学的意识

唐代韩愈在《师说》中讲道:"古之学者必有师,师者,所以传道受业解惑也。"教师应该时刻提升自身的业务能力。套路的素材是从格斗攻防中提炼出来的,意识主导动作。在教学训练中,合理有效的贯穿此内容,有助于提高学习动作的效率,有助于动作劲力、节奏、意念的表达。

逐渐引领学生了解、领会武术动作所蕴含的"拳理",真正做到"打练结合"。教师在备课过程中,要有意识地把动作联系起来,把技与法巧妙地融合在一起,不断提升自身业务素质。为此,我们需要建立国家武术一体化、地域武术团队运行与校本武术独立发展相结合的人才培养模式,大力推进理论创新,坚持"一校一拳,打练并进,术道融合,德艺兼修"学校武术教改新思路;坚持"强化套路,突出技击,保质求精,终身受益"的操作方式和基本理念;为实现"强身健体,防身自卫,修身养性,立德树人"的武术教育目的进行专题研究,编制符合我国青少年身心发展规律和特点的全国初中通用武术教材和地域武术拳种教材与校本教材,总结各布局城市、定点学校开展初中武术教学的成功经验,逐步探索出一条行之有效的具有中国特色的学校武术教学发展之路,这是全面推进学校武术教学发展的先导性、基础性环节。

(二) 扩充和利用武术教学资源

信息化是当今时代的特征,教育信息化是教育发展历史上最为深刻的变革之一。武术教学资源的扩充、建设和社会多种武术资源的充分利用是进行武术教育信息化的基础,优化、调整、丰富武术教学资源,大力推进优质武术教学资源的共建、共享和应用及管理是武术教育信息化的重要内容。

通过网络资源将各种各样的传统武术拳种、武术馆校、武术运动训练队等各种武术教学资源进行收集、整理、归类,创建符合学校的武术教学资源平台,通过这样的平台,可以把丰富的武术教学内容完整的展现在学生面前,学生可以通过此平台,及时地学习武术知识与技术,多方面地了解与体验武术的魅力,同时激发学习武术的热情与兴趣。

(三) 优化教学方法

1. 优化学生项目训练的方法

在武术训练中,选择正确的训练方法,会使得训练有着事半功倍的效果,因此,技能技巧训练方法的选择对学生武术有着重要的作用与意义。在武术课堂教学过程中,老师需要针对学生的具体情况和差异性,有针对性地因材施教。对该项目组学生的体育基本知识和运动技巧有着一定的了解，在教学时需要结合实际的教学效果和学生的问题反馈及时进行训练方法的改善与创新。在武术训练时，可以将游戏与专项训练进行有效结合，采取多元化的教学方法，使学生的训练水平得以提升。例如，在进行太极拳训练时，对于一些动作僵硬的同学，应该加强对其姿势的训练，对其进行准确的信号引导，让其动作得以提升。对于一些创新的运动技巧技能训练项目，老师需要在合适的时间段进行项目训练，仔细观看学生在项目训练过程中存在的技巧问题，如时间点的把握、发力点的把握等，并对存在的运动技巧进行及时指导。对于训练中存在的复杂动作，一定要督促学生勤加练习，熟练地掌握运动技巧。

2. 优化知识讲解方法

在制定武术内容教学计划时，要分阶段、有层次，本着"授人以鱼不如授人以渔"的思想，灵活安排。在选择武术教学内容时，教师先进行动作技击的示范、讲解，然后可以利用手靶、脚靶等道具来讲解动作的技击点，最后把动作规格与技击性结合起来巩固动作。例如：对于弓步冲拳，可以降低难度，在教师示范讲解后，先按套路演练的动作规格进行行进间的打靶训练，教师手靶的位置要选择适当。在练习过程中讲解与此动作技击相关"拳理"的内容，反复训练。视动作熟练程度，再加大难度，如改变手靶的位置等训练方法，让学生灵活运用，不呆板。

(四) 注重体育素养的培养

1. 注重发展学生体能

要想实现优质的武术课堂教学，那就必须要确保学生体能的发展与运动技能教学的有效提升。这就要在实际的武术课堂教学中，权衡好两者之间的关系，使两者能够有机结合。例如在发力教学时，为了让学生的力度发挥得更好，老师不但要教学学生掌握基础技巧，还需要不断地提高学生手指发力的稳定度和上半身的力量，同时还需要向学生们讲解各动作发力时的运动角度和运动轨迹，有针对性地对学生的发力技巧进行指导，避免学生单纯的使用手臂或者手腕发力。

2. 注重武术攻防意识的教学

从某种意义说，武术如果失去了攻防意识就失去了灵魂。而武术套路学习是武术项目学习的主要内容，这里就以初级长拳第三套五步拳为例,谈谈突出攻防意识的武术项目教学(见表1)。

表1　武术项目攻防意识的教学

教学步骤	策略	教学实例
第一步	打破套路顺序,选择攻防含义较明显的动作学习	套路中"搂手拗弓步冲拳""弹踢冲拳""马步架打""歇步盖打""提膝穿掌"这样五个动作先选出来进行依次教学
第二步	以攻防实例进行单个动作教学。两两一组,一攻一防,合作练习单个动作	以"搂手拗弓步冲拳"为例,主要从搂手"防守"冲拳"还击"的目的,结合攻防学练单个动作
第三步	利于展示、拳礼、结合为目标,串联单个动作	将已经学会的单个动作,从表演、展示的角度让学生进行串联,教师适时点拨,成套动作水到渠成

把攻防意识突出并贯穿到武术套路的学习中不仅能够激发学生兴趣、活跃课堂氛围、提高学生武术套路动作的记忆和掌握,更重要的是能够加深学生对动作的理解,了解武术套路的本质内涵。

3. 创设学生自主学练的氛围

新课程理念更加提倡学生自主学习、合作学习、探究学习。自主学习的内涵包括主动性、独立性、自控性,在武术项目的教学中,有效利用好自主学习对武术项目的学习也大有裨益。这里还是以五步拳为例,谈基于自主学练的教学(见表2)。

表2　武术自主学练的教学方法

教学步骤	策略	教学实例
第一步	合理分组,科学分解动作	以班容量为36人的班级为例,将学生分成六组,每组6人。将五步拳动作分为抱拳、搂手拗弓步冲拳;弹踢冲拳、马步架打;歇步盖打;提膝穿掌;仆步穿掌;虚步挑掌、收势,这样六(组)个动作
第二步	分组学练不同动作,教师巡回教学	学生集体进行武术基本手型、步型、手法、腿法的学习,在学生分组进行上述内容复习的同时,教师巡回对6个小组依次进行教学

教学步骤	策略	教学实例
第三步	学生自主学练动作,教师巡回指导	待6个小组基本掌握动作后,将选择每组中的一位同学,重新组成6人小组的教学小组;这个小组具有的特色是每个人掌握了不同的动作;由每个同学将自己掌握的动作教给组员
第四步	小组展示学习成果	组员根据每个同学的表现给予同伴评价,教师根据教学过程、教学结果对各小组进行评价

这种武术套路(动作)的学习模式,让学生在学习的同时成为教学的主体,不仅有效激发了学生的武术学习兴趣,同时由于"教"的任务,让每个学生在学习中更加专注,学习效果自然更加高效。

四、武术教学的规划与展望

(一)武术文化得到发展

国家武术运动管理中心在 2009 年组织专家论证后给武术下的最新定义是:"武术是以中华文化为理论基础,以技击方法为基本内容,以套路、格斗、功法为主要运动形式的传统体育。"因此可知,文化性是中国武术的灵魂,因此,在进行武术教学时要进行武术文化的学习,以文化为引导促进武术的学习,使学生在道德上有了约束,不会乱用自己学到的武技去惹是生非,而是正确地运用武技。

(二)在体育中考内容中增设武术项目

体育中考内容中增设武术是一项可行的举措,这与相关政策可谓是两面夹攻、双管齐下。武术成为了体育中考项目之后,各所学校必然加大对武术的投入力度,不管是人力、物力还是财力都会大为加强;体育课程中武术内容的比重也会上升,这样才会突显武术与其他体育项目的区别。在考察武术时,不仅要有武术技术的考察,更要有武术文化以及武德的考察,毕竟学习武术要具有"明辨是非,嫉恶行善"的侠义精神。

（三）武术教学场地、器材得到加强

加大武术教学场地、器材的建设与投入，使场地、器材有保障，学生的学习才会有仪式感，才会提升学生的学习效率及效果。学校有了合适的武术场地之后，武术教学辅助器材配套完备，"喂手拆招、突出技击、打练结合"才会真真正正地付诸实践，这也在一定程度上降低了学生学习武术受伤的风险。

参考文献：

[1] 任华璞.项目教学法在初中武术课堂中的教学实验研究[D].新疆师范大学.2022.

[2] 许耀增.项目化教学在武术公共选修课的探讨与反思[J].体育师友,2012,35(2):3.

[3] 杨玉娟,邢淑英.中学武术课堂存在问题及趣味教学方法实施探究[J].武术研究,2018,3(12):79—80.

[4] 杜俊儒,刘昕,吴放等."互联网＋教育"视域下泛在化新型武术运动学习模式研究[C]//中国体育科学学会第十一届全国体育科学大会论文汇编.[出版者不详],2019:3338—3340.

[5] 杜俊儒."4A学习模式"下学校武术课程内容的传承与创新[C]//上海体育学院.体育非遗与健康生活——2020年全国体育非物质文化遗产学术研讨会摘要汇编,[出版者不详],2020:178—179.

[6] 茹军强,黄玲.基于"武道"模式的高校武术公体课教学探索[J].搏击:武术科学,2014,11(01):79—81.

21　创新课堂　创意表达
——"创艺工作坊"课程的建设

韩　勤　项臻宇

一、课程研究背景

（一）课堂转型的背景

2016 年年初,美术教室正式挂牌创艺工作坊。这意味着,一个课余时间可以向全体学生开放,或者是对爱好美术的学生开放的工作空间诞生了。创艺工作坊的课程开发,立足于学生年龄特点和学习基础,重点鼓励学生利用各种材质设计创艺作品并制作成品,结合学校文化节等活动进行创作和展示,以任务驱动,激活学生无限创想灵感。

（二）呼应美术学科核心素养的培育

1. 研究意义

（1）转变课堂以往教学模式,多方位感知、理解艺术之美

1917 年,杜尚名为《泉》的作品横空出世,带来了将日常事物转化为艺术品的概念,也成为 20 世纪影响力最大的作品之一。从此,艺术的定义被颠覆,艺术的边界被打破。路边的一朵小花,一个废弃的轮胎,只要是你想得到的(你可以发现它潜藏的美),都有可能成为艺术。杜尚倡导:"艺术要成为生活的一部分,人人都可能成为艺术家。"这一理念也为我校"创艺工作坊"的开设作了重要引领。面向全体学生,以"审美感知""艺术表现""创意实践"为层次目标,借助合作机构的专业优秀资源,力求打通美术基础型课堂和拓展型课堂的界限,打破美术和工艺的边界,

并结合现代信息技术,以开放性的学习和视野让每个学生都能成为对艺术有感知的人。

(2)改变绘画等同于美术的传统观念,提升想象创造的能力

以往学生们习惯用纸来作画,常常使画面单一雷同。还有同学存在绘画即是美术的认知。不同的材质、不同的颜料、不同的工具、不同的技法会形成不同的艺术效果,在平时的教学中教师应更注重学生多样的艺术体验,激发学生想象创造的能力。

课堂作为学校教育教学的主阵地,在立足课程开发的前提下,如何通过实施创新课堂提升学生学习能力、引发学生学习兴趣,并通过作品进行创意表达是我们美术学科"创艺工作坊"课程的探索路径。

二、课程创设实践

(一)课程目标

从学生的兴趣出发,将基础型课程的知识、技能延伸至拓展型课程,融合工艺技艺,让学生把创意在不同材料上进行创造发挥,力求在玩一玩、做一做、绘一绘中感受艺术手法的多样性和趣味性,在体验乐趣中培养学习美术的兴趣,在学习实践中发现美、创造美,在创作中获得艺术享受、成功体验,提高艺术修养。尝试融合现代信息技术,利用互联网和专业绘图软件方便快捷的特点,降低学习难度,倡导自主学习和小组化学习,更高效地完成学习任务。

(二)课程框架

表1 "创意工作坊"课程框架

单元	课题	教学目标	教学手段	材料与技法	参考素材
瓷器、玻璃彩绘 20课时	1. 走近经典 2. 彩绘的基本技法 3. 彩绘创作	了解彩绘的历史与发展,学会欣赏中外彩绘作品,初步	参观、PPT呈示、作品欣赏、示范、技法练习、	材料:贝碧欧陶瓷颜料(分自然干、烤干)、尼龙笔、胶带、海绵、	上海博物馆瓷器馆、毕加索陶瓷作品图

单元	课题	教学目标	教学手段	材料与技法	参考素材
		掌握色彩原理。学会使用多种材料、工具,把古典元素带进彩绘创作。	互联网,展示、交流、评价。	棉签、烤箱。主要技法:平涂、点彩、刮色、拍色、烤制。	片、教堂彩绘玻璃、现代装饰玻璃图片、配色书籍、彩绘作品
综合类创意彩绘10课时	1.灵动水影2.木器彩绘3.废旧材料的再创作4.从京剧脸谱到面具彩绘	理解艺术的多元化和影响力,激发学生热爱生活,张扬个性,展现自我,感受艺术的魅力。	观察、现代通讯、对话、讨论、合作、互联网、创作实践、展示表演。	材料:水影画颜料及辅料、水盘、废旧材料、面具白坯、原木、马克笔、套娃原坯、丙烯颜料、各种质地的纸张等。主要技法:水影画技法、水拓、平涂。	水影画视频;创意、手工类杂志;各类图案、造型书籍;京剧脸谱和各国面具彩绘的图片
泥塑、纸艺30课时	1.童趣彩泥2.创意衍纸	感受彩泥和纸条的可塑性和延展性,掌握基本制作技法,体验制作的乐趣。	基本方法练习、工具开发讨论、成品装置展示。	材料:超轻彩泥、泥塑刀、吸管、牙签、牙刷、梳子等;衍纸条、卷纸器(牙签)、白胶等。主要技法:揉圆、搓长条、揉水滴及压扁;卷松——粘——捏。	制作视频、各种题材的实物作品、相关艺展
创意作品10课时	鼓励学生展开想象,将不同材质的材料结合,完成创意作品。鼓励团队合作,在共同创作作品的过程中提升实践能力、研究能力、沟通能力、创新能力。				

（三）课程实践

1. 开放的教学模式，让学生感知艺术的美

创艺工作坊遵循"艺术生活化，生活艺术化"的理念，面向全体学生，在美术基础型课堂和拓展型课堂中架起桥梁，打破美术与工艺的边界，尝试采用"欣赏与借鉴""启发与示范""合作与交流"这些教学策略，以开放性的学习和视野让每个学生都能成为对艺术有感知的人。

欣赏是艺术教学的重要手段，让学生独立欣赏，并鼓励学生形成自己的观点与想法。学生通过参观博物馆、各类美术馆、浏览互联网等途径，欣赏古今中外的优秀作品；在学习过程中欣赏老师和同学的作品，并在欣赏的同时带上问题和思考。

在教学资源的利用上我们采取的策略是"走出去，请进来"。利用毗邻资源，参观各类艺术展览。教师利用课余时间通过多渠道获取艺术资讯、参加各级各类艺术相关活动，将所见所闻带进课堂。

案例一：参观 K11——"欢迎来我家"盖瑞·贝斯曼个展

利用学校毗邻的丰富教育资源，整合公共资源激发学生艺术兴趣，开发校本课程。例如，教师带领学生到 K11 参观——"欢迎来我家"盖瑞·贝斯曼个展。贝斯曼是美国波普超现实主义艺术家。这个展览，充分代表了想象力和创造力之间的关系，展示了个人经历与文化传统对艺术家艺术创作的影响。这种直观的视觉艺术不但强化了我们的观感，更带给我们很多启发和思考。学生们完全沉浸在贝斯曼的奇思妙想中，"最佳参观团体"是主办方对学生参观时专注度的高度评价。

案例二：模仿大师的风格，将"杜布菲"请入课堂

教师设计了"我的表情我做主"一课，将艺术展中看到的让·杜布菲"乌尔卢普"的风格请入了课堂。"乌尔卢普"系列通常使用蓝色、红色、白色和黑色这些基础色彩，去构成某种奇异的结构，使人联想到儿童涂鸦的自发乐趣，也有史前洞窟壁画的野性意味和西方城市街道涂抹画的随意性。

2. 多样的媒材体验，让创艺课堂绽放精彩

材料与技法是创艺坊课程教学的核心。不同的材质、不同的颜料、不同的工具、不同的技法形成不同的效果，在教与传中更注重学生的体验，

图 1—图 2 "我的表情我做主"课堂照片

老师的作用主要是引导、鼓励、适时的点评,甚至是过程中参与研究与讨论。学生需要尝试多种手法反复实践,这对于学生提高技艺和创作能力是非常重要的。

案例一:瓷盘彩绘,不一样的作画体验

我们习惯用纸来作画,常常使画面单一雷同。但不同材料有不同的材质特点,会形成各自独特的纹理效果。利用这些材料来绘画,并运用不同的工具、施以不同的艺术手法,会产生笔触、肌理等多方面的变化,使作品更具有表现性和观赏性。瓷盘画就是其中一例。

图 3 瓷盘彩绘制作步骤

案例二:从基础课到拓展课,媒材体验的深入化

创艺坊课程不断开拓,从学生的兴趣出发,将基础型课程的知识、技能延伸至拓展型课程,融合工艺技艺,让学生把创意在不同材料上进行创造发挥,创意表达。以"不织布拼贴画"为例:

结合"色彩的配置"的学习,预备年级的作业设计是运用一种或多种配色方法,以不织布拼贴的形式完成一幅作品。作业要求侧重于配色,弱化造型;作业设计以"大自然的旋律"为题,选择自己喜欢的颜色以平面拼贴的方法完成;作业形式是两两合作。初二年级不织布的课堂练习是"马蒂斯风格剪贴画"。作业设计源自教材,通过模仿野兽派大师马蒂斯的剪贴画风格,运用其中的经典元素进行创作,难度升级,粘贴方式也是平贴;作业形式是小组合作。值得一提的是,这两个作业都是结合学校文化节的展示,展出的那一刻更能让学生体会到美术学习的价值与乐趣。

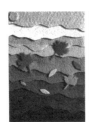

图 4 "色彩的配置"学生作品

图 5 "马蒂斯风格剪贴画"学生作品

图 6 《向日葵》学生作品

拓展课的学生具备一些美术工艺基础,所以在此类媒材体验设置上作业难度升级。不织布作业内容是向大师致敬系列,比如模拟梵高的经典油画作品《向日葵》《星月夜》等。要求将不织布剪成各种条状,模拟油画的笔触制作出油画效果,粘贴方式采用立体拼贴。这样的作业不是简单的色彩配置,非常考验学生对于色彩的理解和运用能力。比如,表现向日葵局部的一块黄,不能只用单一的颜色而要用各种黄颜色拼贴出来,这样颜色层次更丰富,油画味道更浓郁。

由于作业的篇幅比较大,相对耗时,所以由几个同学合力完成一幅,这对于他们的创造力和耐力都是一种挑战。最后成品在教师的鼓励、同伴的互勉中落地。当看到自己付出时间、精力、创意的作品被裱入画框用于美化学习活动空间，所有的疲惫烟消云散，自豪感、成就感油然而生。

此外，互联网时代让我们的生活发生了巨变，也冲击着我们的课堂。怎样利用信息化手段让我们的课堂更丰富、更高效、更多产，我们工作坊的老师也在传统课堂中尝试融合现代信息技术，利用互联网和专业绘图软件方便快捷的特点，降低学习难度，提供给学生更广阔的思维空间。例如在初中美术剪纸单元学习中我们就尝试了这样的融合。

案例三："对折剪纸——同桌的你"

【课堂教学手段描述】：

课堂伊始教师整合了媒体资源，回放学生参与的民俗活动，烘托了学习氛围，激发学生的学习兴趣。课上依托信息技术，运用学生喜欢和熟悉的 Pad 设备拍摄同桌照片，多角度定格丰富的面部表情，突出人物特征，同时为造型基础薄弱的学生提供描摹的素材，搭建学习"脚手架"。课堂上通过拍摄同学的面部照片，快捷地获取人物造型。在造型表现上学生可以进行选择，对于造型表达有困难的同学，可将彩纸覆盖，进行描摹；对于造型能力较强的学生可参考照片，自主表达。通过图片、视频等媒体的演示呈现简化造型的方法；通过教师直观示范脸部阳剪、阴剪的处理方式，帮助学生理解阴阳混剪中的"断"与"连"的关系；通过赏析同龄人的作品，发现脸部巧连处理的多样方式，启发学生的创意思维。

图 7—图 8 "对折剪纸"课堂照片

3. 丰富的展示形式，用交流传递艺术芬芳

我们课程的很多创作内容、形式，包括呈现方式是经过精心设计、思

考的,很多结合了班级的特点和学校的主题活动而展开,这样学生的参与面和交流度就更广了。作品的展示极为重要,从某种程度上来说,它对于提升学生的学习自信、培养可持续发展的创造力都有不可忽视的作用。展示形式力求多样化和参与性。

案例一:课内展示

教师平时注重积累,将平时美术课堂上有特点的创作一一记录,筛选整理后做适当美化,或衍生出文创品,让学生看到自己作品的另一面和可能性,提升学生的学习积极性和成就感。

案例二:课外展示

流动的小黑板:美术教室墙面定期更换作品,作品均为平时课堂作业的呈现,保持小黑板的新鲜度。

校内外文化活动:结合我校各类大型活动,运用课堂所学,创意表达心中所想,丰富活动内涵。去年中秋,我们的"创艺工作坊"课堂走出校园,亮相东方绿洲,参与"行走中的传统文化"上海市青少年民族文化培训系列活动暨学生艺术实践工作坊展示交流活动。我们的展位参与者络绎不绝,兴致盎然。参与者和格初师生用剪纸及衍纸的艺术方式演绎"海派旗袍"书签。同时,我们师生也进入其他展位,大家齐动手,共体验,充分感受民族文化的浓浓魅力,也带来了别样的交流与芳香。

图 9—图 10　活动掠影

三、总结与展望

"创艺工作坊"初具规模,可能需要更多时间的检验和经验的积累,课程项目也有待于进一步开发和取舍。这样由师生共同打造的课堂，必定是充满活力且开放的。因为我们是学习的共同体，我们相互启发、共同进步。

　　课程的改革促使课堂的转型，课堂的转型呼唤教师的美丽转身。课堂不再仅仅是教材、教室、教师和学生的机械组合，而是四者的完美相遇，其间必然有教育的故事，会生成教育的智慧，促进师生生命的成长。人永远是创造的出发点，而"培养对艺术有感知的人"一直是我们努力的目标。"言能所见　互动学习　混合媒体　动手创造"正是"创艺工作坊"课堂一直努力的方向。

图 11　"行走中的传统文化"活动掠影

参考文献：

［1］中华人民共和国教育部.义务教育艺术课程标准(2022年版)［M］.北京:北京师范大学出版社,2022.

［2］葛根宝.九年义务教育课本:八年级第一学期艺术(美术)［M］.上海:上海教育出版社,2011.

［3］卢辅圣.九年义务教育课本:七年级第一学期美术［M］.上海:上海书画出版社,2017.

22 基于 TAPCK 框架的"艺术 1+ 1"微课设计与实践

郑瀛瑀

本次微课由音乐与美术两个备课组协同操作,围绕艺术融创,选择适合学生居家学习、能够凸显学科核心素养的主题,基于 TPACK 框架和理论以微课形式推出,每周一期,供学生学习欣赏、模仿创作。

一、基于 TPACK 框架的微课设计理念

TPACK(Technological Pedagogical Content Knowledge),即整合技术的学科教学知识,是由美国学者科勒(Matthew J. Koehler)和米什拉(Punya Mishra)正式提出。TPACK 包括三个核心要素:学科内容知识(CK)、教学法知识(PK)和技术知识(TK),以及四个复合要素:学科教学知识(PCK)、整合技术的学科内容知识(TCK)、整合技术的教学法知识(TPK)、整合技术的学科教学知识(TPACK)(见图 1)。

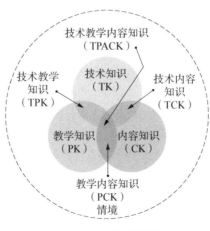

图 1 TPACK 框架图

自《教育部关于实施全国中小学教师信息技术应用能力提升工程2.0的意见》等文件发布以来,信息技术与学科教学互融已是大势所趋,"网络化、数字化、个性化、终身化"的未来教育模式也逐步引起人们的关注。TPACK正是信息化环境下教师教育教学能力的反映,微课的自身特性也与TPACK理念相契合。因此,TPACK是指导教师信息化教学能力的理论依据,微课是促进教师TPACK发展的有效途径,两者结合是让学生学习突破时空、深度融合、资源共享的新体验,也是打造未来课堂教育的良好路径。

二、"艺术1+1"微课设计与实践

(一) 音乐美术双科融合,凸显学科核心理念

主题选定围绕"艺术融合"这一关键词,紧扣"审美感知""艺术表现""创意实践""文化理解"的中学艺术学科核心素养而展开,体现"审美立德""文化立身""实践立行"为导向的学科育人价值目标。本次微课共八期,各主题分别为:春日"音画"、国风雅韵、敦煌之美、云海月韵、印象光影、艺话童趣、创意国风、慧聚云端——各年级线上学生艺术作品展。这些主题与学校的课程、活动、节日及校风校训等方面高度契合。如第一期春日"音画"是在学校活动"我和春天有个约会"的背景下展开;第二期国风雅韵,紧扣学校文化节一贯倡导的民族文化自信的主题;第三期敦煌之美,与学校课程建设密切相关。

本次微课是基于教材、统整各版本教材和网络资源的前提下展开的,以《中学艺术:单元教学设计指南》作为理论指导,以培养艺术学科关键能力为实践目标。例如第二期国风雅韵,其核心内容是展现唐朝的艺术盛世,从青年国风乐团的复原演绎入手,引出唐朝著名绘画作品《簪花仕女图》,体会唐代贵族女性美在何处以及如何引领时尚之美。欣赏过静态的唐朝美后,通过赏析结合了5G、AR等现代技术的综合性舞蹈《唐宫夜宴》,在动态的画面中进一步感受唐朝在绘画、音乐、舞蹈、服饰等方面的艺术特点与盛世繁华。

(二) 教学内容综合化,实现艺术大贯通

作品的选取是备课的重点亦是难点之一。本次微课立足于教材,挖掘学校资源和社会资源,充分筛选与整合,实现学校艺术课堂和社会艺术大课堂的融合,满足艺术课程多层次、多样化的学习需求。

表1 微课主题及作品内容一览表

微课主题	作品内容	
	教材内容	拓展内容
第一期 春日"音画"	维瓦尔第小提琴协奏曲《四季》之第一乐章《春》	柴可夫斯基钢琴套曲《四季》《海棠花开》(油画棒技法)
第二期 国风雅韵	《簪花仕女图》	舞蹈《唐宫夜宴》
第三期 敦煌之美	《不朽的敦煌》	《敦煌壁画中的古乐器》
第四期 云海月韵	《彩云追月》	《墙绘设计》
第五期 印象光影	德彪西《月光》《我认识的色彩》(莫奈及其作品)	德彪西《亚麻色头发的少女》
第六期 艺话童趣	柴可夫斯基芭蕾舞剧《胡桃夹子》选段《糖果仙子》	普罗科菲耶夫交响童话《彼得与狼》《定格动画》
第七期 创意国风	《水墨写意》《漂浮的画》	《梅花三弄》
第八期	慧聚云端——各年级线上学生艺术作品展	

在作品的选择上既要考虑内容的衔接与关联,也要考虑视频的质量、版本等问题。例如第一期春日"音画",拓展内容选取了柴可夫斯基的钢琴套曲《四季》,很好地与教材内容相匹配。且一部是小提琴协奏曲,一部是钢琴套曲,学生们可从不同器乐体裁上感受不同乐器对同一主题的不同演绎方式及创作手法。

第三期敦煌之美,前半部分内容主要为赏析敦煌壁画中的飞天造型,对比体会飞天的造型与动态之美。那如今敦煌飞天又是如何进行现代演绎的呢?中央民族乐团通过演奏敦煌壁画中的乐器,使静态的壁画

艺术"活"了过来,以视听结合的方式再次让学生感受敦煌壁画中的飞天艺术魅力。上述教学设计使内容环环相扣,形成了学科融合的紧密关联。

(三) 各类资源共联动,深化"艺术1+1"

本次微课是艺术组对信息化教学的一次实践,在教学理念上推出富有特色的"艺术1+1"理念,在将整合技术的教学法知识(TPK)落地的同时创新艺术教学方法与思路,形成具有学校特色的艺术课程。

音乐与美术的融合是"艺术1+1"的第一个体现。它不仅是教学内容的融合,更是作品的融合。"双师混搭"的微课制作形式是"艺术1+1"的第二个体现。充分发挥每位教师的专业特长与能力,根据教师的兴趣与信息技术能力的侧重点,在综合锻炼并展现教师在技术知识(TK)方面的能力的同时,结合两位教师各自的想法,进一步提升微课质量。教师与学生的作品互动是"艺术1+1"的第三个体现。通过设计丰富多彩的作业,激发学生的想象力,结合线上点评,实现线上师生互动与交流。家长与学生借微课作业进行亲子交流是"艺术1+1"的第四个体现,艺术活动的开展很好地促进了亲子间的沟通(见图2)。

图2　家长与学生合作演唱,共享美好亲子时光

(四) 技术赋能助课堂,精彩作业愈人心

线上教学后,教师们充分挖掘信息技术的各种可能性来辅助互动环节,将整合技术的学科知识(TCK)与音乐美术学科内容有机结合。例如,美术组教师就运用了计算机辅助教学手段(Computer Assisted Instruction,简称CAI)打造沉浸式体验。在第三期敦煌之美中,教师提供了敦煌飞天造型设计的动态教学视频(见图3),通过剪辑配以音乐,结

合专业的录课软件成功创造出视听结合的教学情境。

图 3　敦煌飞天造型设计的动态教学视频

音乐组教师将现代技术与教学法、学科内容高度融合。例如在第四期云海乐韵中运用了制谱软件"MuseScore"与电子音乐制作软件"音虫"，依托空中课堂中编曲制作课的资源对第四期的《彩云追月》进行了编创（见图 4）。生动有趣的软件效果很好地丰富了教学内容，激发了学生的学习兴趣，将技术赋能真正落地。

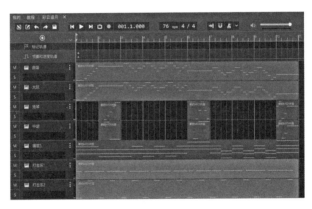

图 4　运用电子音乐制作软件"音虫"对《彩云追月》进行二度创作

线上教学互动的另一重要环节即每期微课的作业。艺术组的教师在设计作业时依据"基于目标，注重能力；保证基础，满足发展；重视过程，丰富体验"这三个原则，制定了"不设门槛、分层设计、自主选择"的开放型作业模式。

"不设门槛"指全校学生共同参与，无论是否在艺术方面有特长，都可以享受艺术的趣味，参与艺术活动。"分层设计"指针对不同能力、特长与年级进行作业的多样化设计，兼顾拓展与提高，满足不同学生的需求。"自主选择"不仅指学生可以自由选择任意一种作业形式,也指选择了某项作业后不拘哪种形式,可自由发挥。通过想象、构思、设计与创作等实践过程,自己决定展示的方式与内容。

三、作业反馈多样化,呈现微课好成效

开放型作业模式使得学生的参与度极高,也使得作品的呈现格外多样化、立体化,也是整合技术的学科教学知识(TPACK)下学生学习成果的体现(见图5—图8)。

图5　运用各种方法绘制了心目中的缤纷春色

图6　制作了具有国风风格的文创作品

图 7　创意展现敦煌艺术的绝美风采

图 8　通过对不同作品的演绎，共同诉说对美好生活的积极态度

　　学生运用了在信息技术课上所学习到的技能，通过视频剪辑软件对选取的艺术作品进行介绍（见图9）。来自初二的同学运用了软件"库乐队"对《彩云追月》进行了富有创意的电音版二次创作（见图10）。

　　另一位来自初二的同学发挥其爱好与特长，不仅对歌曲进行了介绍，还选取了与主题相符的经典绘画作品为背景，将歌词做成字幕（见图11）。

图 9　通过视频剪辑软件对选取的艺术作品进行介绍

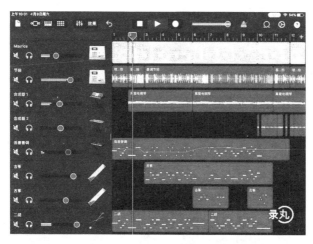

图 10　运用"库乐队"软件对《彩云追月》进行电音版二次创作

　　在第四期云海月韵中，学生利用家里随处可见的物品进行了音色探索，并编配了节奏为乐曲《彩云追月》伴奏（见图12），很好地培育了其创新精神。

　　艺术组借第四期微课举办了"格致初级中学'云遐想'原创大赛"，展现新时代青少年的爱国情怀、社会责任感、创新精神和实践能力（见图13、图14）。

图 11　通过背景、字幕等，表达对作品的理解，也强调歌曲的意境

图 12　学生利用家里随处可见的物品进行了音色探索

图 13　"云遐想"原创大赛优秀作品

图 14 "云遐想"原创大赛优秀作品

四、提炼收获勤反思,促进微课新生长

(一) 针对后续线上微课的制作思考

在微课的制作上,将依旧围绕上述理念与方法继续制作,也将运用更多的软件与信息技术手段来完善课程。例如在录制方面考虑使用更为专业的 Camtasia Studio、汗微·微课宝等,充分挖掘软件的各项功能,进一步结合技术知识与学科教学,夯实技术赋能助力课堂的教学策略。

在主题选定与内容选择上,将作品选择范围扩至其他优秀教材,紧扣新艺术课程标准核心素养展开,并与节日节庆、学校活动相结合,打造学校特色艺术文化的同时激发学生的学习兴趣,增加学习容量。

在作业的设计上,将与信息技术课相结合,运用学生学习过的信息技术手段或软件,进一步丰富作品的呈现方式。

在作品的展示环节上,计划开展主题作品集、虚拟小舞台、虚拟展厅等形式,打造线上线下互动交流新模式。通过丰富多样、不受时间与地域限制的艺术活动,使艺术学习变得更有趣、更容易。

(二) 针对后续线下微课的使用思考

将以 O2O(Online to Offline)微课理念为指引,将传统教育模式与现代网络教育模式深度融合,起到互为补充的作用,延伸学生的学习空间与时间。

一方面,微课可作为预习内容,针对后续课程中的知识点与技能进行提前授导。例如第一期与第六期的微课,可作为预备第二学期柴可夫斯基的《糖果仙子》与初一第一学期维瓦尔第的《春》的先导预习。另一方面,微课可作为课堂开始的欣赏导引,通过欣赏微课进而引出本节课的内容,由教师带领学生进一步学习与再创作。例如第七期的创意国风,通过微课激发学生的好奇心,进而在课堂中实践,充分发挥学生的积极性,从而使其更好地投入于课堂中。

艺术组教师基于 TPACK 框架与理论创新了云端美育的教育理念,设计了学生喜欢的"艺术 1＋1"微课,形成了学科教师 1＋1 的融创团队,逐步发展艺术学科的未来课堂模式。在今后的教学中,艺术组将继续深化 TPACK 理论对于微课的实践与运用,通过"艺术 1＋1"微课,让学生感受课程魅力,领悟艺术的芬芳。

参考文献:

[1] 于京.TPACK 视阈下我国未来课堂设计框架研究[J].现代信息科技,2019,3(06):123—125.

[2] 赵晓卿,殷小莉.微课共同体助力教师个体 TPACK 提升[J].中国教育信息化,2018(22):85—88.

[3] 上海市教育委员会教学研究室.中学艺术·单元教学设计指南[M].北京:人民教育出版社,2019.12.

[4] 董瑞杰.基于 TPACK 框架的信息化教学能力构建[J].教师教育学报,2020,7(05):62—68.

[5] 谢晨露,郭兰兰,桑国元.新时代美育理念下的音乐师范生核心素养框架构建[J].中国音乐教育,2022(01):5—16.

[6] 桑国元,郑立平,李进城.21 世纪教师的核心素养[M].北京:北京师范大学出版社,2017.

[7] 贺婉欣.从审美经验角度谈艺术治疗[J].绵阳师范学院学报,2021,40(06):149—155.

[8] 谢晶晶.TPACK 理念下 O2O 微课设计策略研究[J].太原城市职业技术学院学报,2019(06):141—143.

课堂转型

本部分呈现出教师最真实的课堂教学样貌。在深化教育教学改革的背景下,学校将教学创新实践的突破点聚焦在课堂,以"教学生学会学习"为立足点,并以"教学方式变革""信息技术运用"等为抓手促课堂转型,促教学优化,促学生能力培养,形成"教有实效,学有建构"的课堂教学新局面。

01 "一砖一瓦的文化意蕴"
——语文跨学科主题学习单元设计案例

缪婷婷

一、教学内容分析

此单元为自组单元,由人教版《语文》六年级上册《故宫博物院》、八年级上册《苏州园林》《中国石拱桥》三篇构成,是主题为"一砖一瓦的文化意蕴"的跨学科主题学习单元。在六年级说明文学习的基础上,继续学习《苏州园林》和《中国石拱桥》。以《苏州园林》为语文实践活动的重点,还为学生提供了跨学科学习的辅助材料,包括:人教版《艺术》八年级上册"园林秀色""摄影图片装点生活"部分,以及《中国古典园林特点》《中国明清时期服饰变化》《中国写意画的鉴赏》《豫园的历史沿革》《豫园景观一览》。

本单元围绕驱动性问题"推广豫园文化,获得年轻受众的欢迎"展开,指向语文学科核心素养,贯彻语文学科从阅读到写作再到表达的学习思路。在充分阅读材料的基础上讨论文化宣传文案的一般特征,推而广之,设计豫园宣传的定制方案,完成核心任务"编辑一条点击量过千的百字豫园宣传文案"。在方案写作中落实"语言的建构与运用""传统文化的传承与理解""审美的鉴赏与创造",再通过口头宣讲的方式推广文案,并完成互相评价的"一键三连",共计3课时。

跨学科学习是素养导向下的学习,旨在培育学生的跨学科素养,回归学习的本质——对问题的探究,提升学生真实问题的解决能力。对于语文这样的基础学科而言,长久以来都是在语文学科内部讨论并解决本学科核心问题。与"真实情境"下的"真实问题"相去甚远。如何在语文跨学科主题学习中体现两个"真实"是亟待解决的问题。解决这个问题的核心在于寻找适切的"驱动性问题"，制定匹配的"驱动性任务"。

二、学情分析

这个主题学习是根据人教版八年级上册语文教材第五单元的第 19 课——《苏州园林》为核心设计展开的。学生已学习过《故宫博物院》和《中国石拱桥》，对于此类说明文有一定的认识，也能初步认知说明文的知识点。叶圣陶的这篇《苏州园林》从游览者的角度，概括出苏州园林的共同特点，进而从多方面进行说明。对于八年级的学生，这是一篇能够运用"阅读——写作——表达"路径进行学习的典型材料。学生能在规范化的语言表达中，学习有条理地说明事物，感受中国古典园林的魅力。

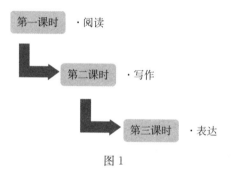

图 1

在实施过程中，学生首先带着"如何写作豫园导览稿"的目标，阅读中国古典园林的历史沿革、类型、特点，利用历史学科知识鉴赏苏州古典园林中所蕴含的中华哲学、历史、人文习俗、地方风俗等；用美术学科中"写意山水"的中国画境界理解《苏州园林》对苏州园林特点的核心评价："务必使游览者无论站在哪个点上，眼前总是一幅完美的图画。"以及行文中提及的"美术画""中国画的审美观点"等表述，进一步理解苏州园林的建筑格局、造景艺术等特点。

在具体的写作过程中，学生学习作者如何通过多样化的说明性语言、总分式的说明结构，有条理地进行说明。豫园是上海的一张城市名片,也是上海为数不多的江南园林的代表,又地处黄浦。作为黄浦的学子,可以开展豫园的探访实践活动,既能亲身感受中国古典园林的艺术美,又能运用《苏州园林》中的阅读方法来指导写作,掌握有条理地介绍某一处景点或建筑的方法。最终学生完成上海豫园导览稿的写作,并口头宣讲,做一回"豫园推介人"。在这样的思路导向下,跨学科主题学习的基础问题设置为:如何有条理地来介绍某一处景点或建筑? 驱动性问题设定为:探访豫园,阅读材料,进行上海豫园导览稿写作。

三、教学目标设置

(一) 确立单元目标

1. 阅读相关材料,联系《苏州园林》的学习过程,了解中国古典园林知识、服饰文化知识、审美布局知识、豫园历史等内容。

2. 学习优秀的宣传文案,初步总结文化宣传文案的要素特征,感受中华优秀传统文化的魅力。

3. 编写"豫园"宣传的定制文案,提升语言文字的建构运用能力、审美的鉴赏和创造能力,增强民族文化自信和人文底蕴。

4. 口头推广个性定制的"豫园"宣传方案,提升口语交际能力和评价鉴赏能力。

(二) 教学过程

第一课时　导引课

1. 导入

(1) 阅读补充材料《中国古典园林特点》《中国写意画的鉴赏》。

(2) 结合材料,回顾《苏州园林》的学习过程(总结苏州园林的总体特征,苏州园林作为标本所代表的中国古典园林的特点、说明文的顺序、说明结构、说明语言)。

2. 阅读材料

(1) 阅读材料《照片墙的布置》。

学生活动:"议一议,评一评"课前准备的宣传中国文化的好方案。

总结社交平台上优秀文案的基本特征:照片与文字的契合、重点突出、关键词恰当等。

(2) 老师出示"故宫宣传文案",讨论文案的共性特征。

判断标准:弘扬中国传统文化,体现文化内涵精髓;获得更多受众的欢迎。

表1　总结优秀文化推广方案评价量表

照片	照片上人与背景(自然、建筑等)和谐统一	选择的照片与文字契合度高,相得益彰	照片布局合理,有艺术性	照片有文化内涵
文字	选材主题新颖、有创意	能抓住宣传对象的主要特征	围绕主要特征清晰阐述(结构合理)	语言风格恰当
	能体现文化精髓内涵	设置合理的关键词搜索		

3. 阅读豫园相关内容,初识豫园

4. 学生活动

讨论:如果你来宣传豫园,你会选择什么角度?

5. 作业

实地探访"豫园",拍摄照片,写100字左右的宣传文字。

第二课时　设计"豫园"宣传文案

1. 复习导入

优秀文化宣传文稿评价量表

2. 小组讨论

(1) 创设情境:黄浦区正在争创全国文明城区,区政府融媒体中心邀请初中生在新媒体上推广文化名片——豫园,通过小红书、微博、微信朋友圈等平台宣传,传播传统文化,获得更多年轻受众欢迎。

(2) 根据第一课时的内容,结合补充的阅读材料,你认为宣传豫园需要进行哪些针对性的编辑方向?

表2 "豫园"宣传文案评价量表

照片	着装与古典园林的特征相和谐,能表现豫园的历史(变迁)	有豫园整体景观(经典景观)的展现,与宣传文字相契合	照片布局合理,体现江南古典园林的艺术性	有传统文化、海派文化的精髓;或展现新旧文化的碰撞
文字	从豫园的命名、历史变迁、前世今生(物是人非)、海派文化的内涵(多元、创新)、传统文化的体现、创新表达(如手绘)选材角度	根据选材的角度,用100字左右重点突出豫园某一方面的特色	合理安排以点带面的结构(总分式、并列式、对照式、层进式)	语言以说明为主,做到准确生动,有吸引力
	重点宣传的内容能体现豫园的文化精神、内涵、精髓	选择合理的关键词,突出宣传文案的核心,提高被搜索的概率,有扩大宣传的作用		

3. 明确核心任务:编辑一条点击量过千的百字"豫园"宣传文案

写作方向讨论指引:

闹市中的中式园林——豫园里的经典园林景观;豫园的前世今生——园林景观中的特写镜头;豫园的起点——"豫园"来源和含义;豫园的鉴赏——不同季节和天气下的不同风景;豫园灯会——传统文化和节庆文化;豫园快闪活动——汉服展示拍照;豫园海派文化——江南百景图的游戏复刻、天官赐福漫画跨界;豫园手绘图——写意、新派、融合中国画的风格;豫园盲盒设计——隐藏文化内涵

4. 小组活动

(1) 小组合作,编辑一条点击量过千的百字"豫园"宣传文案。

(2) 小组展示课堂成果。

5. 预告第三课时活动

交流"豫园"宣传文案,互相"一键三连"。

6. 作业

完成个人学案:编辑一条点击量过千的百字"豫园"宣传文案。

第三课时 "豫园"宣传文案发布

1. 导入

2. 小组交流

(1) 每个人在小组内交流自己所写的豫园文化宣传文案。

(2) 在小组内给你最喜欢的一份文案"一键三连"。

(3) 选出小组内最优秀的两份文案,全班宣讲。

3. 学生活动

(1) 每组优秀文案宣讲。

(2) 每组根据评价量表进行评价。

表3 "豫园优秀宣传文稿"评价量表

板块1	照片(游客照、风景照、活动照等)符合豫园的文化气质(5分)	景物照片能体现豫园文化内涵,与文字契合度高(15分)	照片布局合理,有艺术性(10分)	照片有细节"画龙点睛"(5分)
照片				
板块2	文字宣传角度有创意,能突出重点特征,有显著的文化概念(20分)	文字宣传内容契合主题,结构合理(15分)	语言组织准确、生动(15分)	关键词选择准确,有明确的文化立场和推广概念(5分)
文字				
板块3	大方得体,整体流畅(5分)	有感染力,值得一键三连(5分)		
口头宣讲				

三、教学启示

（一）素养导向、深度学习

美国教育评价专家韦伯提出过"知识深度"理论。这个理论指向教学活动和任务设计，强调设计的内容是学习的深度、学习过程的复杂程度。知识深度理论将学生的认识水平分为四个等级：平常思维、概念思维、策略思维、批判性思维。在第四级"批判性思维"中将学生的认知水平定义为"迁移思维与创造"。要达成最高思维水平，就要求对应的任务必须深入延展，跨学科整合，与原有知识技能结合，用以应对新的问题。教师可以利用这个工具来设计跨学科主题学习下的活动和任务，也可以评估任务的设计是否具备综合性和挑战性，能否推动学生的深度学习，促进核心素养的落实。

跨学科主题学习是进一步落实核心素养的课堂，教学设计的关键不是设计简单的活动让学生动起来，而是在"驱动性问题"驱动的大背景下，设计能驱动素养目标实现的、有一定难度和综合性的任务，这就要求"驱动性问题"的设计必须与真实问题情境紧密联系，具有真实性。进而明确能激发学生持久思考和探究的核心任务，培养应对困难和挑战的必备品格与关键能力。

图2

驱动性问题的设计和确立也可以依据"知识深度"理论，在课堂上落实核心素养。跨学科的教学过程是在驱动性问题导向下完成的核心任务的过程，学生会经历分析、判断、综合、评估、提问、争议、质疑、证明等一系列深度学习过程。此过程正是实现了知识深度层级的第四等级"批判性思维"的提升，这个过程促进了学生在语文学科上的深度学习：带着问题阅读材料、引入真实情境的写作、口头表达能力等学生在说明文写作中获得了新的体验和训练，在语言能力、审美鉴赏、文化理解的学科核心素养上得到提升。

(二) 激发自我系统、敢做会做

好玩有趣的驱动性问题引导下的核心任务是激发学生自我系统的重要力量。现代学习理论指出,面对新问题新任务,人们先要进行"自我系统"的判断,由自我系统决定是否参与介入这个新挑战。自我系统会关注以下问题:新任务有意思吗? 好玩吗? 对我来说重要吗? 这个任务难吗? 我能上手做吗? 从这个课例的两次教学实践中可以得出结论,能激发自我系统的驱动性问题是跨学科学习的原点。第一次的驱动性问题是"运用旧知来进行写作实践,做豫园推介人"。从教学效果看,学生的自我系统没有完全被激发,导致课堂上的收获是打折扣的。第二次驱动性问题修改为"宣传豫园文化,获得更多年轻受众的欢迎",这个问题一下子就调动起学生的参与感、社会责任感,在整个学习过程中学生都兴致盎然地参与核心任务的探究和实践。当然,在增加驱动性问题的趣味性时,不能只是简单地添加娱乐元素,比如核心任务中的"点击量过千"绝对不是一个噱头,而是一个宣传最大化的目标,引导学生在完成任务的原则和调性。

同时,在设计驱动性问题时要兼顾学生在"做"的过程中的体验:"敢做会做",获得成就感。这就要求驱动性问题下核心任务的关联度和梯度性,通过多个课时的多个不断进阶的子任务,最后达成驱动性问题完成的最大化。在此过程中,子任务的发布关注了学生深度学习的路径,学生会经历分析、判断、综合、评估、提问等一系列深度学习过程,让不同层次的学生都能敢做会做,最终在跨学科学习经历中有所收获(见图3)。

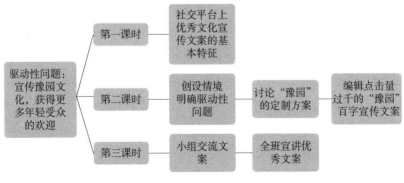

图 3

参考文献：

［1］中华人民共和国教育部.义务教育语文课程标准(2022 年版)［M］.北京:北京师范大学出版社,2022.

02 基于核心素养培育的初中语文与英语融合教学

华艳雯

学科融合教学是指在教育大背景下,以思维为导向,以本学科知识为基础,整合不同学科门类之间的联系,经过梳理、筛选后优化组合,将各学科的知识与方法、思想与理论应用于教育或科学研究的一种方式。它能弥补单一学科对学生造成的思维短板,在提高学习能力的同时,让学生在综合性的学习中锻炼横贯能力,并养成全面考虑问题的思维模式。

在初中教学中,语文和英语学科有着密不可分的联系:首先,两门学科都是兼具工具性与人文性的语言类学科,在课程理念上也都是文化的载体;其次,它们的核心素养在语言、思维、文化等方面具有高度的一致性;最后,语文和英语又是基础教育阶段最重要的两门学科。因此,这两门学科的融合式教学可以成为有益的一大尝试。

一、教学内容分析

学科融合教学要切实发挥不同学科资源的效能和作用,通过相关学科知识的自然介入和参与,增进主学科教学目标的有效性。因此,在初中语文教学中,并非教材中的所有课文都能够或者值得进行英语融合式教学,而是要聚焦核心素养,在解读分析教材、了解学情后,进一步整合教学目标,选取适切的内容开展交叉教学。

以初中部编版语文教材为例,教材中存在的中英双语译作的篇目数量并不算多,篇目能通过从语言、思维、审美与文化层面上进行比较,达到加深对课文文本理解感受目的的,这样的作品大致有三类,下面对三种内容类别以及该类别下可涉及的语文部编版教材融合篇目作简要举例说明。

（一）语文课文和该课文的经典英译作品

1. 诗歌类

《宿建德江》（孟浩然）和《A Night-Mooring on the Jiande River》（Witter Bynner 译）；

《水调歌头》（苏轼）和《Watery-Prelude-Melody》（朱曼华译）；

《天净沙·秋思》（马致远）和《Tune to "Sand and Sky"-Autumn Thoughts》（Tr. Wayne Schlepp 译）；

《关雎》（《诗经》）和《Cooing And Wooing》（许渊冲译）；

《乡愁》（余光中）和《Nostalgia》（张智中译）。

2. 古文类

《桃花源记》（陶渊明）和《The Peach Blossom Visionary Land》（孙大雨译）。

（二）外国英语翻译作品和英语原文及不同翻译版本

1. 诗歌类

《未选择的路》（弗罗斯特）和原文《The Road Not Taken》（Robert Frost）及《一条未走的路》（方平译）、《未选择的路》（飞白译）。

2. 演讲类

《庆祝奥林匹克运动复兴 25 周年》（顾拜旦）和原文《Celebrate the 25th anniversary of the revival of the Olympic movement》（Le baron Pierre De Coubertin）。

3. 名著类

《皇帝的新装》（安徒生）和《Andersen's Fairy Tales·The Emperor's New Clothes》（Hans Christian Andersen）。

《鲁滨逊漂流记》（丹尼尔·笛福）和《The adventures of Robinson Crusoe》（Daniel Defoe）。

（三）语文课文或单元同主题的英语作品

《饮酒(其五)》（陶渊明）和《Ode on Solitude》（中文名:《独孤颂》）

（Alexander Pope）。

语文部编教材七年级上册第一单元写景抒情单元和《To Autumn》（中文名：《秋颂》）（John Keats）。

语文部编教材八年级下册第四单元演讲单元和 Steve Jobs2005 年在斯坦福大学的演讲稿、《I Have a Dream》（Martin Luther King）。

从以上三个适合进行语文与英语融合教学的资源类别中不难发现，拥有资源类别数最多的体裁是古今中外的诗歌，在部编版语文教材六年级到九年级共八册书籍中，共摘录诗歌 65 首，其中至少有三分之一有名家学者对其进行过英文翻译和创作，这些都构成了中英文融通式教学的宝贵资源。

二、学情分析

学生在初中阶段，其学习能力和学习表现会发生较大的转变。在预备、初一的低年段学生总体学习水平一般，学习主动性也较弱，但其学习兴趣与学习基础之间常形成鲜明反差，特别是对于简单的知识，学生具有很强的表现欲，积极性高涨。具体在语文学习上表现为：基础知识不扎实，阅读理解能力较低，深层次的文本意蕴无法进行自我探究，在文学鉴赏方面能力欠缺，口头表达能力和写作水平也比较薄弱；在英语上也呈现出相似的情况，英语基础知识和听说能力普遍较低，词汇量较少，语法和句型也需要有更多的积累，在英语表达上缺乏自信，并且中西文化思维方式上的差异也给英语学习带来了一定的困难。

以上这些学生能力水平的表现到了初二、初三的高年段以后，会得到较大程度的提升，并且随着学习规范的落实和学科习惯的养成，学生的思维能力也会有所提高。但此学段的学生又面临着中考的升学压力。因此，不论是教师还是学生自身，更多关注的是基本知识和考试分数，而忽略了对学生综合能力的培养。

此外，在传统课堂中，长期以来一直处于单科教学的局面，因此，学生将学科间的知识融会贯通，自觉进行资源融合的能力需要进一步挖掘。

三、教学目标设置

《义务教育语文课程标准(2022年版)》提出:要"吸收古今中外优秀文化成果,提高思想文化修养,建立文化自信。""联结课堂内外、学校内外,拓宽语文学习和运用领域……在综合运用多学科知识发现问题、分析问题、解决问题的过程中,提高语言文字运用能力。"

同年发布的《义务教育英语课程标准(2022年版)》提出:学生应"了解不同文化,比较文化异同,汲取文化精华,逐步形成跨文化沟通与交流的意识和能力"。"学生应通过本课程的学习,达到如下目标:发展语言能力、培育文化意识、提升思维品质、提高学习能力。"

基于以上要求,并结合初中学生的认知水平和教学内容的特点,在进行语文和英语的融合教学时,可以设置如下教学目标:

第一,能从多角度揣摩、品味经典作品中的重要词句和富有表现力的语言,通过圈点、批注等多种方法增进对作品中语言、形象、情感、主题的理解。

第二,广泛阅读古今中外的诗歌、小说、散文等文学作品,在阅读过程中能把握主要内容,并通过朗读、概括、讲述等方式表达对作品的理解,培养学习中的文化意识。

第三,针对语文学习中的问题,开展英语融合式学习,根据需要策划创意活动,从相关学科材料中搜集资料、整合信息,提升思维能力,发现解决问题的线索。

在初中语文的课堂中开展与英语的融合教学不仅顺应了新时代对综合型人才培育的要求,通过教育理念和方法的革新,还打破了学科之间的壁垒,改变了学生学习语文的方式。通过探索新的课堂教学形态在学科融合渗透的教学,既培育了学生的综合性思维,又增进其对语文学科知识和民族文化的理解,从而提升对学生语言运用、思维能力、审美创造与文化自信四方面的综合培养。

四、教学过程

　　语文融合性学习不是语文与其他学科的简单组合叠加。所以,在开展教育活动时,教师要思考的是如何让这些英语作品通过合理的融入与渗透,来逐渐培养学生的综合能力。

(一) 中英诗歌比较探究,提升语言鉴赏能力

　　这类比较探究活动以诗歌类居多。在学完一首诗歌后,可以用它的英译作品来进行比较阅读,在字词选择差异的比较中感悟不同语言的细微差别,让学生更容易把握汉语语言的学习规律;在感知并总结中西方诗歌意象选择和描写的异同中,发现汉语诗歌语言的韵律之美,总结归纳特点,从而高效掌握中英文各自的表达方法和文学作品的表现形式,提高学生对文段的感知能力。当然,英译作品不仅能拿来朗读、鉴赏、比较、探究,教师也可以暂时将其放一边,请学生先进行原作的汉英翻译,在创作中体味自己的译作是否符合原作的意图,内容、形式是否达到和谐统一,原作的意境、神韵是否得到再现。在这些环节之后,再用名家译作来作对比学习。

　　例如:六年级上册教材中有一首孟浩然的《宿建德江》,该诗描写了江中小洲边泊船上所见之景,表达了诗人的羁旅之思、异乡愁绪。在学完后,教师可以用 Witter Bynner 所译的英文版本进行比较鉴赏。译文如下:

A Night-Mooring on the Jiande River

While my little boat moves on its mooring of mist,

And daylight wanes, old memories begin . . .

How wide the world was, how close the trees to heaven,

And how clear in the water the nearest of the moon!

　　从上文中,学生一是可以积累词语“moor、mist、wane、memory、heaven”和巩固“how+形容词”“While . . . and . . .”的句式使用;二是探究英文诗歌中“愁”这一意境的表现方法。诗词创作讲究“形式美、音韵美、意境美”,而翻译的基本原则便是做到“信、达、雅”。在古诗第三、四

两句中,运用了对偶手法读来音韵整齐,于是 Bynner 将这两句诗进行了拆解、重组,三个感叹句连用感情强烈,既突出了原作者满腹愁情的凄凉处境,又留给读者无限想象空间。另外,译者没有直接选用表示"愁"的对应词,而是转译为"old memories begin . . ."让读者自己去体会意境。通过对这些内容的探究和评价,学生对于中英文语言的感知和鉴赏能力可以有所提升,同时又在比较中加深对于古诗本身写作手法和情感表达的理解,从而更深刻地接受古典诗歌中蕴含的优秀中华文化因素的影响和熏陶,促进其精神成长。

除了原作与译作的比较外,同主题或同情感之下的中英文作品也可以进行对比。通过这些探究,可以对中英文进行在语言运用、思维方式以及文化意识等多方面的整合与渗透。

(二) 经典原作对比赏析,提升跨文化理解能力

在初中部编版语文教材中,有些课文和名著阅读的选取都是来自外国小说,如《皇帝的新装》《鲁滨逊漂流记》《海底两万里》《简爱》等。虽然这些原著作品大多是由一些翻译家或教授学者所译,但是"一千个读者眼中就会有一千个哈姆雷特",一部成功的译作不仅是语言上的转换,还是文学上的二次创作。在翻译中,为了一些翻译原则和手段,译者很难面面俱到地展现出作品的原汁原味。因此,教师可辅之以原作或是经典段落的赏析,让学生还原文本去感受作者最原始的写作方式、写作风格、写作背景和写作意图,从而加深对作品的理解。

以丹麦作家安徒生的《皇帝的新装》为例,这篇童话故事用幽默轻松的笔调讽刺了社会的虚伪和谄媚的社会风气。作为儿童文学的翻译,它还需要考虑目标读者的知识背景、认知能力和理解能力等多方面因素,所以不论是在选词上还是修辞、结构各方考量之下,难以完全还原原文的内容。由此,老师可以布置学生课后去读一读原作,再回来谈论两个版本带给自己的不同感受。学生可以感受到原版口语色彩强烈,语言表达通俗易懂而又生动幽默,可以更直接地了解故事的含义和情感。相比之下,翻译版虽然在尽可能地契合原作的意境,但是语言的表达更为含蓄内敛,这也是东方文化与西方文化的差异所在。同样的,又比如在《鲁滨逊漂流记》一书中,主人公所做的一切都是为了实现自我价值,所以书

中蕴含的是西方国家对个人主义、自我价值的认同和重视,这与中国人提倡集体主义和关注集体利益是完全不同的。在进行中英文版本的比读与审美鉴赏时,学生的跨文化意识和对文化的认同感与信心也在不断提升。

(三) 中英演讲实践体验,提升逻辑思维能力

在语文教材中,从八年级起有关于演讲的活动探究单元,九年级起有议论性文章的系统学习,对高年级学生的思维能力培养有着较高要求。因此,在教授这些内容时,教师可以开展多元化的阅读活动,补充同主题类的英文作品。

如:在八年级下教授王选的北大演讲稿《我一生中的重要抉择》后,可以将 Steve Jobs2005 年在斯坦福大学的著名演讲稿原文进行同类阅读;在完成"撰写演讲稿"板块的任务时,在落笔《我的梦想》前,可以大声朗读 Martin Luther King 的《I Have a Dream》。教师要引导学生透过语言去挖掘这些英语作品是如何通过鲜明的观点、缜密的逻辑、循环的句式、特别的结构以及多样的修辞等不同表达方式来层层推进,增强演讲的文采和艺术的感染力。在学生完成自己的演讲稿后,每节课前两分钟组织学生进行演讲,而教师和其他学生可以以中英文作品中呈现出的不同演讲稿撰写方法作为教师评价、生生评价的衡量标准来给演讲者进行打分和点评。在这个过程中,同学不断地体验与感悟、欣赏与评价、表现与创新,提升着自己的鉴赏能力与思维品质。

五、教学启示

在全面落实学生核心素养的道路上,不论是教师的"教"抑或是学生的"学"都在发生变革,而语文与英语融合式教学的开展不仅是时代发展的要求,也是通过拓宽语文学习渠道进行的学科资源整合与渗透,它是激发学生学习兴趣的重要途径,更是提供给学生丰富而多元的学习经历、提升核心素养的有效阵地。

语文与英语融合性课程目前在初中阶段尚未起步,而少数高中正在进行探索和开发。相信随着课程改革的进一步推进,初中本土化的相关

融合式教学一定会有所突破,从而为学生的全面和终身发展奠定扎实基础。

参考文献:

[1] 杜锐.巧借语文教材,妙教英语文学[J].教学月刊·中学版(教学参考),2016,(11):14—17.

[2] 钱志刚,石培军.跨学科课程开发的尝试——以语文·英语融合性课程为例[J].教学与管理,2017,(4):36—38.

[3] 奚畔,王健.中英文跨学科文学鉴赏教学的设计与实施[J].中国教师,2017,(15):61—64.

[4] 袁丹纯.高中英文诗歌鉴赏学习活动观与教学实践研究[J].广东教育(综合版),2020,(11):53—54.

[5] 张建兰.初中语文和英语相融合的教学策略[J].中华活页文选(教师版),2021,(09):91—92.

[6] 中华人民共和国教育部.义务教育英语课程标准(2022 版)[M].北京:北京师范大学出版社,2022.

[7] 中华人民共和国教育部.义务教育语文课程标准(2022 版)[M].北京:北京师范大学出版社,2022.

[8] 周念.初中美术课程中学科融合教学实践个案研究[D].天水师范学院,2022.

03 "双减"背景下初三数学复习课教学设计
——以函数类综合题教学为例

黄岳平

中考改革的命题已经从侧重掌握学科知识转变为重视阅读文本、分析问题、逻辑思维和综合运用知识的能力。这几年中考的第 24 题，题干阅读量增加，涉及的知识点较多，学生要从题干中筛选信息，建立起各知识点间的联系，从而解决问题，这个过程主要考查学生的"四基"。教师在教的过程中，通过落实过程性目标，引导学生以数学的思维思考，培养学生数学核心素养，学生在发现问题、提出问题、分析问题和解决问题的学习过程中，促进数学核心素养的孕育、养成和发展。以函数类综合题教学为例，探索如何通过数学复习课培育学生的数学核心素养。

一、教学内容分析

进入初三年级第二学期，学生在学习二次函数、相似三角形、锐角三角比、解三角形等基础知识后，逐步涉及解决函数综合题。由于问题涵盖了函数、几何计算、几何推理，综合性比较强，而学生之前只接触过函数或几何知识点的应用，还不能建立起较完整的二次函数与解三角形之间的联系。通过本节课的教学，在教师的指导下，建立二次函数和解三角形之间的知识网络，总结思考的角度和解决问题的路径，为今后综合利用已有知识解决问题提供方法指导。

二、学情分析

学生在之前解决二次函数的综合题中会遇到较多困难,经过学情调研,学生主要存在以下五个问题:(1)漏读条件;(2)不理解题目要表达的意思;(3)对于各条件之间无法找到联结点;(4)一次把题目读完,但记不住题干要表达的信息;(5)题目和图形不能有效结合。通过对这五个问题的分析,主要原因是:(1)学习习惯不好,阅读能力有待提升,导致提取信息不完整;(2)不能较好地将文字语言、符号语言、图形语言相互转化,对于"双基"掌握较差;(3)基础知识呈点状,没有由点到线,由线到面,搭建起知识的网络;(4)数形结合能力较弱。这些问题成为很多同学学习数学的障碍,但阅读能力、运算能力、分析能力、逻辑推理能力等又是数学学科核心素养的主要内容。

中考的变化已经给教师的教和学生的学提出了比较明确的要求,它强调学生学习能力的培养。"双减"也表明要减轻学生过重的作业和课外培训的负担,培养全面发展的接班人,就意味着不能只通过刷题提高学生的解题能力,要通过有效教学,培养学生的理性思维、关键能力和数学学科核心素养。为此本节课设计主要围绕阅读题目、圈划关键字词、计算、逻辑推理来解决问题,在数形结合、分类讨论等数学思想的指导下,培养学生反思总结、构建知识网络的能力。

章建跃老师提出:"教学设计中,要在'如何使学生想得到'上下更多功夫,力争通过问题情境促使学生实现自主发现。要通过恰当的问题情境引导学生自主发现,使学生发现和提出问题成为必然。"

三、教学目标设置

本节课以"怎么想""想什么"为主线,实现"如何让学生想到"。教师以一道二次函数的综合题为例,引导学生通过阅读、分析、思考和实践,建立函数解析式、点坐标、线段长、三角形边角之间的联系。在利用方程、数形结合等数学方法解决问题的过程中,培养归纳总结解决函数综合题的方法,体会化归、分类讨论的数学思想。

四、教学过程

(一) 阅读引入,落实"双基"

我们学习过二次函数,也学过解三角形的内容,那么当"二次函数"遇上"三角形"会发生什么样的故事?

今天我们有请第一位主角——"二次函数"。

例题:抛物线 $y=-\frac{1}{2}x^2+bx+c$ 与 x 轴交于点 A、B,与 y 轴分别交于点 C,直线 $y=x+4$ 经过点 A 和点 C。

活动1:请所有同学一起读题。

设计意图:把一道综合题题干展示给学生,通过学生齐读题目,培养学生一字一句审题的习惯,读懂读透,理解题干要表达的意思,避免囫囵吞枣式的阅读,克服遗漏关键信息的毛病。

活动2:请一位同学圈划其中的关键词,并根据已知条件得到结论。

(1) 由抛物线 $y=-\frac{1}{2}x^2+bx+c$ 与 x 轴交于点 A、B,与 y 轴分别交于点 C,可知点 A、B 在 x 轴上,所以点 A、B 的纵坐标为 0,点 C 在 y 轴上,点 C 的横坐标为 0;

(2) 直线 $y=x+4$ 经过点 A 和点 C,可得到 $A(-4,0)$,$C(0,4)$;

(3) $y=-\frac{1}{2}x^2+bx+c$ 中有两个待定系数,只要知道两个点的坐标就可以求抛物线的函数解析式;

(4) 因为 $A(-4,0)$,$C(0,4)$,所以二次函数解析式可求。

设计意图:通过阅读圈划,提取题目中的关键信息,并结合学生已有知识,根据点坐标利用待定系数法求函数解析式,也可以用所设的未知数来表示在二次函数图象上的点坐标,建立点坐标与二次函数解析式的联系,为后面解决三角形的问题做好准备。在这个过程中,落实二次函数的基本知识和基本技能。

活动3:接着请出第二位主角——"三角形"。

例题:抛物线 $y=-\frac{1}{2}x^2+bx+c$ 与 x 轴交于点 A、B,与 y 轴分别交

于点 C，直线 $y=x+4$ 经过点 A 和点 C，联结 AB，AC，BC.

（1）求抛物线的解析式；

（2）求 $\angle ACB$ 的正切值；

（3）抛物线沿对称轴上下平移 m 个单位后，新抛物线的顶点为 D，若 $S_{\triangle ABD}=18$，求平移的方向和距离；

（4）动点 E 在直线 $y=x+4$ 上，且 $\triangle COE$ 与 $\triangle ABC$ 相似，求出点 E 的坐标；

（5）点 F 在抛物线 $y=-\dfrac{1}{2}x^2+bx+c$ 上，且 $\triangle ACF$ 是直角三角形，求出点 F 的坐标；

（6）点 G 在 x 轴上，且 $\triangle ACG$ 是等腰三角形，求出点 G 的坐标.

设计意图：以题组和问题链，启发学生根据问题和已知条件"怎么想"和"想什么"，学生基于已有的认知、知识基础、思考习惯，既可以从已知条件入手"顺势而为"，也可以从问题出发"追根溯源"，探寻适合自己切入的角度和解决问题的路径。

（二）分析导入，引导思维

活动 4：求出二次函数解析式，并在写出 A，B，C 的坐标的基础上，在第 2 到第 6 小题中选择一题，独立思考"第 1 小题中解析式和点坐标与所选问题间有什么联系？"尝试解决所选的问题。

设计意图：引导学生思考，解一个三角形的条件是已知"两角一边"、"两边一角"或"三边"，所以不管选择哪个小题，主要是得到相关三角形的边，也就是线段长，那么在直角坐标平面内，可以通过两点之间距离公式求出两点间线段长，再利用边角关系解三角形。

（三）巩固浸入，内化方法

活动 5：每个小组完成两道小题，并相互交流解题的路径和步骤。

（1）求 $\angle ACB$ 的正切值。

解题的路径：已知 A，B，C 三个点坐标，可以求出 $\triangle ABC$ 的三边，易得 $\angle ACB$ 的正切值。

（2）抛物线沿对称轴上下平移 m 个单位后，新抛物线的顶点为 D，

若 $S_{\triangle ABD}=18$，求平移的方向和距离；

解题的路径：已知 A，B 两个点坐标，可以求出线段 AB 的长，可以设点 D 坐标，利用三角形面积公式求出点 D 坐标。

（3）动点 E 在直线 $y=x+4$ 上，且 $\triangle COE$ 与 $\triangle ABC$ 相似，求出点 E 的坐标；

解题的路径：已知 A，B，C 三个点坐标，可以求出 $\triangle ABC$ 的三边，可以设点 E 坐标，找到两个三角形中相等的一对角，分类讨论，相等的角的两边对应成比例，解方程求出点 E 坐标。

（4）点 F 在抛物线 $y=-\dfrac{1}{2}x^2+bx+c$ 上，且 $\triangle ACF$ 是直角三角形，求出点 F 的坐标；

解题的路径：已知 A，C 两个点坐标，可以求出线段 AC 的长，可以设点 F 坐标，因为 $\triangle ACF$ 是直角三角形，没有明确哪个角是直角，分类讨论，利用勾股定理列方程，求出点 F 坐标。

（5）点 G 在 x 轴上，且 $\triangle ACG$ 是等腰三角形，求出点 G 的坐标.

解题的路径：已知 A，C 两个点坐标，可以求出线段 AC 的长，可以设点 G 坐标，因为 $\triangle AGF$ 是等腰三角形，没有明确哪两边相等，分类讨论，利用两点之间距离公式列方程，求出点 G 坐标。

设计意图：根据"学习金字塔"理论，主动学习的效果比被动学习的效果好。在每个小组完成自己的两道题目后，学生通过实践、讨论、相互教学，最终实现深度学习的目的，也引起学生对二次函数综合题的思考，感悟他们之间的脉络关系。

（四）总结深入，构建网络

活动 6：大家交流，总结解题的思考角度和解题路径。由解题的浅层次学习深入到反思总结的深度学习。

（1）根据已知点的坐标，用待定系数法求函数解析式；

（2）然后求（设）函数图象上点坐标，根据两点之间距离公式，求出两点之间线段的长度；

（3）根据给出的三角形条件解三角形，列方程求线段长；

（4）利用两点之间距离公式求点坐标；

最后形成二次函数和三角形的知识网络图:

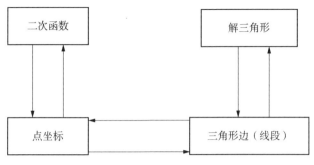

图 1　二次函数和三角形的知识网络图

设计意图:学生在解题实践后,通过同学间对于问题思考角度、解题路径的交流,在辩论和质疑中,总结切实体验,深入思考知识点间的脉络,构建自己的知识网络,形成自己解决问题的方法。最终让学生养成学、思、践、悟的学习习惯。

(五) 拓展融入　创新提升

活动 7:给出题干,学生创新编题。

如图 2 所示,已知直线 $y=x$ 与二次函数 $y=x^2+bx+c$ 的图像交于点 A、$O(O$ 是坐标原点),点 P 为二次函数图像的顶点,$OA=3\sqrt{2}$,AP 的中点为 B.

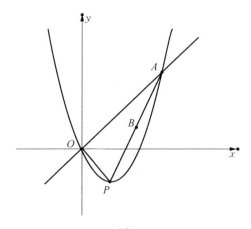

图 2

根据已知条件,编写二次函数与三角形的题目,并给出标准答案,下节课请同学交流。

设计意图:通过本节课的学习,学生探寻解决二次函数和三角形相关问题的途径,把习得的经验融入自己的学习过程中,由解题深化为编题。思考如何根据已给条件,编写题目,把搭建起来的知识网络加以巩固和利用,培养学生质疑的能力和问题的表达能力。

五、反思教学,指导学习

随着教育评价体系的改革,"双减"的大力推进,课堂教学要从重知识、重技巧转变为以知识为基,能力为重,价值引领,素养培养。

(一)查漏补缺,夯实基础

经过对综合题解题过程的反思,可以发现本质上还是考查四基,学生如果具备扎实的基础知识,有较强的基本技能,综合题就比较容易入手。函数综合题的切入点往往是通过点坐标求函数的解析式、求函数图象上的点坐标和解三角形。初三年级的学生对于待定系数法求解析式、求函数图象上点坐标、解三角形的基础知识的技能掌握较好。在教学过程中,教师提问相关的概念、定义、定理和基本图形,查漏补缺,巩固学生的基础知识和基本技能。

(二)阅读文本,掌握方法

阅读是学生进行文字语言和数学语言转化的主要途径,通过阅读筛选题干中隐含的条件,发现表象与本质的关系,数与形之间的联系,把零散的知识梳理整合在一起,变成相互之间有密切关联的整体。教师通过教学,引导学生掌握阅读、分析的方法,让其学会筛选信息,图形语言、符号语言和文字语言的相互转化,根据题目条件和所求结论灵活进行数形转换、数形结合,将复杂问题简单化,抽象问题具象化。最后总结积累基本活动经验,得出二次函数和解三角形的知识网络,形成符合自己的认知结构、思考路径和解决问题的方法。

（三）渗透思想，提高素养

综合题问题的解决主要运用转化、数形结合、函数与方程等数学思想和方法。数学作为一门工具学科，主要利用问题转化解决问题，从而把复杂问题简单化，陌生问题熟悉化，数学概念、公式、定理就是实现转化的工具。在教学过程中，教师通过把数学的思想和方法设计在各种学习活动中，让学生感悟数学基本思想和基本方法，培养学生数学学科核心素养。

在"双减"背景下，教师的课堂要做到提质增效，首先要重视学生学习习惯的培养，包括阅读习惯、思考习惯、质疑的习惯、规范表达的习惯等。好的学习习惯会伴随学生成长，支持学生可持续发展。其次，要有适度留白，时间上的留白可以让学生独立思考、相互交流，内容的留白可以给学生发现的惊喜，表现的机会。再次，要给予选择权。每个人都有不同的兴趣点、关注点，通过选择，学生可以由已知联想未知，由兴趣点辐射最近发展区。最后，要侧重于学生数学学科素养的提升。培养认真审题的习惯，考虑建立已知条件和未知结论联系的方法，挖掘题目或图形中隐含的关系，全方位、多层次、多角度分析问题，实现学习从感性到理性的飞跃。

学生数学学科素养的培养是一个长期的过程，不可能通过几节课就解决。教师只有从学生的实际出发，通过有效的教学设计和课堂教学，持之以恒，循序渐进地培养学生的综合能力，提高学生的核心素养，提升学生的关键竞争力。

04 浅议数学新授课中的探究式学习
——"平面向量的加法"案例分析

金 奕

2022年,教育部制定的《义务教育课程方案》中倡导学生:"乐于提问,敢于质疑,学会在真实情境中发现问题、解决问题,具有探究能力和创新精神。"探究学习是学生在主动参与的前提下,根据自己的猜想或假设,在科学理论的指导下,运用科学的方法对问题进行研究,在研究过程中获得创新实践能力、思维发展,自主构建知识体系的一种学习方式。

在数学新授课中,学生会面对如何理解新的知识,掌握新的技能或者是新的观念的冲击。本文以"平面向量的加法"为案例,通过展现课例的设计,分析实施策略来展现探究式学习在新授课中的尝试和做法。在新授课中,采用探究式学习有助于学生理解新知,内化生成。

一、教学内容分析

1. 教材的地位和作用

"平面向量及其加减运算"这一单元是上海教育出版社八年级数学第二十二章节"四边形"的第四节的内容,包含了平面向量的概念及其加减运算等内容。本单元以平行线、平行四边形和平移等知识为基础,以直观认识、操作体验、能算会画为要求,注重"基本",强调"初步"。

平面向量及其运算,是初中学生进一步学习数学和物理所必需的准备知识。向量在数学学科中有重要的地位和作用,在物理研究和解决现实问题中是有力的工具,学生将在以后逐步体会。

2. 对教学内容的认识

在初中引入向量的基本知识,用"运算"部分地替代图形变换,其功效不仅是让学生理解向量的一些概念,会进行简单的向量运算,更重要的是要让学生领悟数形结合的数学思想方法,改善现行的几何教材结构体系。向量的加法运算是向量初步知识的重要内容,也是向量代数运算的重要手段。学生有过关于有理数、实数的学习经验,知道学习数,自然要研究它的运算及其运算律。向量也是如此,学习了基本概念之后,需要研究它的运算。

本节内容的学习重点是向量加法的三角形法则,难点是理解向量加法三角形法则的合理性与灵活运用加法运算律进行向量的加法运算。

二、学情分析

人们认识事物时,遵循的一般规律是由感知到理论,然后再以理性结论指导行为、动作。初二年级学生的年龄特征属于从"具体运算"到"形式运算"的过渡时期,这一时期,学生认知以形象为主,抽象为辅。所以,建立新的知识,应当以直观、形象内容为主。向量不仅有大小,而且有方向,它与学生熟悉的数量(标量)有根本性的区别。由于学生的知识积累和生活经验不足,学习"向量"难免会有困难。但是,学生学习向量已经具有必要的认知基础,只要充分地发掘和利用,同时正确把握向量学习的起点和要求,学生是可以达成预期目标的。

三、教学目标设置

结合教材内容和学生的实际情况,将教学目标确立为:

1. 通过引进向量加法的过程,初步掌握向量加法的三角形法则,会用作图的方法求两个向量的和向量;

2. 通过求两个相反向量和对向量的思考、感悟,知道零向量的意义以及零向量的特性;

3. 通过探索,理解向量的加法满足交换律与结合律,会利用它们进行向量运算;

4. 通过向量加法与实数加法的类比,发展数学观念,感受类比的思想方法。

四、教学策略分析

在本节课中,以课本内容为线索,充实直观事例,强化操作活动,通过若干个问题的提出和解决,为学生的学习创设一个又一个"脚手架"。学生通过自主探索,合作交流,理解并掌握向量加法的三角形法则,明白其中蕴涵的思想方法。

1. 单元规划,合理布局。在学习课标、研读教材的基础上,把平面向量的加法这部分内容划分为两课时,第一课时即本课时,得到平面向量加法的三角形法则,第二课时在三角形法则的基础上得到向量加法的多边形法则。

2. 巧设提问,启迪思维。本节课采取教师启发引导与学生探究相结合的方式,使学生亲身体验认识什么是和向量,如何进行平面向量的加法,理解平面向量加法的运算律。

3. 联系实际,贴近生活。教材结合"道路指示牌""物体运动"等实际进行编写,目的就在于用学生熟悉的生活经历使其理解向量知识来源于实际。在学习教材内容的同时,应该组织学生讨论并自己举例说明。

4. 融会贯通,发展观念。向量既是代数的对象,又是几何的对象。作为代数对象,向量可以运算。而且正是因为有了运算,向量的威力才得到充分的发挥;作为几何对象,向量可以刻画几何元素(点、线、面),通过向量运算还可以描述几何元素之间的关系(例如直线的垂直、平行等)。教学中,应当充分关注到向量的这些特点,引导学生在代数运算、三角形、平行四边形和图形运动的联系中学习这部分知识。

五、教学过程

（一）创设情境，探究新知

1. 感知：问题一——可以相加吗？

情境 1：出示"上海到台北的航程"。由于种种原因，多年前，在平时上海到台北是没有直航的，必须以香港作为桥梁。从上海—香港，再从香港—台北，才能完成上海—台北的航行。

【设计意图】让学生初步感知，从"上海—香港"，"香港—台北"的合成就是"上海—台北"。教师再类比"数量"和"向量"的差别，提出问题"向量和数量一样有大小，那它能否像数一样进行四则运算？"从而引出课题。

情境 2：小明从 A 地出发向东行走了 5 千米到达 B 地，向北又走了 5 千米到达 C 地，那么小明这时在 A 地的什么方向上？到 A 地的距离是多少？

【设计意图】由于和向量的概念不同于学生以往的认知经验，向量中的"加"，"等于"虽类似于实数运算，但在理解上又有着很大的差异。考虑到初中学生现有的认知基础和长久以来的思维定势，列举一些生活实例，能帮助他们理解什么是和向量，如何定义平面向量的加法，同时也为后面三角形法则的获得，提供感知和理解的基础。

2. 探究：问题二——如何相加？

例题. 已知向量 $\vec{a}$、$\vec{b}$. 求作：$\vec{a}+\vec{b}$.

【设计意图】"和向量"概念的情境设置，为教师提出"如何相加"提供了思考的方向，用作图的方式来求和，对学生来说是一次认知上的突破。学生可以尝试用自己的语言描述，"通过平移，把第一个向量的终点和第二个向量的起点接在一起"，"和向量就是以第一个向量的起点为起点，第二个向量的终点为终点的向量"……教师从实际经验中提炼、在画图操作中解说，用八个字概括就是"尾首相接，首尾相连"。

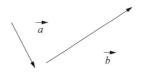

3. 思考：问题三——是否具有普遍性？

（1）师生对话：

师：你认为三角形法则是否适用于平面内的任意两个向量？

生：当向量 $\vec{a}$ 和 $\vec{b}$ 是平行向量时，三角形法则似乎不能用。

（2）师生一起探究，教师画同向的情况，学生尝试画反向的情况。获得三角形法则可以适用于任何两个平面向量相加的共识。

（3）思考当两个向量互为相反向量时，它们的和向量会是什么？

【设计意图】通过对同向、反向两种情况的讨论，理解对于"平行向量"作加法，三角形法则同样适用。引入"零向量"的概念，强调由于"零向量"的起点和终点重合的特殊性，所以"长度为零，方向不定"。

4. 认识：问题四——向量的加法是否满足交换律？

【设计意图】通过探究向量加法是否满足交换律，巩固三角形法则的运用，同时为后面"平行四边形法则"进行有效铺垫，让学生对向量"数形结合"这一特点有了进一步的感知。

5. 分享：问题五——向量是否满足结合律？

【设计意图】探究向量加法是否满足结合律。学生面对的是三个向量，为了帮助学生更直接地获得结论，教师直接动态展示把三个向量尾首相接，让学生利用这个图形自己验证猜想。在表述观点的环节，让学生成为主角替代教师的叙述，用两个同学的互动、对话，给予其他同学更生动、深刻的印象。学生精简、清晰的表述让这个问题迎刃而解。

（二）巩固提升，应用新知

1. 如图，已知平行四边形 $ABCD$，作向量 $\overrightarrow{AB}$、$\overrightarrow{CA}$、$\overrightarrow{BD}$，求：

(1)$\overrightarrow{AB}+\overrightarrow{BD}$；(2)$\overrightarrow{AB}+\overrightarrow{CA}$；

(3)$\overrightarrow{CA}+\overrightarrow{BD}$.

【设计意图】第 1 小题的两个向量尾首已经相接，直接利用三角形法则即可得和向量；第 2 小题需要运用交换律才能使两个向量尾首相接；第 3 小题需要平移其中一个向量，三个小题环环相扣又层层递进。第 3 小题中对于三点是否会在一条直线，是基于学生立场的深入思考，学生"过直线外一点有且只有一条直线与已知直线平行"的回答，既体现了扎实的几何知

识功底,又显示出了对新知的心领神会。

2. 填空:

(1) $\overrightarrow{AB}+\overrightarrow{BC}+\overrightarrow{CA}=$ _____;

(2) $\overrightarrow{AB}+\overrightarrow{BC}+\overrightarrow{BA}=$ _____.

【设计意图】本题没有几何图形,只有符号语言。此时再来求几个向量的和向量,是对向量加法"数形结合"的进一步体会,在分享学生不同的想法、做法的过程中通过生生互动内化知识,提升认识。

(三) 归纳总结,内化新知

小结:通过今天这节课的学习,再来看"向量"和"数量",它们有何异同,谈谈你的感受?

学生谈收获和感想:互为相反向量和互为相反数和的对比;零与零向量的对比;三角形法则和三角形三边关系的对比;两个平行向量之和与有理数相加的对比等等,在表达、交流、反思中内化知识。

【设计意图】通过向量加法与实数加法的类比,发展数学观念,感受类比的思想方法。体会向量类似于"数",它可以进行运算,并且满足某些运算律,具有"代数"的特征;另一方面又看到向量有"形",它可以用有向线段表示,向量的运算可以采用画图的方法,具有"几何"的形态。

六、教学启示

在数学新授课中,学生会面对如何理解新的知识,掌握新的技能或者是新的观念的冲击。"接受性的模仿和记忆"虽然能在短时间内储备大量信息,但它所获得的东西由于未经过紧张的脑力劳动,没有与兴趣结合起来,所以很容易从记忆中"挥发掉",因此,对于新接触的信息往往需要更多的练习和强化。而在新授课中适当地进行"探究式学习"能激发学生学习的欲望和学习潜力,学生在主动参与的前提下,亲历知识的产生、发展,这在积累直观经验、培养创新精神和实践能力方面有独到之处。

探究学习本质上是学生模拟科学家科学探究的过程而开展的一种学习活动。美国《国家科学教育标准》将探究学习定义为:"学生模拟科

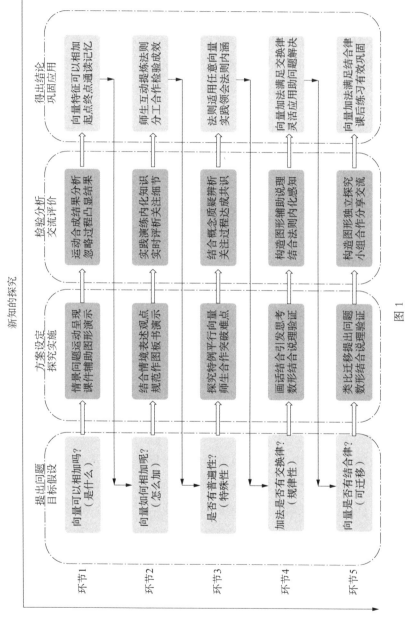

图 1

学家采用的探究程序和方法,通过提出和解决与他们生活经历有紧密联系的各种科学问题,积极地参与到知识的获得过程中去。与科学探究相对应,探究学习遵循以下典型程序或模式:形成问题、搜集数据、提出假设、检验假设、交流结果。"

探究学习的核心在于通过学习达成学生对知识的自主建构。这意味着在探究学习中学生是主体,教师主要负责引导,提出适合学生开展探究的问题,提供必要的引导支持,并为学生留出足够探究的空间。

在本节课的新知探究环节(见图1),教师通过一系列的问题情境,给学生的探究学习创设了一个良好的氛围;通过问题的变式引申,给学生提供探究的方向;通过课堂的适度"布白"给学生解决问题提供时间的保证;通过创设有争议的问题,给学生提出问题提供契机;通过师生互动、生生互动,在对话中推进学习进程。学生不仅能获得更多的科学知识,而且还能亲身发现科学知识,同时能更好地理解科学的本质。

著名数学家 A. Я. 辛钦在《数学分析简明教程》的序言里有这样一段话:"我想尽力做到在引进新概念、新理论时,学生先有准备,能尽可能地看到这些新概念、新理论的引进是很自然的,甚至是不可避免的。我认为只有利用这种方法,在学生方面才能非形式化地理解并掌握所学到的东西。"

在探究中学习,在对话中内化,新知的获得即由自然到必然。改变教与学的方式,学生在探究中创新实践、发展思维、自主构建知识体系,获得成长和生长。

参考文献:

[1] 国家研究理事. 美国国家科学教育标准[M]. 戢守志,译. 北京:科学技术文献出版社,1999.
[2] A. Я. 辛钦. 数学分析简明教程[M]. 北大数学力学系教研室集体翻译. 北京:高等教育出版社,1959.

05 指向数学思维方式培养的初中数学课堂教学实践
——以"轴对称"一课为例

张培贤

《义务教育数学课程标准(2022年版)》提出:"数学在形成人的理性思维、科学精神和促进个人智力发展中发挥着不可替代的作用。数学素养是现代社会每一个公民应当具备的基本素养。"具有数学素养的人善于把数学中的概念结论和处理方法推广应用于认识一切客观事物,而要形成这样的数学素养必定要先拥有数学的思维方式:会用数学的眼光看待问题,会用数学的思想解决问题,会用数学的语言表达问题。目前的数学课堂中对于数学思想方法和数学语言的培养都较为关注,但如何能够更好地落实和整合,将他们进一步内化为学生自身的数学思维方式,从而养成数学素养,还在不断的实践与探索。结合"双减"背景下对于作业精简的要求,课堂教学也必定需要迭代更新,我们更需要将对学生核心素养的培育放在课堂教学的第一位,通过多思考、多实践、多交流的课堂模式摆脱之前的反复操练,提升学生学习能力。本文将结合《数学》(沪教版)第十一章第六节"轴对称"一课阐述笔者在课堂教学中渗透数学思维方式培育的实践过程。

一、教学内容分析

本课时属于"图形的运动"章节,本章节旨在让学生掌握相关概念、性质的同时,初步感知图形变换的思想,初步形成动态地研究几何图形的意识,培育学生的空间观念。在本课时之前,学生已进行了平移和旋转这两项图形运动的研究,了解了翻折与轴对称图形。本课时的主要内容是要认识轴对称的概念并探究翻折的基本性质,并能对其进行简单的应用。学完本课时的内容之后,学生将基本了解平移、旋转、翻折这三种图形的基本运动,能用运动的观点看待静止的几何图形,为今后研究图形的全等和相似奠定基础。

在本课时的教学中,主要采用类比探究的模式。通过不断的类比,引导学生借助已有的学习经验开展新知内容的学习与性质的探索,在过程中充分发挥小组实践合作的作用,尝试用数学的语言进行书写和表达,用数学的思维方式来探索问题,以此逐渐培育学生的数学素养。

二、学情分析

七年级的学生通过以往的学习经验和生活经验,对于实际的图形运动已有大致的感知。虽然其空间想象能力不足,但通过单元的学习以及上一节课的内容,已经学习了轴对称图形的相关性质,可以进行一定的迁移和类比。同时,因为空间想象能力的薄弱,对于性质的探究也需要辅助一定的实际操作,便于学生观察图形运动过程中的变量和不变量,找出规律,理解知识的形成过程。在性格上,七年级的学生尚处于初中低学段,对于课堂活动内容抱有积极性和热情,也有较强的学习力与表达欲。所以可以开展一定的小组探究活动,将性质的探究主要交给学生来完成,实现学习能力的提升。

三、教学目标设置

结合上述分析,我将本课时的教学目标设置如下:

1. 通过观察生活实例,认识图形的对称性,理解两个图形关于一条直线成轴对称的意义,体会类比的数学思想。

2. 通过小组的观察、测量等活动,探究两个图形成轴对称的性质,发展合作探究的意识。

3. 运用两个图形成轴对称的性质,会做出一个图形关于某条直线对称的图形,并能找出两个成轴对称的图形的对称轴,在画图的过程中感悟图形的对称美。

四、教学过程

（一）生活引入，感知概念

从生活中常见的图形入手进行复旧引新。例如太极图，如果忽略其颜色学生易知它是一个中心对称图形，再将其一分为二，左右两部分的图形可看做成中心对称，再类比感受"囍"字图的对称性。在复习旧知的同时又得到两个图形成轴对称的概念。并将每种图形或运动与相应的概念对应放置（见图1），感知概念之间的相互关系，体会类比的数学思想。

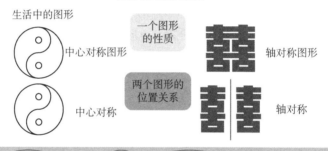

图 1

（二）性质探究，理解翻折

在对翻折运动的性质探究过程中，类比学生原有的学习经验，首先可以确定将主要从对应点、对应线段、对应角这三个方面进行探究。再分小组进行实践操作，在透明的硫酸纸上提前画好成轴对称的两个三角形，学生可以通过折叠，直观感受到翻折过后的两个图形是完全重合的，且折痕就是对称轴。接着通过观察折痕与对应点连线的位置关系、测量对应点到对称轴的距离等活动，总结翻折运动的其余性质，以此来突破对其性质探究的难点。最后，通过翻阅书本，规范学生的数学表达；通过朗读和关键词的圈画,加深学生对于翻折运动的性质的记忆。

(三) 应用实践,深化理解

这一环节主要包含两个部分:第一部分是画出某个图形关于一条直线轴对称的图形;第二部分是给出两个成轴对称的图形,找到他们的对称轴。在第一部分的应用时,教师并不直接将图形给出,而是从画出一个点关于一条直线成轴对称的点出发,逐渐增加点,联结成线段、三角形、四边形,再分别画出它们关于一条直线轴对称的图形。在应用探究所得结论的同时,学生逐步感受到要画出一个图形关于某条直线轴对称的图形就是抓住图形的关键点与特殊点,从而体会化归的数学思想。

在第二部分的应用时,安排了两幅图(见图 2、图 3)。

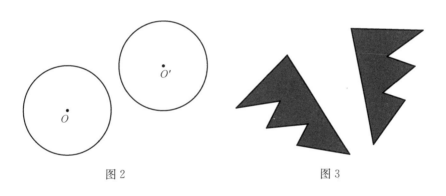

图 2   图 3

图 2 找对称轴的方法是作出一对对称点联结线段的中垂线,主要是对"对称点的联结线段被对称轴垂直平分"这一性质的应用。图 3 找对称轴的方法不止一种,除了刚刚的方法外,还可以联结两对对应点,取中点,联结两个中点作直线;也可以通过延长两对对应线段,取交点,联结两个交点作直线,这是对"对应线段(或其延长线)相交,那么它们的交点在对称轴上"这一性质的应用。在这一部分的教学中,也给予学生相互交流和思考的空间。尤其对于图 3 寻找对称轴的问题,通过学生之间的相互交流会碰撞出很多不同的想法,激发了学生的思考热情与创新意识。最后请学生来描述其作图的方法和背后的原理,在巩固课堂知识的同时,也锻炼了学生的数学表达能力。

(四) 小结提升, 分层作业

在课堂的最后进行小结归纳, 逐步培养学生对知识的整理能力, 进而提炼数学的思想方法、增强语言的表达能力。同时引导学生从单元的角度对所学的知识进行梳理, 让学习更具有系统性, 方法更具有连贯性。

在作业环节, 除练习册外, 设置"将军饮马"的思考题, 对于不同层次的学生, 给予不同需求的作业, 让每个学生都学有所得, 学有所悟。设置"运用图形运动为学校科技节设计标志"的单元长作业, 这项作业有别于平时的练习作业, 需要发挥学生对于知识内容的实践应用能力与知识整合能力, 提升学生对于整个单元的理解与应用, 培育学生的创新意识。

五、教学启示

(一) 单元设计, 感受数学的思维方式

数学的思维方式是一个全过程: 观察客观现象, 提出要研究的问题, 抓住主要特征, 抽象出概念或者模型。落实在日常的课程中, 就是要培育学生形成"会用数学的眼光观察""会用数学的思维思考""会用数学的语言表达"这样的核心能力。而图形的运动单元中所包含的三种运动——平移、旋转、翻折都是这种思维方式下的探究。我们皆知思维方式的形成非一日之功, 但多次重复的使用可以逐渐强化学生数学思维方式的形成。所以本案例的内容从单元的维度进行课时设计, 对每一种图形的运动都遵循"发现运动——探究性质——小结性质——应用性质"的探究路径, 对性质的探究形成一贯的小组学习单 (见表 1)。那么经历了图形的平移、旋转之后, 再来进行图形的翻折, 就可以逐步实现课堂探究的自主性。

表 1

图形运动	对应点	对应线段	对应角

在初中阶段有很多内容都可以进行这样的单元设计,甚至于单元与单元之间,例如整数与整式等,也可以进行类比的学习和迁移。有了以单元为单位的课时设计,将会使得内容更紧密,学生更容易探索得到数学探究的一般路径,从而养成用数学的思维方式探索思考的习惯。

(二) 整合梳理,渗透数学的思想方法

数学思想方法是人们对数学理论和内容的本质认识。认识和掌握数学思想方法也是培育数学核心素养的重要一环。本案例所属的图形运动单元有一特征,它涉及的概念名词较多,且名称都较为相似,但这些概念的产生都具有相互关联性。所以在单元设计的视角之下,本案例中的概念教学都会以图表的形式呈现,尤其是课时内容的引入和小结部分。引入部分通过这样的梳理可以充分发挥数学的类比转化思想,快速引入新课(见图1)。小结部分通过图表的梳理,便于学生整理出新旧知识点之间的区别与联系(见图4、图5),加强对于数学知识的内化理解。同时通过图4的梳理,可以发现每一项图形运动的性质,其本质都在观察运动前后的点与旋转中心(对称轴)的位置关系和数量关系,有利于学生形成几何直观,把握问题本质,明晰思维路径。

除此以外,在本案例的新知应用环节中,我们也通过"连点成线、连线成面"的脉络梳理,将"画一个图形关于某条直线轴对称的图形"这一问题化归为画出图中某些关键点或特殊点关于这条直线轴对称的点,再将点顺次连成所要的图形即可,以此化解了应用新知的难点,同时也渗透了化归的数学思想。

值得一提的是,这种图表式整理的方式本身其实也是一种用数学的方式解决问题的表现,可见数学思想方法在问题的解决中起着非常重要的作用。在数学思想方法的渗透之下,数学的思维方式的形成便有了依托,才能在潜移默化中培育数学的核心素养。

(三) 类比迁移,关注学生的数学表达

"培养学生有思考、有道理、有深度的数学表达应成为数学教育的追求目标,成为数学核心素养落地生根的关键支柱。"数学表达是指将自己解决数学问题的观点、思想、方法、过程等,用恰当的数学语言(包括文字

课堂小结 提炼归纳

	平移	旋转	翻折
图形		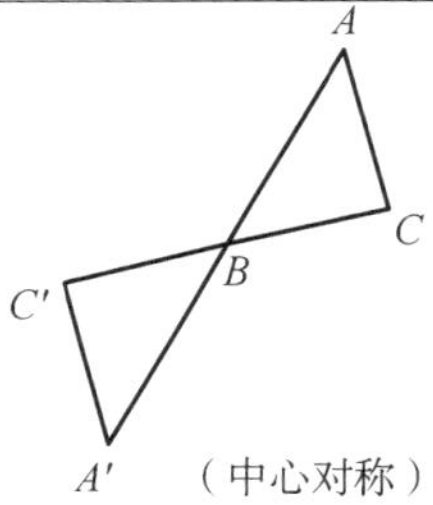 （中心对称）	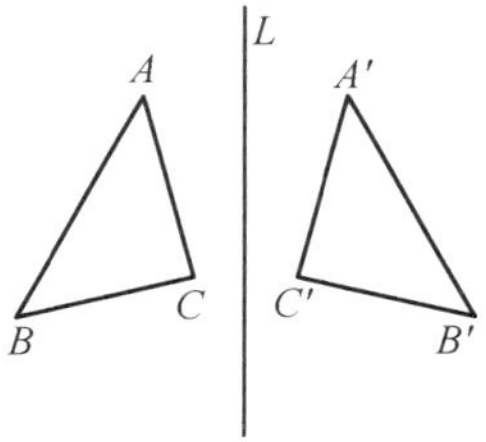
对应点	每一对对应点的联结线段相互平行（或在同一条直线上），并且相等其长度等于平移距离.	每一对对应点到旋转中心的距离相等；每一对对应点与旋转中心所连线段的夹角是一个定角，其大小等于旋转角（或周角与旋转角之差）。中心对称：对称点对应都经过对称中心，并且被对称中心平分	对称点的联结线段被对称轴垂直平分。 如果对应点的联结线段（或其延长线）相交，那么它们的交点在对称轴上
对应线段	图形运动后，形状、大小不变		
对应角			

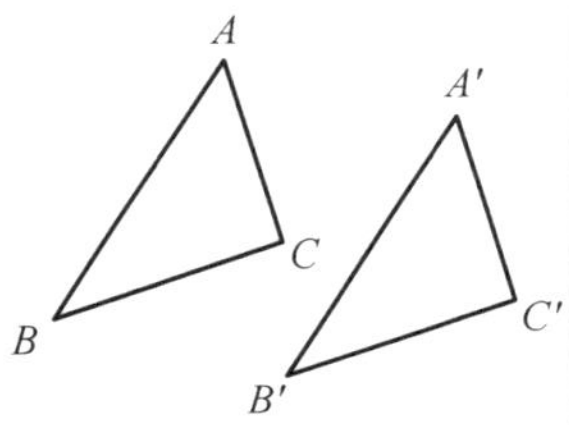

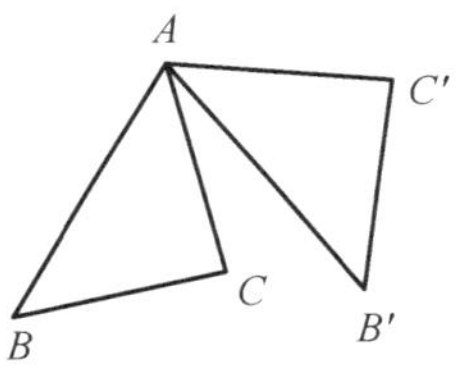

图 4

图 5

语言、符号语言以及图形语言)准确流畅的表达出来。"表达"作为"倾听"与"思考"的外显形态,是支撑学生进行深度思考和学习的重要途径,所以学生要进行数学素养的养成,必定少不了对于数学表达的培养。

在本案例中主要从三个方面关注了数学表达。其一,尝试通过类比原有概念,让学生描述"轴对称"的概念。这样的类比描述发展的是学生的文字语言,需要抓住概念的特征与关键词并连贯成句。这样的描述有助于学生深化对于概念的理解与记忆,抓住概念的核心与本质。其二,在性质探究与课堂小结环节中让学生总结表达小组探究的结果及课堂学习内容,这发展的是学生的总结归纳能力,学会提炼核心,小结归纳。其三,在新知的应用环节中,让学生画出符合要求的图形以及找出图形的对称轴,这发展的是学生的图形语言,为本节课性质的应用以及后续三角形全等和相似等内容的学习奠定基础。在每节课中都关注学生的数学表达,才能让学生论证自己的观点、分享自己的发现、总结自己的收获,才能联通数学思想方法、行为习惯养成数学素养。

六、结语

数学不仅是知识与方法的学习,更是数学核心素养的养成与内化。而课堂教学则是我们解决数学问题、渗透数学思想方法、提升数学表达的主阵地。在今后的教学中,可以用问题启发引领学生探索。在实际问题或情景中让学生发现并提出问题,再引导学生用数学的知识分析和解决问题。同时精练自己的语言给予学生更多的思考空间,更多关注学生学习能力的培养,关注单元前后内容的联系,关注学习活动的设计。逐渐让学生学会在课堂中自行探索,学会提问,学会将新的问题转化为原来的问题,学会整合自身所学知识来解决问题。带领学生逐步用数学的眼光观察世界,用数学的思维分析世界,用数学的语言描述世界。

参考文献:

[1] 陈静.数学表达:支持深度学习的关键能力[J].教育研究与评论(小学教育教学),2019,410(09):5—10.

06 数字化环境下英语听说考试专题复习教学实践
——以复述为例

毛彬彬

一、引言

2022 年全国教育工作会议提出的"实施教育数字化战略行动",是推动互联网、大数据、人工智能、第五代移动通信等新兴技术与教育教学深度融合的过程,是利用新兴技术更新教育理念、变革教育模式,全面推动教育数字化转型的过程。随着数字化教学的推进,学生通过智能化设备,能够更好地开展自主学习,吸取更多课外知识,并自由选择教室、图书馆等学习场所。数字化资源也为教师掌握学情提供有效依据,创设智慧课堂奠定基础。

中高考英语听说机考的具体实施是教育考试数字化转型的一种有益尝试。智能化技术应用于教育考试评测不只是单纯的技术应用,更是利用智能化手段提升教育数据采集、分析、挖掘等处理能力的一系列过程。2021 年 6 月,上海组织了首次中考英语听说机考测试,体现了人工智能技术与考试测评实践的智能化融合。作为一线教师,有必要在数字化环境下指导学生进行听说机考测试,并开展听说考试的专题复习。

二、数字化内涵

数字化是指将物理形式的信息、数据、文档、图像、音频、视频等转换成数字形式,即用二进制代码表示,以便于计算机进行处理、传输、存储和共享的过程。数字化的最终目的是实现信息的可访问性、可搜索性、可持续性和可再利用性。将数字化技术应用于英语口语教学中,可以使图像、数据更加清晰,教学效果更高效。为提高学生的口语能力,特别是复述能力,可以利用以下技术:

(一)录音和播放技术

学生通过平台录音或播放英语材料,进行多次听写和复述训练。

(二)多媒体技术

教师可以通过多媒体设备展示相关的图像和视频,学生在有趣的图像与视频中学习和练习复述。这不仅可以提高学生的学习兴趣和参与度,也可以让学生更好地理解并记忆所要复述的内容。

(三)语音识别技术

语音识别技术可以帮助学生提高发音准确性,纠正发音错误。学生通过语音识别软件进行发音练习,并根据软件的反馈进行修正。在复述练习中,语音识别技术帮助学生更好地掌握语音语调和语音节奏。

(四)在线学习平台

教师使用在线学习平台来分享听力材料、练习题目和其他相关的学习资源。学生在平台上自主学习,进行听力训练和复述练习,并获得老师的反馈和指导。

(五)虚拟现实技术

虚拟现实技术模拟真实的语言环境和情境,提供更真实、更生动的语言学习体验。在复述练习中,虚拟现实技术可以模拟不同的复述情境,例如参观访问、旅游咨询等场景,让学生在虚拟的环境中进行复述练习,提高口语表达能力。

三、问题的提出

听说考试专题复习课一直是教学的热点。面对铺天盖地的数字资源,老师们不知所措。如何优化数字化资源,用好数字化技术,开展听说专题复习,进行有效的检测和评价,是老师们遇到的困难之一。

部分英语老师在课上布置测试作业,学生线上完成后即可看到成绩和标准答案。这种授课模式在一定程度上增加了学生练习口语的机会。部分老师没有听说考试复习课,学生课后在平台上做各类测试。但由于一些数字资源和学生的认知能力不匹配,或太难或太简单,影响了学生的学习效果。若老师对各类数字资源不加选择,课上也不做讲评,学生的听说能力则难以提高,甚至丧失信心。九年级的听说复习更需要针对学生问题,有的放矢,一一击破。

笔者学校尝试优化数字资源,充分使用数字化技术,实践听说考试专题复习,最大化地提高初三学生的英语听说能力。

四、数字化环境下听说专题复习课例分析

(一) 教学内容分析

本课例的教学内容是听后复述,学生在听说教室听一篇大约 150 词的对话后,根据思维导图所给的要点进行复述,题目要求和听力文本如图 1 所示:

你将听到一段音频,请根据所给要点进行复述,录音播放两遍,准备时间为 60 秒,答题时间为 60 秒。

请看下方图文提示:

2. What will he do? (2 points)

1.What does he want to be?　　Steven's dream　　3. What else does he want to do?

4. What is his biggest dream?

你的复述可以这样开始: Steven's dream is to be...

图 1　题目要求及听力文本

Script:

Mary: Hey Steven, what's your dream job?

Steven: Actually, I was thinking about my dream job. I want to become an architect like my dad.

Mary: That's great, why do you want to be an architect?

Steven: I've always been fascinated by all kinds of buildings and I want to create ones that people can use and enjoy. I also want to design parks for pets, where they can have fun and relax with their owners.

Mary: That's a really cool idea. I'm sure a lot of people will appreciate a park like that.

Steven: I hope so. I also want to help children. It's my biggest dream to build a school full of fun for children. Children can study and play freely.

Mary: I have no doubt that you'll achieve your dream. With your creativity and hard work, you can do anything you set your mind to.

Steven: Thanks, Mary. I will try my best!

(二) 学情分析

毕业班学生在线上平台完成多套听说作业后,教师查阅各题得分率,发现复述题型的得分率最低。百分之八十的学生反映听到的内容容易遗忘,复述时语无伦次;部分学生不会做笔记,有畏惧心理。针对以上情况,教师对口试中的复述题型进行一次专题复习。

(三) 教学目标设置

将本课时的目标设定如下:To learn to retell with the help of notes related to the key points. 教学重点是对听后复述进行方法指导,主要是速记指导。

(四) 教学过程

1. 听前活动设计

(1) 引入话题

教师采访复述得高分的学生,引出话题和学习目标。

T: Steven, you did best in the retelling. Could you tell us how you made it?

S: Ok, first of all, look through the key points and get ready to take notes. Secondly, take notes while listening, remember, the notes should be concise and related to the points. Thirdly, combine the phrases into sentences.

T: Is it necessary to write down all the words you hear?

S: Of course not, since time is limited, what we write down should be related to the key points. That's the most difficult for me, could you introduce some methods?

T: Ok, that's what we will discuss today.

【设计分析】通过采访得高分的同学,引出话题,抛砖引玉,为之后的方法指导打下基础。

(2) 预测内容

教师引导学生仔细读题,根据思维导图预测对话内容和要点。教师提问:What's the dialogue about? What are the key points? 学生预测内容和要点。通过读题了解到听懂并记录史蒂文的梦想和将要做的事情是复述成败的关键。

【设计分析】听前通过预测活动,激发学生主动提取材料的兴趣。引导学生根据思维导图预测要点,为之后复述作好铺垫。

2. 听中活动设计

(1) 根据所听内容速记

在此阶段,学生通过数字平台听对话,根据思维导图速记要点。引导学生根据要点事先规划好笔记框架,如图2、图3所示:

1. _____
2.1 _____
2.2 _____
3. _____
4. _____

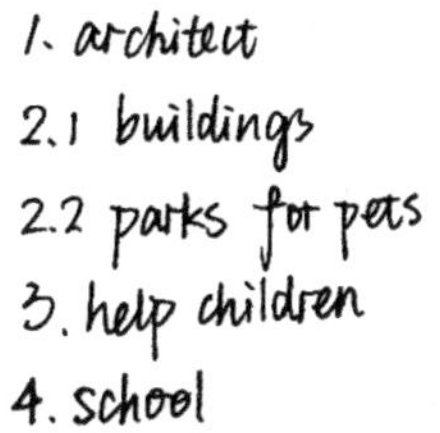

1. architect
2.1 buildings
2.2 parks for pets
3. help children
4. school

图2 笔记框架示意图   图3 笔记样例

【设计分析】很多学生速记时由于紧张,思维混乱,记不下来。教师引导学生根据思维导图捕捉要点。事先规划好笔记框架,有助于把握要点,记下关键词,提高复述的正确率。

3. 听后活动设计

(1) 交流笔记,归纳速记方法

在此阶段,教师用投影仪显示部分同学的笔记,对比各自的优缺点。有的学生对自己熟悉的词或长词进行了缩写,有的用简笔画代替部分单词的拼写,有的使用了标记符号。教师引导学生小组讨论,归纳常见的速记缩写方法,学生再次优化笔记,如图 4 所示:

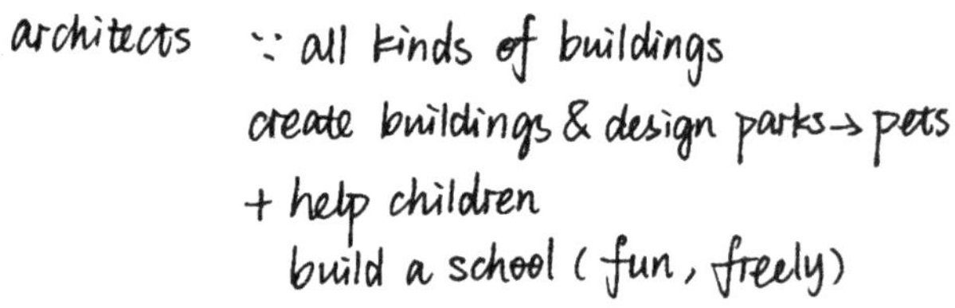

architects ∴ all kinds of buildings
create buildings & design parks → pets
+ help children
build a school (fun, freely)

图 4 优化后笔记样例

【设计分析】没法将听到的重点内容记录下来是大部分学生的主要困难。在此阶段,学生通过实践、观察、讨论和归纳等过程,捕捉关键内容,学习速记方法。通过比较,大部分学生能又快又准确地记录关键信息,为下阶段的复述打下基础。

(2) 复述对话,平台评分,同伴互评

学生根据要点速记,进行复述,关注人称、时态的变化。平台现场评分。教师播放部分学生的复述,组织学生根据评价标准互评。评价标准如表 1 所示:

表 1 学生复述任务评价标准

分值	答 题 表 现
2.5 分	能说出原文所有要点,语言结构和用词基本正确。
2 分	能说出绝大部分要点,语言结构和用词基本正确。
1.5 分	能说出大部分要点,语言结构和用词存在较多错误,但不影响理解。

分值	答题表现
1分	能说出部分要点,语言结构和用词基本存在较多错误,但不影响理解。
0.5分	仅能说出个别要点,语言结构和用词错误严重,导致难以理解。
0分	无法说出要点或复述与要点无关。

【设计分析】充分利用数字化资源的优势,学生复述后提交平台,现场评分。教师根据学生得分,在平台上展示典型样本,学生互评后知晓自己的不足,完善复述。

（3）再次练习产出

教师在平台上选择并下发难度相似的复述练习,鼓励学生运用所学进行产出。教师根据平台统计数据(见图5),选择三个分数段的学生:60—70,80—90,90—100,展示他们的笔记,播放复述。组织学生进行点评并改进自己的复述,在平台上重新提交评分。

复述		
得分率	占比	人数
100%	2.78%	1
[90,100)	5.56%	2
[80,90)	16.67%	6
[70,80)	22.22%	8
[60,70)	27.78%	10

图5　平台统计学生练习数据

【设计分析】再次利用数字化技术,学生应用所学,进行练习,复述后现场评分。教师可以立即了解这节课学生的学习情况,进行跟进指导和巩固。

五、教学启示

（一）数字化技术与教学的深度结合

初三听说教学和复习离不开数字化资源。但课堂若只是学生和数字资源的交流,课堂效率则往往比较低下。教师要基于学情,深入了解各个资源,并对资源进行选择和整合,合理用好数字化技术,使其与课堂深度结合。教师可以以学生身份,在各平台上"测试",预测学生可能存

在的问题,分析测试数据,理清问题,为不同学生选择合适的资源,提高教学成效。教师使用数字化资源的路径如图6所示:

图6　教师使用数字化资源的路径

在课例中,教师从学情出发,基于学生听说测试中的问题,有目的地选择和运用数字化资源,开展教学。课堂上,通过线上即时评分和数据分析,精准定位学生问题,组织讨论和改进,最大化地提高课堂效率。又如看图说话的学习,教师根据学生碰到的问题——不知道如何读图,在资源库中选择典型图片。在课上教学生读图的方法——先整体再细节,把握 what、who、where、how 等关键信息。引导学生迅速记笔记,根据笔记表达后上传平台。学生获得及时评分后,根据数据,再次改进上传。教师根据专题复习课的数据找出学生的主要问题,再次备课。

(二)灵活互动和激活思维相辅相成

数字化环境下,教学方式和教学手段更应与时俱进。听说复习课不是考试课,更不是与机器的机械对话,而是在数字化资源的支持下,学生和老师进行互动,学生和学生进行互动。教师借助优化数字资源,帮助学生将信息内化、转化并上升为高一层次的思维。听说考试的复述与表达都需要加工和处理信息,表达部分还需要把握主题,发表看法。这些思维过程都需要教师借助网络技术和数字化资源生成并激活。现场的语音播放、实时评价、数据统计等活动,都是借助数字化技术,记录学生的思维过程,有针对性地培养学生的听说能力。课例中,教师多次组织学生展示自己的速记笔记,分享学习经验和评价同伴作品,而不仅仅是学生与机器的对话。教师还组织学生比较同伴互评和平台评价,很大程度上激发了学生的兴趣,为进一步提高学生口语的复述能力奠定基础。

教师还可以使用在线平台创建虚拟教室,课后学生通过小组讨论、分享语音,优秀展示,相互评价,相互学习。

(三)个性化服务和可持续性发展相融合

数字化教学资源鼓励学生自主学习,与线下教学相呼应,形成线上、线下双混学习模式。同时,这些能够帮助学生弥补自身课堂学习的薄弱点,查漏补缺。听说作业可以借助网络平台开展,平台对学生个体进行数据跟踪,呈现学生的学习动态,提供精准化个性服务。并利用大数据分析技术、人工智能技术跟踪学习效果,促使学生可持续性发展,如图 7 所示。

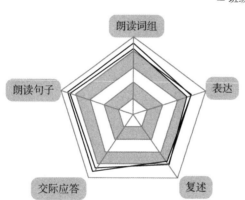

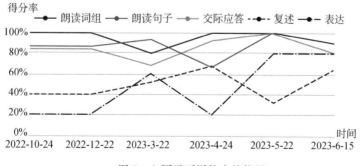

图 7　A 同学听说能力趋势图

如图 7 所示,A 同学的英语听说能力正在逐步提升。但听后复述和表达能力低于平均水平。教师提供个性化学习规划,引导学生有针对性地复习,特别是在复述和表达板块。也有部分学生在连读、失爆等方面做得不好,教师为其选择朗读单词专项,帮助他们发现和纠正自己的发音,改善语音面貌。当整体数据表明学生在某方面存在共同问题时,教师可以在听说教室组织专题复习,有的放矢,如课例所示。一段时间后,教师再根据学生个体能力趋势图,再次进行指导。

(四) 数字化技术推动校本作业听说题库的建立

完善校本作业库是各校教育提升的重点。作业库不仅方便了教师,更满足了不同层次学生的需求,为学生提供高质量的学习渠道。教师根据学情,依托平台,在数字化资源中,选择不同水平的听说作业或自己设计个性化作业,在分类后,建立校本作业库。教师也可以充分利用在线英语口语教材、网络视频、在线词典等资源,为学生提供丰富的学习资源。听说作业不局限于考试题型,可以增加视频、配音等趣味性作业,在激发学生兴趣的基础上,提高学习效果。

参考文献:

[1] 孙利君.数字化赋能英语听说机考的创新实践[J].浙江考试,2022(8):3—8.
[2] 陈思思.数字化环境下初中教学创新活动设计与应用[J].科技风,2022(12):104—106.

07 初中英语基于项目化学习整本书阅读中的关键问题研究
——以初中读本《黑骏马》课程为例

熊为源

一、教学内容分析

上海市教委出台了《义务教育项目化学习三年行动计划(2020—2022年)》,以创造性问题解决能力为导向,以项目化学习的实践和研究为着力点,以活动项目、学科项目、跨学科项目为载体,促进义务教育学校教与学方式的变革。在课堂中有效的英语阅读学习可以激发学生在阅读过程中锻炼英语的语感、表达和英语协作能力;尤为重要的是,英语阅读教学能更好地培养学生学科素养,促使学生在阅读中将学到的知识、感受与实际生活相联系,促进学生学习方式和思维方式的转变,从而达到提升核心素养的目标。我校英语教研组致力于研究提炼适合学情的项目化学习范式,整理适合各个年级特征的教学材料,研发有效提升整本书阅读效率的阅读辅助表,制定项目化学习各阶段的评价量规,梳理一批优秀教学案例。通过推动语言项目化学习,提升学生学科素养。

二、学情分析

从基于项目化教学的整本书阅读调研情况看,80%的学生能够完成整本书阅读。但是其中10%的学生觉得"难以理解书中的情感或者道理","希望老师引导学习",或者"改变教学策略深入分析,开展交流和项目研学活动"。同时我们注意到,有不少学生对于作品的创作背景感到疑惑,担心自己"无法完成阅读"从而导致阅读学习过程中的焦虑,容易跳章节阅读,难以坚持完成阅读后的学习。访谈中有学生提到"不清楚自己阅读的目的导致自己的阅读没有头绪","没有专业的项目工作指导,自己无法单独完成教师的工作表"。从调研总体情况看,学生具备开展独立阅读的能力,项目化教学应从目标制定、阅读引领、项目策略等方面着手提高教学有效性。

笔者在平日教学中发现基于项目化学习的整本书阅读能够激起学生的学习兴趣。当选择的项目主题是学生感兴趣的内容时,他们学习的积极性和主动性都会得到极大的激发,由之前的被动性学习转化为主动性学习,呈现一个有意义、有价值、有收获的项目式学习。在《黑骏马》整本书阅读中,学生会对主人公有强烈的探究欲望,他是如何经历坎坷的一生的? 他的家境如何? 他与不同主人之间都发生了哪些故事? 教师要依据学生学习能力的高低、学习水平的不同层次和完成任务的快慢来确定项目主题。选取可操作的主题和内容,充分考虑项目计划和学生需求。

三、教学目标设置

基于项目化学习的整本书阅读依据课程标准罗列重难点内容作为项目式学习的主题,能够指导项目式学习的进程以及激活项目式学习主题的活力。在整本书阅读的开展过程中,依据课程标准所规定的内容提取分项目主题。期望通过整本书阅读提升学生英语阅读素养,在项目化的实施过程中涵养学生语言能力,夯实学习能力,增进文化意识,提升思维品质。

在基于项目化的整本书阅读课程设计时,更关注帮助孩子建立阅读的脚手架。鼓励开展课前学生自主阅读,课中教师导读,课后学生分享。课前为学生提供线上预习单,聚焦核心词汇,把握基本信息和主要内容,学生无论在线下抑或是线上都会及时获得教师的电子预习单推送。课中学生会在平板电脑上接收到"悦读核检单",深入剖析文本,通过教师引领和学生学习共同体之间的合作,进行高频互动、深层推理、分析、总结与评价,实现知识迁移,将书本内容与学生个体经验建立链接。课后开展多元评价,引导学生利用数字资源开展自我评价,评价项目的参与者、设计者及成果;引导学生进行同伴互评,总结经验,取长补短,形成档案袋。实现从教师的教向学生会学的转变。最后借助我们的数字平台开展丰富的产出活动。我们通过书评、阅读笔记分享、角色扮演、续写故事、配音演绎诠释学生对于读物的理解。

四、教学过程

(一) 课堂教学实录 1

教师:同学们,本节课中,我们将以"我的马鞍的设计"为驱动性问题进行项目式的研究学习。

学生们的反应是感到非常困惑。

教师:在文本阅读中,大家一定都读到了,黑骏马在新的主人家庭内受到的待遇下降了。在它与伙伴的述说中,我们了解到,它对自己的新马鞍和缰绳感到非常不适应。那么接下来我们就去探究一下马鞍的设计。

学生:老师,我们组在阅读前准备了相关的马鞍资料可以与同学们分享。

教师:非常好,大家也可以根据以下学习资源深入研究老师所给的《我的马鞍设计报告》进行项目研究;在检索资源时,同学们可以参考PPT上呈现的项目检索资料汇总。

教师将本阶段的项目化学习内容先告知学生。

(二) 课堂教学实录 2

教师:同学们,今天我们的课堂的驱动性问题为"了解马车的历史和演变"。本堂课前,我们已经阅读了书本的章节,我们先请同学们回顾一下章节的内容。

学生:本章节描述了一个雨夜的晚上,主人带着黑骏马外出寻医的事情。

教师:那么,他们外出时乘坐的交通工具是什么?

学生:马车!

教师:非常好,那么在当时的时代背景下,人们有哪些交通工具可以选择呢？我们一起探索一下。

学生:老师,我们小组查找了资料,发现当时的背景下,马车是主要的交通方式。

教师:好！那么我们不妨以小组为单位,探索一下马车的历史演变吧。老师为大家提供了四份小组材料,他们分别是关于马车的历史和演变,这些材料可以为各位更好地了解信息提供帮助;同时老师在 PPT 上呈现了我们搜寻信息的网络资源,仅供大家参考;各位同学可以根据稍后下发的《马车历史和演变探究报告》进行项目实践。

学生们分小组进行课堂研究。

五、教学启示

(一) 以始为终,引领学生规划项目成果

学习目标是语言项目学习的出发点和归宿地。它不仅可以推动整个项目合理有序地开展,还可以为接下来的项目活动、项目评价的开展提供明确具体的判断标准。基于项目化的整本书阅读时,明确目标既要从宏观层面符合课程目标的要求,还要从微观层面基于学生、基于文本确定何时的学习目标。精准学习目标下的基于项目化的整本书阅读才能聚焦到具体的学习内容、学习方式、学习活动以及学习评价,最终在目标导向下,在任务的完成中,提升学生必备的知识与技能。

教师在课堂伊始就将本次项目化的成果要求、成品、评估要求等进行有逻辑的"大单元设计"并将预期成果展示给学生们,会更有利于学生把握研究方向的准确性和针对性,激发学生自主地探索项目实践中的学科元素。同时,笔者发现,源于现实生活的项目主题,具有一定的真实性和可行性。当选择的项目内容与现实生活有着密切的联系时,它会对项目的成功启动提供极大的帮助。因此,教师在选择项目内容时,要贴近学生的生活,对学生的生活有意义。

如图1是教师在项目开展之初,向学生展示的项目总体设计。教师将《黑骏马》的项目分为"马车演变""马鞍设计""小画家""海报设计""项

目演讲"五部分,并先期告知学生相应的成果:马车演变报告、马鞍设计图、章节插画、小说海报设计、主题式演讲。学生自项目初期便清晰了解了本次项目化学习的具体实施要求。有利于学生准确把握项目目标,有的放矢地实施项目任务和研发成果。

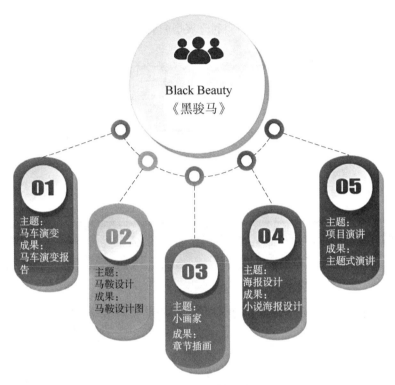

图 1　项目总体设计

(二) 提供教学支架,激发学生以研促学

本堂课中教师基于学生的阅读开展跨学科教学实施,为学生们创设了良好的课堂情境,同时也为学生提供了操作性较强的课堂驱动性问题。两者的结合为学生开展跨学科主题项目式学习提供了良好的开端。课堂教学实施过程中,教师在学生自主研究前给予了教学指导并给学生提供了教学支架。教师通过提供研学资料,提供网络信息获取渠道,提供研究报告,辅助学生进行研究。教学支架的建构,是教师在课堂中的关键任务。有效的教学支架建构,可以帮助学生回顾知识,串联知识,迁

移知识并解决问题。同时教师还可以通过视频资源引导学生多感官地了解马车的演变史。

语言项目化学习中,教师会针对子问题思考探索中的学习支架(见图2、图3)。学生开展跨学科研究的过程是迁移知识、建构新的知识的过程。教师提供充足的教学支架可以让学生们更好地回顾课堂知识点,以便其融入研究,也为其研究的顺利开展指明研究方向。

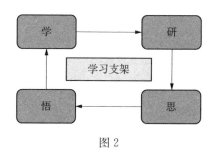

图 2

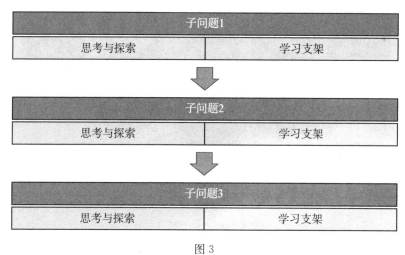

图 3

如在项目中期,教师通过梳理黑骏马人生中的重大事件,划分其生活阶段,帮助学生熟悉其经历。之后,通过分阶段精读,体会每个阶段任务的所做、所感、所想,并根据这些细节,小组讨论人物每个阶段的"幸福"之旅,引导学生逐步深入对文本主题的探索。阅读后期,教师鼓励学生分组进行访谈。通过小组讨论、访谈引导学生与自己设想的问题进行对比,并通过小组总结明白作者的写作意图。

（三）研评一体，引导学生研究规范

语言项目化学习中，采用"高结构、低控制"的课堂模式是比较可行的教学模式。教师引导学生课前自主阅读，基于阅读开展课内知识和能力的建构，在理解基础上开展生生间的合作探究，形成成果，修改成果，并进行成果展示，课后进一步进行阅读反思以及下一章节的项目阅读实践。教师的教学支架和评价贯穿于项目始终，形成研评一体化项目教学体系。

此外，如何落实项目化学习中的评价是开展好语言项目化学习的关键，更是"双减"背景下，评价体系探索的契机。备课组提出学生自评、生生互评、组间评价、教师评价相结合的过程性评价体系，以推动学生个体进步和学习共同体的建立。

学生从活动伊始就在教师帮助下建立语言项目化活动的评价标准；教师在后期活动研究和导读过程中逐步完善和确立多样化评价的标准；随着多样化评价方案的确立，学生在合作探究阶段、项目形成与修改阶段、成果展示阶段参与自评和互评。通过电子档案袋记录为学生的每一个项目实施环节留下痕迹，为学生进一步优化项目提供保障；项目的反思环节中，学生在老师的指导下再次反思评价标准，讨论并优化评价方案，从而形成螺旋式的评价，达成多样化、多维度评价学生的目的（见图4）。

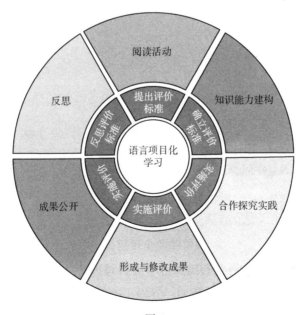

图4

评价更客观地分析了学生个体活动,更积极地促进了学习共同体的形成,也反拨了学生更好地完善课题,理解研究和实践的规范,形成学——研——思——悟的思维闭环,最终达到提质增效,落地学科核心素养的目标。

六、结语

本研究提出了基于项目化学习的整本书阅读中的三个关键问题:项目准备阶段明确学习目标,开展整本书阅读,精选特色内容,提取项目主题;项目实施阶段明确方案,提供支架,推动项目进程;项目终结阶段开展多元化评价,检测项目效果。

学生的英语学科素养是在语言项目化学习中逐渐生成的。以语言项目化学习的若干关键问题为抓手,逐步探索项目化学习在英语语言课堂中实施的可行性。笔者期望设计语言项目化学习的整体规划,建构语言项目化学习支架,完善语言项目化学习的评价体系,提升英语学习的效率。但在项目开展过程中,仍有诸多关键问题:如何监测整本书阅读的效度? 针对初中学生,是否需要适当开展读后的章节评述? 整本书阅读与项目化学习结合中,如何落实课程标准? 这些问题亟待在课程推进与项目实践中得到解答。

参考文献:

[1] 陈素平,缪旭春.基于学科的项目化学习设计与实施样态[J].上海教育科研,2019(10):3.

[2] 夏雪梅.项目化学习设计:学习素养视角下的国际与本土实践[M].北京:教育科学出版社,2021.

[3] 钟启泉.课堂研究[M].上海:华东师范大学出版社,2019.

08　指向深度学习的初中英语听说课堂实践
——以 8BU5 Dr Sun's Mausoleum 听说课为例

尤文婷

　　在教育部 2014 年印发的《关于全面深化课程改革落实立德树人根本任务的意见》中,首次提出"核心素养体系"的概念。在《义务教育英语课程标准(2022 年版)》中,明确了英语课程要培养的学生核心素养,其中,思维品质首次被明确列为英语学科的培养目标。关于"如何在课堂中培养学生的思维品质"成为了一个热议话题。笔者认为深度学习理念可以为初中英语课堂的改变提供新的视角与思路。深度学习注重批判理解,强调知识整合,重视知识的迁移与运用。本文以《英语》(牛津上海版)8BU5 Listening and speaking:Dr Sun's Mausoleum 听说课为例,阐述如何在各教学环节中构建深度学习的英语听说课堂,引导学生深度学习,培养学生的高阶思维品质,提高学生的核心素养能力。

一、教学内容分析

　　《英语》(牛津上海版)8BU5 的单元主题是"百科全书",即引导学生通过查阅百科全书获取和理解相关信息,同时了解说明文的文体特征、语言特点及常用说明方法。Dr Sun's Mausoleum 的听力材料的主要内容是中山陵的介绍,文本篇幅较长、内容信息较多,学生对捕捉关键信息存在一定的困难。

　　在课堂学习中,通过三个不同层次的听力活动(整体内容—细节信息—整体架构)引导学生关注文本特点、分析文本框架,根据文本特征捕捉关键信息,并鼓励学生在学习过程中联结整合获得的新知识和听力技能并运用在具体情境加以复述和自主表达,从而促进学生知识和技能的迁移与建构。

二、学情分析

授课班级学生的英语基础相对扎实,但部分学生听说能力薄弱,畏惧口头表达。在八年级第一学期第四单元及第五单元的 Reading 课时中,学生已经初步了解了说明文的主要特征及基本说明方法,大部分同学能正确朗读不同类型的数字。本篇听力材料的主题是"中山陵",篇幅较长、内容信息较多,学生对捕捉关键信息存在一定的困难。

三、教学目标设置

《课标》中提到,英语学科的具体课堂教学应当指向英语学科课程目标的实现。在初中英语教学中,教师应以发展学生的语言能力、培养学生的思维品质等英语学科课程目标为引领,结合单元或模块教学目标,挖掘听力文本的主题意义,深度分析和解读文本,在此基础之上确立课时教学目标。

笔者在发展学生语言能力和培养学生思维品质的课程目标引领下,基于该单元的主题设定了如下教学目标:

1. Students are expected to be able to capture the key information (nouns and figures) and the structure of the introduction related to historical sites while listening.

2. Students are expected to be able to introduce a historical site based on the notes.

教学目标 1 指向了学习语言知识和听力微技能,以及初步了解景点介绍类文本结构。利用教材听力语篇,引导学生深度学习,自主理解、分析、归纳教材文本信息等。

教学目标 2 指向了在新情境中的微技能运用和语言表达。面对新的情境,学生能积极运用已学语言能力和主动调整英语学习策略完成课堂活动。

四、教学过程

美国著名教学改革专家 Eric Jensen 和 LeAnn Nickelsen 提出了深度学习路线(Deeper Learning Cycle, DELC),可分为七个步骤:设计标准与课程、预评估、营造积极的学习文化、预备与激活先期知识、获取新知识、深度加工知识、评价学生的学习。在备课阶段,教师需以初中英语学科标准为指导思想,并对学生关于该节课相关背景知识的了解程度以及当前学习情况展开预评估。在上课过程中,教师要注意营造积极的学习文化来引导学生投入课堂,可采用多种方法来激活学生所储备的先期知识,帮助学生搭建新旧知识间的连接;获取新知识是深度加工的前提,教师要引导学生获取文本基本信息;在深加工环节,教师需要采用多种策略引导学生分析、综合所学知识,深度理解所学内容,并在此基础上迁移运用所学,实现知识的内化。最后,教师要及时评价学生的学习情况,以检测教学效果,推动学生反思自己的学习。

结合初中英语教学课堂实践,笔者将其 7 个步骤划分为 5 个环节,即基于课标和学情的备课,激活听力材料和背景知识的引入、信息的浅层获取、信息的深层加工、学习的评价(见图1)。

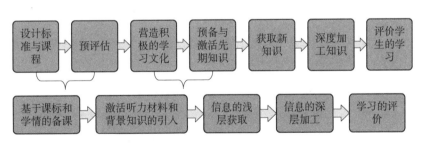

图1 深度学习七步骤与优化后五步骤对比

说明:蓝色流程图为 Eric Jensen 和 LeAnn Nickelsen 提出的深度学习七个步骤;橙色流程图为笔者优化后的五个教学步骤

第一个教学步骤"基于课标和学情的备课"已在上文中呈现,以下为8BU5 Listening and speaking Dr Sun's Mausoleum 听说课的教学过程,从第二个教学步骤开始开展。

（一）激活听力材料和背景知识的引入

激活学生的背景知识是深度学习的一个重要步骤。学生背景知识的激活可以使其新旧知识间的联系更为牢固，也能培养学生的兴趣（Jensen & Nickelsen，2010）。在英语听说课中，教师可以尝试设计多种巧妙的导入环节，以激活学生的背景知识，为接下来的听说教学做好铺垫，如可利用图片、视频、Free talk 等进行导入，同时，在这个环节中要注意营造积极的学习氛围。

【教学片段】

在听前导入环节，首先，教师以轻松的状态向学生抛出了几个问题：

Q1：Which city was the capital of China for six dynasties?

Q2：Have you ever been there?

Q3：Who is the man in the picture?

Q4：Why do people call him "Doctor"?

Q5：What is the mausoleum, a museum, Dr Sun's house or something else?

在激活课堂之后，教师引导学生运用已有生活经验结合板书 mind map 进行听力内容的预测 Something about Dr Sun's Mausoleum，学生们结合以往接触过的类似文本，大胆预测文本内容，如历史信息、地理位置、建筑介绍等等。

【设计意图】

导入环节的 5 个问题均与听力的主题相关，学生们在回答或倾听的过程中能快速进入学习状态，并了解本堂课的学习主题；在预测环节，旨在激活学生们的已有经验知识并引导他们迁移到听力情境中，为后续的听力做好铺垫。

（二）信息的浅层获取

获取新知识是深度学习的前提。学生们在获取了新知识后，才有可能进行深度加工和学习。因此，教师可设计多种方式帮助学生获取信息的主旨大意和细节信息。

【教学片段】

在听中环节,学生们通过第一遍听力,了解文本段落大意;通过第二遍听力捕捉文本细节信息。在第二遍听力的听前,教师引导学生讨论介绍类文本的语言信息特征。学生们利用已有的经验知识并通过观察所给文本的句型结构和空格位置,推测得到"名词和数词"。在听前预测的基础上,学生们较好地获取了中山陵的相关细节信息(见图2)。

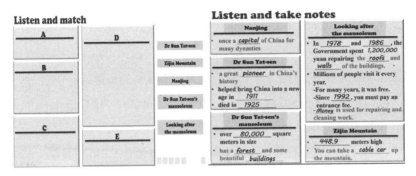

图 2　课堂听力活动截图

【设计意图】

通过第一和第二遍两个不同层次的听力活动,旨在帮助学生们充分获取文本信息(主旨+细节)。同时,也旨在引导学生学会根据文本特征捕捉关键信息,为深度加工信息做好准备。

(三) 信息的深层加工

深度加工信息是实现深度学习的关键。在听说教学中,为了引导学生多渠道获取新信息并对其进行深度加工,教师可以采用以下策略:优质的提问帮助学生理解、分析、比较、推断,以启发深层思考;同伴间的协作探究学习创造了相互交流、相互学习的互动条件;新情境的迁移有助于学生真实地运用,进而对已学知识再次进行加工和内化。

【教学片段】

在前两遍听力活动的基础上,学生们完整回顾听力文本内容,从整体角度把握听力内容,并开展小组讨论:尝试进行文本内容的整合,构建介绍历史名人景点类文本结构的框架,并补充介绍类文本的其他介绍角度;同时,在理解文本主旨和细节信息的基础上,教师引导学生深入分析文本内容：

Q1：Since this is an introduction about Dr Sun's Mausoleum. Can we remove/delete the sentence about Dr. Sun himself from the passage?学生们在问题的驱动下，运用批判思维思考听力文本内容是否合理等，并给出了不同角度的答案："Although there are only 2 sentences, they show us who Dr Sun was and what Dr Sun did for the country. It is really great and meaningful"和"The mentioned information of Dr. Sun shows us why people built a mausoleum for him"。

Q2：What's the purpose of the passage? To introduce the mausoleum. What else?学生们结合听力文本材料的头尾两处信息，作出回答："The speaker wants us to visit the mausoleum"和"Therefore, it is not only to introduce the mausoleum, but also to attract visitors"。

在听后活动中，教师创设了全新的情境 Lu Xun Park，引导学生们运用听力微技能主动参与"听并记录"课堂活动；鼓励学生将所获得的鲁迅公园的信息结合介绍历史名人景点类文本结构的框架，有条理地介绍鲁迅公园。

【设计意图】

本环节中，学生的协作交流活动旨在促进生生的互动交流，提升课堂思维积极性，进而实现知识的内化和迁移；一些优质提问引导学生深入挖掘和分析、比较文本内容并回答问题，鼓励学生运用高阶思维开展深层学习；新情境的迁移与运用是语言的产出活动，在此过程中，学生通过边听、边记、边整合加工，将零散信息进行结构化整理，并促进其对信息的整体把握、深度理解及表达。

(四) 学习的评价

评价是深度学习的第 7 个步骤，包括师对生评价、生对生评价、自我评价等。在听说教学中，教师要重视和发挥评价的引导作用。评价的方式有很多种，如教师即时点评、赋分、提供学生自我评价表，帮助学生自我检测课堂学习效果等等。

【教学片段】

在本节课的产出活动中，教师引导学生们使用 checklist 对自己或同伴的 Lu Xun Park 口头介绍表述进行合理评价,反思自己的学习进程并及时调整和改善自己的学习状态(见表1)。

表1 课堂产出活动的评价表

Checklist		
1	Did I/he/she introduce Lu Xun Park in an organized structure?	Yes./No.
2	Did I/he/she introduce Lu Xun Park by using proper nouns and accurate figures?	Yes./No.

【设计意图】

本堂课中,学生自评和生生互评相结合,促使学生认识自己的学习和表达情况,促进学生主动反思,调整学习策略,同时也对教师的教学起到了很好的反拨作用。

五、教学启示

在教育深化改革和新课标推行的当下,深度学习对于初中英语教学有很大的启示。

(一) 做好高质量的备课,规划学生深度学习路径

教师需做好学情分析,了解学生的学习起点和学龄特点;做好教材分析,深度解读教学内容,为学生提供优质适切的学习材料;做好教学设计,将教学目标转化为知识,将知识转化为教学内容,再将教学内容转化为问题,以问题和活动帮助学生们"亲身"经历知识的发现与建构的过程。同时,设置真实情境也是非常重要的。真实的情境不仅可以激发学生的学习兴趣,也可以让他们在贴近生活的活动中进行学习理解,进行实践应用。所设置的情境中也需具有一定挑战性,引导学生更加深度地实践和体验,在对知识的迁移运用中实现学用合一,实现融合创生。

(二) 减少课堂活动控制,创造学生深度学习空间

课堂活动是教师培养学生学习能力的重要载体。深度学习的课堂是通过多种多样的学习活动促进学生智的增长和思的提升。"过度控制"的课堂,学生学习较被动,缺乏独立解决问题的机会,不利于深度学习的开展和高阶思维的培养。因此,教师在组织课堂活动时,需把握好"引导"的尺度,适当留白,激活思维,为学生提供开放的、自主化的学习空间;以课堂为舞台,通过情境化、体验式的活动让学生充分感知、实践,从而获得核心素养的提升。

(三) 建立多元评价机制,关注学生深度学习全貌

深度学习的课堂是促进学生思维创新,培养学生学习能力的课堂。评价对课堂深度学习的推进具有重要意义,教师可以通过评价来为学生"搭梯子",引导学生深入分析、思考学习内容,及时调整学习方法与策略,促进学生课堂深度学习的持续推进。对于学生学习评价可从多维度入手,不仅要关注学习的结果,更要重视学生对学习资源的选择、学习方法策略的运用、努力程度等;同时,也需要重视评价主体的多元化(学生的自我评价、同伴相互评价、老师观察评价及家长评价等),充分发挥评价主体的作用,使评价结果更为客观和全面。多元评价机制,促使学生调动思维,进行有效的、多角度的思考,促进学生相互学习、合作学习,引导学生关注学习过程中的不同收获,也有助于他们的思维力和能力的全面发展。

深度学习明确了学习者的主体地位,强调了学习主动性。在指向深度学习的初中英语听说课堂中,学生不再是机械、单一地学习和操练,而是通过与同伴的交流协作,基于真实的情境,深度加工所学知识,通过多元评价,了解自己的学习状态,反思个人学习行为,从而发展自身的思维能力,提升个人的学科核心素养。

参考文献:

[1] Jensen, E. & Nickelsen, L.深度学习的 7 种有力策略[M].温暖,译.上海:

华东师范大学出版社,2010.

[2] 陈彩虹,付建慧.促进深度学习的高中英语课堂评价[J].中小学英语教学与研究,2020(2):63—66.

[3] 教育部.普通高中英语课程标准(2017年版)[M].北京:人民教育出版社,2018.

[4] 张静.高中英语听说教学中引导学生深度学习的研究[J].中小学外语教学(中学篇),2020(12):30—35.

09 基于线上教学的初中英语课堂互动策略研究
——以 *The Grasshopper and the Ant* 为例

奚 臻

一、背景

在疫情的背景下,线上教学逐步成为新的教学常态。新印发的《义务教育英语课程标准(2022 版)》中说到要重视教育信息化背景下英语课程教与学方式的变革。充分发挥现代信息技术对英语课程教与学的支持与服务功能,鼓励教师合理利用、创新使用数字技术与在线教学平台,开展线上线下融合教学,为满足学生个性化学习需要提供支撑,促进义务教育均衡发展。

二、现有问题

(一)线上教学容量少。由于线上教学,教师和学生无法进行直接面对面的交流,原本一个眼神、一个点头就能进行的互动全部都变成了语音或者文字的交流,因此,导致沟通更耗时,教师必须留出更多的时间进行交流,势必导致教学容量的减少。

(二)难以有效管控学生。线上教学不是线下教学的延续,更不能简单把线上教学等同于打破时空限制,让学生随时随地地学习。由于受到网络及设备等因素的影响,线上教学时教师像网络主播似地在讲课,学生在听,容易缺乏有效的互动。此外,教师在线教学时也难以同时兼顾教学行为和课堂管理。所以,为了使教学行为落到实效,教师也要鼓励学生充分运用线上应用的功能，比如利用录屏、截图功能等方式将课堂中难以消化的部分进行课后复看，利用各种线上教学手段调动学生学习积极性，达到教学效果的最优化。

三、教学内容分析

这是一节阅读课，教学内容是牛津英语七年级下第六单元 *Hard work for a better life*，共有 4 个课时，这节课是 *Reading：The grasshopper and the ant*。学生们在本节课前已经掌握描述四季区别的词汇，并且能够说出自己喜欢的季节的特征和原因。新课标强调英语学习活动观的概念。为了激发学生的学习兴趣，本节课基于英语学习活动观开展教学设计。在本节课上，通过阅读，引导学生预测语篇大概内容；借助思维导图，获取并梳理关于主人公 grasshopper 和 ant 如何度过不同季节的信息；并通过不同活动，引导学生把握文章的主旨和段落大意，并能够判断文章的文本类型；读懂寓言的含义。

四、学情分析

本节课的教学对象是初一年级的学生，总体活泼好动，喜欢举手，部分同学有较强的表现欲，能积极参与英语课的各项活动，因此，在设计课堂教学活动时要根据学生的情况，采用灵活多样的教学方式去引起学生的注意，并且上课过程中也要根据班级学生学情及时调整教学设计，不能固守预设教案，而是确保课堂以学生为主体，努力为学生打造乐于学习的课堂氛围。另外，考虑到学生的个体差异，部分学生英语水平较高，课堂设计中要有对这些学生具有一定挑战性、超出其原有水平但通过努力可以实现的活动；而另一部分同学在英语学习上有畏难和退缩的情绪，英语课堂的参与度较弱。课堂上也要给这些学生创造参与课堂的机会。总之，教师能组织丰富的在线课堂师生互动活动，能提高学生在课堂上的积极性和主动性，拉近彼此的距离，只有学生乐于参与，主动参与，学生的思维才会处于活跃状态，最终达成有效的教学效果。

五、教学目标设置

By the end of the teaching，most students are expected to：

• be able to understand the main idea of the story；

• be able to recognize the genre of the passage and grasp the features of the fable；

• be able to learn the deep meaning of the fable.

教学目标是教学过程中师生预期达到的学习结果和标准。本节课的目标制定以学情为基础，以《课标》为依据。《课标(2022 版)》提到英语学习活动观的概念(见图 1)。活动观是以培养核心素养为目标，以学生为主体，由师生共同参与的一系列相互关联、循环递进的活动构成，为教师组织课堂教学提供实施指导，激发学生的思维。教学目标的制定需要逐层体现英语活动观的三个层面，设计一系列融合语言、思维、文化为一体的整体式教学目标，使学生在阅读教学过程中实现语言能力、思维品质、文化意识和学习能力的综合提升，最终指向核心素养的落实。

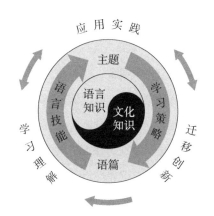

图 1 义务教育英语课程内容结构示意图

六、教学过程

以下是使用平台功能进行线上互动的教学过程：

（一）引入活动

教师引导学生听关于 grasshopper 和 ant 的外貌描述，猜测文本的主人公，通过出示关于 grasshopper 和 ant 的手绘图片与课文标题（见图2），确认猜测，从而引出话题。然后出示第二幅关于 grasshopper 和 ant 的图片（见图3），询问学生两个问题：What are they doing? How do they feel?

图2

What can you see in the picture?

图3

（二）读中活动

1. 教师让学生通过阅读，在规定时间内找出 grasshopper 和 ant 在不同季节所做的事情，并用自己的语言进行表达。教师用"计时器"（见图4）定时，在共享屏幕状态下允许学生使用打字或者手写的方式进行"互动批注"（见图5）。这是一个学习理解类活动，引导学生进入感知与注意环节，教师用呈现的图片激发学生对阅读的期待。

图 4   图 5

2. 教师让学生再读全文,运用思维导图(见图 6)对比文本主要人物 grasshopper 和 ant 外貌、性格、行为表现等信息,并使用设备自带的"投票"功能选择识别文章的体裁(见图 7)。这个活动是一个应用实践类活动,学生在获取文本信息、了解文本话题后,开展分析,形成自己的判断,加深对主题意义的理解。

图 6

图 7

3. 教师让学生精读每个段落,提问:How did the grasshopper feel in different seasons? 并在文中找出能推断文本主要人物 grasshopper 和 ant 在不同季节的感受的依据。由于学生获取信息的速度不同,当时利用"晓黑板"平台开放了一个讨论组,动作快的同学可以马上将自己在文本中的圈画以拍照的形式发送到讨论组里,以供彼此交流分享,也不会打扰到正在专心致志寻找答案的同学。图 8 展示的就是一位学生在教师"共享屏幕"下圈画出的 grasshopper 在夏天感到高兴的依据。在依次交流完不同季节 grasshopper 的感受之后,教师展示本篇寓言故事包括的关键信息(见图 9),引导学生们归纳和总结寓言的特点,品味寓言背后蕴含的深刻意义。学生通过感知语言、获取和梳理信息等学习理解类活动,掌握语篇文本的基本信息,在此基础上,教师应结合教学版块的主题意义,设计具有推理、判断、思辨价值的问题,让学生解决,从而建立信息间的关联,形成新的知识体系,达成文化意识培养的目标。

图 8

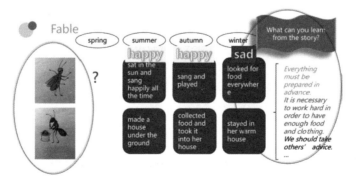

图 9

(三) 输出活动

教师在 Question box(见图 10)中给出两种情景,让学生选择其中一种情境进行讨论,在"腾讯会议"的分组讨论区互相交流(见图 11)。这是一个迁移创新类活动,引导学生整合语篇中的线索、逻辑、因果关系等多重复杂的信息,推导出自己的想法,然后利用这个活动让学生联系生活实际对文本所传递的观点和态度有所思考,形成自己的观点,并最终能迁移运用到真实的情境中。通过这个活动,也体现教学以学生为主体,从关注"教"到关注"学"的转变。

Question box	
1	➢ Have you ever met someone who lives in the same way as "the grasshopper"? What will you say to them?
2	➢ If you are "the ant", what will you do to teach "the grasshopper" a lesson?

图 10

图 11

七、教学启示

线上教学关注师生和生生互动,加强和学生之间有效的沟通交流,激发学生学习的内驱力,培养学生创新意识和实践能力。以下是对本次课堂实例中呈现的线上课堂互动实践的一些想法：

（一）巧用"举手"和"聊天"功能进行线上互动，激发学生阅读兴趣

针对班级学生活泼好动的特点，教师通过具有趣味性的猜测活动激发学生的兴趣。由于描述主人公外貌的句子语法简单、用词明确，大部分学生对于一些常见昆虫的英文表达也比较熟悉，答案简短，便于学生在"聊天"区域输入文字快速回答。这样可以大大减少"开麦互动"造成的时间上的耗费，教师也能够从不断刷屏的"聊天"区域直截了当地掌握学生们的拼写和参与情况，并且一部分英语水平薄弱的学生也能够从同学的答案中揣摩理解，从而激发学生上课的热情，提高了参与度，促进教学效果的提升。

教师通过共享屏幕展示了一张课文插图并进行提问，插图生动形象地展示了课文的主要人物 grasshopper 和 ant"度过夏天"的情景，结合两个提问，要求学生谈论两者的行为和感受。由于问题有一定的难度，并且需要使用完整的句子，此时再使用"聊天"区域输入文字的方式容易费时费力，因此，教师引导学生使用腾讯会议的"举手"功能，从学生按键的积极程度可以看出哪些学生在动脑筋思考，哪些学生还在犹豫，然后选择适合的学生回答问题。师生互动是线上教学也不能省却的一个重要环节，通过举手回答问题，学生既呼应了老师、锻炼了自己的逻辑思维，又给其他的同学起到了示范的作用，一举多得。

（二）巧用"互动批注"功能进行线上互动，激活学生思维

线上教学时教师不在学生身边，通常都是依靠视频监督学生的学习，非常考验学生的自觉性。同时，在读中环节往往会有一段很安静的阅读时光，由于无法面对面地观察每位学生的状态，有时教师难以确定学生是在进行有效阅读还是在走神，所以教师在此时可以利用线上的"计时器"功能明确活动的时间，给学生紧迫感。同时，在共享屏幕状态下允许学生使用打字或者手写的方式进行"互动批注"，以此打破地域的限制，动作快的学生在教师的屏幕上留下批注，既给其他学生做示范，也增加了课堂学习的趣味性，而且教师将光标移动到学生的"批注"旁时会显示学生的名字。因此，即使当时教师看不到学生本人书写的过程，也

可以在之后通过移动光标看到学生的名字,尤其是那些能够积极参与课堂互动,但是受到口语表达的限制容易有所退缩的学生。大家在这个不需要"开麦互动"的环节,积极留言,主动参与,让思维碰撞出火花。

(三) 巧用"在线投票"功能获得学生实时反馈,提高课堂效率和教学质量

通过完成思维导图,学生对于人物的性格、品质都有了充分的认识,然后,结合引入活动所展示的课文标题和插图,让学生完成对文本体裁的推测。这个活动的目的是让学生以获得的信息为基础,利用已学的知识和经验,进行分析、比较和概括,从而作出适合的推理和判断。所选择的四个文本类型指代不同、用法不同,但是有一定的重合度,文本类型掌握不够扎实的学生容易被误导。这个活动对学生思维品质的要求比较高,对部分同学而言有一定难度,但是因为学生只需要进行点击投票就能完成这道题目的回答。因此,在一定时间内,学生们都完成了这道题目的投票。"在线投票"的方式同时解决了参与面窄和耗时多的问题,教师能快速获得所有学生的数据,并且基于数据进行分析和讲解,为下一步教学做铺垫。

(四) 巧用"分组讨论"功能进行输出活动,提高学生语言运用能力

本课是一篇寓言阅读课,输出活动的目的是巩固对课文的理解,并通过情境的创设,让学生能够基于情境表达所思所想,但是由于线上教学各种因素的限制,上课的容量已经小于线下教学,而且输出活动本身对思维要求比较高,学生所需的时间也更长,因此,借助线上互动的"分组讨论"功能,让学生能够自主选择其中一个情境进行交流,激发他们对于活动内容的好奇心,也要求学生联系真实的生活经历,产生更深层次的思考,挖掘寓言背后更深的寓意。

总之,在线上教学时,教师要充分利用信息技术手段,创设多种多样的线上互动方式,保证良好的课堂氛围,密切的师生互动,做到激发学生学习兴趣,保持学生专注力,开拓学生思维,培养学生自主学习的习惯。新的变化意味着新的挑战,但同时也是新的机遇,把握好新的机遇,让学生成长、蜕变。

参考文献:

［1］蒲玥璘.巧用线上教学互动功能实现英语阅读课程教学目标［J］.现代教学，2022(11):80—81.

［2］苏兰.初中英语在线学习课堂中师生互动的探索［J］.英语画刊(高级版)，2020(18):35—36.

［3］汤少冰.疫情期间初中英语线上即时互动反馈有效教学模式的构建与实践探索［J］.中国教育信息化，2020(21):76—80.

［4］王英.增强线上教学课堂互动的策略研究［J］.教育传播与技术，2020(06):27—30.

［5］王丽珠.初中英语线上教学互动策略研究［J］.山东教育，2021(15):18—21.

10 在真实问题情境中通过任务驱动落实综合素养
——初中物理"杠杆"课例研究

王立源

当前,我国基础教育课程改革正进入一个新的历史阶段。我们已经提出了中国学生发展核心素养体系,并正在以学生发展核心素养为主线着力建设和完善基础教育课程体系。

物理学科的核心素养指的是"物理观念""科学思维""实验探究"及"科学态度与责任"。

其中,"科学思维"是从物理学视角对客观事物的本质属性、内在规律及相互关系的认识方式;是基于经验事实建构物理模型的抽象概括过程;是分析综合、推理论证等方法在科学领域的具体运用;是基于事实证据和科学推理对推论和结论提出质疑、批判,进而提出创造性见解的能力与品质。"科学思维"主要包括模型建构、科学推理、科学论证、质疑创新等要素。

面对真实情境解决问题肯定不是一蹴而就的。我们需要对它进行分析,从而利用已学知识将其核心问题抽出来,建构理想模型。但真实情境中的问题要更复杂,它往往是多元的,不仅仅只应用一个知识点,甚至不仅仅运用一门学科,要综合运用多门学科的知识。要学生一下子能分析并想出解决方案是不现实的。所以我们要首先确认真实问题情境,并对情境中的复杂问题进行拆分,再通过任务驱动提升学生解决实际问题的能力,落实学生综合素养。本文就这一问题展开研究。

一、教学内容分析

本节课是八年级《物理》第二学期的一节复习课。主要学习杠杆在生活中的应用。通过学习认识建立模型的科学思想。为后续学习其他抽象物理概念所用科学方法打下基础。

二、学情分析

本节课前,学生已学习了杠杆的定义、五要素及杠杆平衡条件,并会用杠杆平衡条件进行简单计算,还知道了三类杠杆在生活中的应用。同时也具备搭建杠杆等基本实验技能。

学生虽然已经具备一定的知识,但在面对生活中真实情境中的问题时,往往想不到该如何运用已学的知识。那是因为在学校中,解答的是已抽象为理想模型后的题,而不是解决生活中的真实问题。当没有人帮他把处于原生状态的实际问题进行分析、处理,他便不知如何下手,自然不知该运用哪些知识。本设计力求努力创设真实情境,让学生对实际问题的解决有切身体会,有感而发,有话可讲。

三、教学目标设置

1. 经历明确问题、确定方案、设计制作、改进完善这一完整的过程,知道工程设计的基本步骤。

2. 经历设计装置、画出草图、搭建装置、认识建立模型这一科学方法。

3. 通过小组交流讨论,反思体验小组合作学习的快乐。

4. 写出自制简易厨房秤的使用说明书,提升语言文字的建构运用能力。

5. 通过查找营养资料,注重身体健康,加强健康生活的理念。

四、教学过程

本案例共设计了三个子任务,子任务的设计不是凭空想象的,而是经过多轮教学实践逐步设计出来的。

(一)子任务1:"秤""秤"大不同

说课论证时,我提出:"学生在被问及厨房秤应该具备哪些独有的、不同于其他杆秤的特点时,往往会缺乏方向。"剖析原因:虽然现代家庭中会 DIY 美食,但学生却较少参与其中,且他们不太会将营养、卫生健康考虑其中。为鼓励学生能全面思考问题,组内老师各抒己见。最终,我们创设了子任务1——"'秤''秤'大不同":课前搜索一款你感兴趣的 DIY 美食菜谱,并结合初一科学中"营养与健康"章节内容课前与组内成员进行交流,总结出厨房秤需要具有的特点。旨在帮助学生理解厨房秤是需要具备一定独有特征的,从而从真实情境进入到特定情境中。

(二)子任务2:身份大揭秘

在多次说课验证之后,我进行了第一次教学实践。

师:同学们,课前我们已经完成"秤""秤"大不同的组内成员交流,现在让我们全班进行交流分享。哪位同学愿意来分享一下你们组的意见?

学生举手。教师邀请他回答。

生:我们小组交流了 DIY 菜谱后,发现在配料表中,有些配料的质量很小。这说明我们的厨房秤要能称比较轻的物体。

师:"说得很好!还有要补充的吗?"

又有小组代表举手了,教师请其回答。

生:我们小组一致认为,厨房秤应该要更注意卫生健康。

这时还有学生举手。教师继续请学生回答。

生:我们认为既然是"简易",这就要求制作的材料要容易获取,容易加工。

师:同学们说得非常好!根据大家所说,我们的厨房秤应具备这样一些特点。

教师写板书。

师:接着,请同学们在活动单上画出设计图。

学生开始画,教师开始巡视。

······

巡视过程中,教师发现有好多学生没有画出设计图。于是找了位同学进行了个别交流。

师:你怎么了? 为什么没有画呢?

生:画不出来。我们有想法的,但就是画不出来。

有好几位学生表达了相同的想法。

这个设计环节实际用时比预设时间整整长了10分钟,致使后续预设活动受到影响没能进行。

课后组内研讨时,我提出:"学生虽理解厨房秤是需要具备一定独有的特征,且具有一定想法,但就是表述不出来。学生想用杠杆的知识,但却画不出结构图。"剖析原因:学生在课本上所学的"杠杆"已是抽象出来的理想模型,要学生画出设计图是要将"杠杆"这一理想模型再应用回生活。当知识要回归生活,而学生对生活中的杠杆模型观察又不够时,导致学生即便知道杠杆的五要素也画不出自己所设计的装置结构。对此,我提出:"在第一课时中组织学生复习杠杆的定义、五要素、结构并对生活中的工具进行观察。"同组老师们听后,认同我对这一现象背后原因的分析,但对这一课堂设计却不同意。有的老师认为:"这样的活动虽让学生将杠杆结构具象化,有助于将设计的厨房秤结构图画出来,但还局限于知识点的学习,学生是被动地学习。而且这样的复习形式,学生脑中的知识点依然是分散独立的,并无关联。"我在听取众人的建议后,觉得这一课堂活动设计不足以引发学生的深度学习,总体来说比较简单,综合性不强,挑战性不高。于是,我重新设计了课堂活动,创设学习子任务2——"身份大揭秘":制作小报。内容为介绍生活中可以被抽象为杠杆的一个工具,并从"杠杆五要素"的角度对它的结构及工作过程进行说明,同组老师们都表示赞同。于是,我又进行了第二次教学实践。

(三) 子任务 3:真的可以吗

在完成子任务 2 后,大部分学生都能画出自己的设计图。在巡视过程中,我又发现了新问题。以下为看了某小组的设计图(见图 1)后,我与某小组成员的对话。

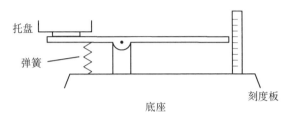

托盘

弹簧

刻度板

底座

图 1 某小组同学的设计图

师:你们来说说所设计厨房秤的工作过程。

生:在托盘上放上物体,杆的右端下沉,左端上升。因为事先在托盘中放置质量已知的物体对刻度板进行标度。当我在托盘上放上被测物体时,指针所指刻度就是该被测物体的质量了。

师:你们觉得怎么样?

生:同意! 很简单啊。

师:想一想,会有什么问题吗?

学生陷入思考……

生:没有吧。

师:好,待会儿你可以来全班交流分享一下。

……

师:在巡视过程中,老师看到了很多有趣的作品。现在请×××小组上来分享一下他们的设计方案。

该生完成了分享。

师:同学们,评价一下该小组的设计。

生:挺好的。原理简单,这个装置制作起来应该也是挺容易的。

师:其他同学觉得呢?

同学们都投来肯定的眼神并用力点头表示赞同。

课后组内研讨时,我们很高兴地看到子任务 2 给学生画出设计图搭建了台阶。所有小组都完成了设计图的绘制。但在巡视中,我发现:有许多设计方案缺乏可行性,但集体交流分享后,同学们并没有发现这些问题。剖析原因:学生在设计装置时,更多考虑的是工作原理。认为只要原理对就可以了。但真实的装置制作并不是单纯地解题。解题时,我们会在一种较理想化的情境下分析。但现实世界中却并不这么理想,许多次要因素都变得不可忽略,它们都会对结果产生影响。

针对这一问题,我提出可以再创设子任务 3——"真的可以吗":以小组为单位,讨论实验方案后利用轻黏土搭建装置模型,并对所搭模型进行反思。同组老师表示赞同。于是,我让课上的那个小组将设计方案用轻黏土搭建出来。在他们完成后,又和他们做了一次交谈。

图 2　学生作品

师:这是你根据自己的设计完成的模型制作?

生:是的,不过已经有一点变化了。

师:嗯,搭建完后,你试过吗?

生:试过。

师:有碰到问题吗?

生 1:嗯。被测物体放上托盘后,指针上移。但其尖端的运动轨迹是圆弧,不是直线。所以我将刻度板改成了圆弧状。另外,整个装置的稳定性不高,当重物放置到托盘上,整个秤容易倾翻。因此,在后面制作过程中,秤的底盘面积要大一些,还可以适当地在底盘加点配重。

生 2:还有,在模型秤模拟称量时,由于弹簧太硬,导致弹簧的形变程度不够明显。所以在后面制作时,会注意尽可能用软一点的弹簧。另一方面,在制作指针时,将指针做得长一点,能更好地起到放大的作用。

生3:但如果指针太长的话,用它来称量轻小物体可能会遇到困难。所以做的时候也要注意不能太长。

在经历了将抽象的设计物化后,学生在制作、测试的过程中更容易找到问题,更有利于对问题进行反思,从而对装置进行迭代、更新。

五、教学启示

(一) 确认真实问题情境,注重问题解决

本设计中,我们努力创设真实情境,保证情境的真实性。那么如何确认真实问题情境呢?

首先它应基于本学科中对知识的要求,根据学科知识建立理想情境模型,再结合真实的生活体验,将复杂的"附加因素"加入,创设出真实问题情境。比如,本单元涉及的知识是"简单机械",从而提出"杠杆"这一理想模型。而现实生活中,结合真实生活的体验,我们就不禁会想到"秤"。可怎样的"秤"是学生能接触到、贴近生活的呢? 不同的秤还应具有不同的使用要求。我们组讨论后,将目标锁定在"厨房秤"。于是我们便提出了"自制简易厨房秤"的课题。

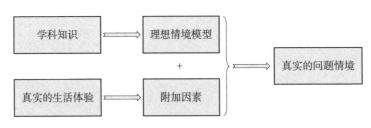

图3 创设"真实的问题情境"的路径

(二) 聚焦核心任务设计,培养综合素养

通过课堂教学,我们想要达成的是培养学生解决问题的能力。这方面能力的提升,要求学生亲历解决问题的过程,形成解决问题的办法。教师就应将探究过程组织好,设计好。解决问题的过程绝不是一蹴而就的,需要教师对真实情景中的复杂问题进行分析,然后拆分,创设学习子

任务。

本案例中的三个子任务贯穿了整个解决问题的过程，且起到关键性作用。子任务 1 帮助学生理解厨房秤是需要具备一定独有特征的，也为制作厨房秤提供了需要注意的事项。子任务 2 不仅复习了杠杆的定义、结构等，且为学生将抽象的设计思想具象化、物化提供支撑。子任务 3 促进并帮助学生反思自己的设计方案，为今后的装置制作提供指导方向。

通过这几轮的反复实践，我们发现：在真实问题情境中要通过任务驱动落实综合素养，提升学生解决问题的能力。准确的核心任务与适切的子任务是关键。在解决问题的过程中，它们是"脚手架"。那么如何找到准确的核心任务及适切的子任务呢？

1. 分析拆分，让真实情境理想化

首先，生活中真实的问题往往并不是一门学科或一个知识就能解决的，它可能需要多门学科配合解决，是多学科的自然融合。这时，我们提出可以借鉴"真实问题情境"提出的逆过程。对真实问题情境分析后拆分为理想情境模型与附加因素。根据"理想模型"联系主学科知识；"附加因素"联系其他学科已学知识。主学科知识解决真实情境中所遇到的核心问题，其他学科的参与解决真实情境中除核心问题外的附加因素的干扰。比如："真实问题情境"为"自制简易厨房秤"。其理想模型是"杠杆"，核心任务就是"制作一根杠杆能称量出物体的质量"。而附加因素就是"厨房秤需要具备哪些独有特征"。

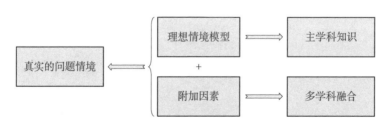

图 4 "分析拆分真实的问题情境"的路径

2. 各个击破，创设子任务

然后，根据核心任务及附加因素再拆分出若干个有价值的子任务。子任务的设定应考虑以下几点：

（1）子任务是完成核心任务的关键节点。教师应从学生的视角审视

这个核心任务。分析根据学生已有的知识及生活经验,在解决核心任务时,会碰到哪些困难。而这些困难就是我们需要去设计子任务的关键节点。

(2)子任务要有挑战性,它不是简单地阅读或者老师讲解,而是让学生自己调查、分析、梳理、总结。

(3)子任务要有层次感。因为核心任务可以通过多个子任务不断进阶。所以子任务不仅可以贯穿整个解决核心问题的全过程,还可以存在递进性。

路漫漫其修远兮,吾将上下而求索。本节课只是课堂教学转型实践的一小步,未来我们还会在这条路上继续探索,设计更多的课。

参考文献:

[1] 中华人民共和国教育部. 义务教育物理课程标准[M]. 北京:北京师范大学出版社,2022:4—5.
[2] 王春易. 从教走向学:在课堂上落实核心素养[M]. 北京:中国人民大学出版社,2020:145—146.

11 核心素养下自制教具助教学转型
——以自制"杠杆"教具为例

王 非

  在强调培养物理核心素养的教育改革背景下,物理教学需要改变以往教师讲授、学生记忆的教学模式,有效提升学生的核心素养。这意味着物理教学不只是单纯的教会学生物理知识,还要注重物理观念的形成,让学生认识科学思维的方法。这就要求教师不断尝试教学模式的优化创新,以学生为教学主体,充分发挥课堂教学的启发作用。这里以自制杠杆教具为依托,尝试物理课堂的转型。

  物理是一门以实验为基础的基础学科,各类教具广泛应用在物理学的教学中。然而由于学校教学条件不足或因缺乏适当的教学仪器,导致很多时候师生对于物理学科的本质特征和物理教学的主要目认识还不到位,因此,在物理教学中更注重理论的教学而轻视实践的过程。自制教具可以有效弥补学校教学仪器的不足,在为学生学习提供丰富感性材料的同时,也拓展了教师教学的手段。除此以外,教师自己动手制作教具的过程,也是不断加深自己对理论的理解,提高运用所学理论解决实际问题的过程,从而加强了理论与实践的联系。

一、教学内容分析

  "杠杆"是上教版初中物理第四章第一节的内容,最新的《上海市初中物理学科教学基本要求》对本节课的内容给出了这样的要求:理解杠杆,知道力臂的概念,会画出力臂。杠杆是初中物理知识中的重点与难点,其中"力臂"的概念由于其特有的"抽象性",成为本节教学内容的难点,所以"力臂"概念的构建就成为"杠杆"一节教学内容的重中之重。然而深入研究教材会发现,教材中对"力臂"只有简单的一句定义,而且配套学习活动卡中也未设计活动来帮助学生形成"力臂"的概念。

二、学情分析

传统的教学方式常常只是将知识点粗浅地灌输给学生,缺乏对学生思维和情感的培养。对于像"力臂"这样抽象的物理概念,教师往往直接向学生展示其定义,缺乏生动的情境和实践体验。这样的教学方式只能让学生在记忆层面上知道"力臂"的概念,而缺乏对学生思维和情感的深层次影响。当学生遇到更为复杂的力臂应用问题时,由于缺乏实践操作和情感共鸣,学生往往不能灵活地运用已学知识来解决问题,这也是传统教学中常见的问题。因此,在教学中需要采用更加生动、具体、实践化的方式来引导学生理解"力臂"这一抽象概念。

如在图 1 所示的情景中,要求学生通过作图分别画出力 F_1、F_2 的力臂,学生经过学习通常可以意识到力臂知识中是存在"垂直"相关概念的,能够用虚线画出相关线段(见图 2),但是最后在用括号标注出力臂时,往往容易将 AB 部分标注成力 F_1 的力臂 l_1、CB 部分标注成力 F_2 的力臂 l_2(见图 3),而没有意识到 AB、CB 仅表示力 F_1、F_2 的作用线,AO、OC 部分才是力 F_1 和力 F_2 的力臂 l_1、l_2(见图 4)。

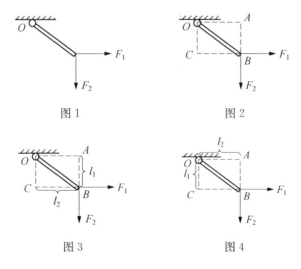

图 1　　　　　　　　　　　图 2

图 3　　　　　　　　　　　图 4

再如图 5 所示的情景，需要学生正确判断力 F_1、F_2、F_3 的力臂。学生很容易认为这 3 个力的力臂都为 AO，或根本搞不清楚哪个线段能准确对应这 3 个力的力臂。

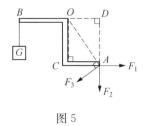

图 5

三、教学目标设置

综合以上教学内容与学情实际，对于"力臂"这一概念的教学，教师需要结合学生的实际情况，从生活中的情景出发，让学生感性认识影响杠杆的作用效果与哪些因素有关。然后引入自制教具，将抽象的概念变为具体的物体，让学生能够形象地感受到力臂是支点到力作用线的距离，理解力臂对杠杆转动效果产生的影响。通过自制教具，能够提高学生的学习兴趣和参与度，同时帮助学生突破学习中的困难，形成物理观念。

四、教学过程

（一）教具结构及制作方法

自制"杠杆"教具的结构主要由平衡螺母、固定旋钮、刻度板、金属套环、强磁铁组成（见图 6）。

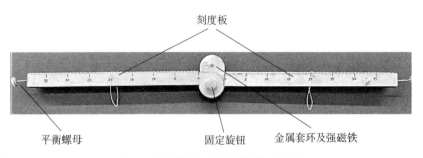

图 6 自制"杠杆"教具的结构示意图

制作教具时，首先通过软件设计相关组件的规格，并利用激光切割切出左右两块刻度板。刻度板上侧有一排锯齿，在悬挂钩码时有助于固定钩码的位置。接着用电钻在中间打孔,用一根粗螺丝作为固定旋钮,当需要将杠杆变形时,可以拧松旋钮,使两侧刻度板弯折,再拧紧旋钮,固定弯折角度。然后在刻度板的两侧装上一对平衡螺母,每次将杠杆变形后需旋转平衡螺母调整杠杆的平衡位置。在两块刻度板的中点钻孔,装上金属套环。课堂演示时,可以先把有轴的强磁铁吸附在黑板上,把金属套环套在轴上,利用教室里的黑板进行演示。最后在刻度板上均匀地标上刻度,便于演示时直接在杠杆上读出力臂。

(二) 教学过程

教师:平时生活中我们可以利用撬棒撬起重物,撬棒就可以看作是一根杠杆,请大家观察如图 7 所示的图片,想一想分别用力作用在 A、B 两个位置,产生的效果相同吗?

图 7

学生:不相同。

教师:具体来说,有什么不相同?

学生:用力作用在 A 处更轻松。

教师:很好,这说明力对杠杆产生的效果除了和用力的大小有关,还可能与什么因素有关?

学生:所用力的作用点到支点的距离。

教师:具体来看,力的作用点到支点的距离如何改变力对杠杆产生的效果?

学生:力的作用点到支点的距离越大,力对杠杆产生的效果越明显。

教师:所以,生活中我们每次对杠杆用的力,只要离支点越远,效果就一定越好吗?

学生:是的。

教师:这的确是我们生活中经常容易感受到的,但事实真的如此吗?我们不妨通过实验来验证一下。

(教师演示)将自制杠杆调直,中点固定在黑板的强磁铁上,调节平衡螺母使杠杆在水平位置平衡。然后在杠杆左右两臂各悬挂一个钩码,调节钩码的位置,使杠杆在水平位置平衡(见图8)。引导学生读出所挂

钩码在杠杆上的刻度,并用粉笔在黑板上记录此时杠杆的位置,画出动
力和阻力的示意图。

图 8

再将杠杆调成弯折状,中点固定在轴上,调节平衡螺母使杠杆右臂
在水平位置平衡。在杠杆左臂、右臂的相同刻度处悬挂一个钩码(见图
9),组织学生观察杠杆右臂的平衡位置是否与第一次实验相同。

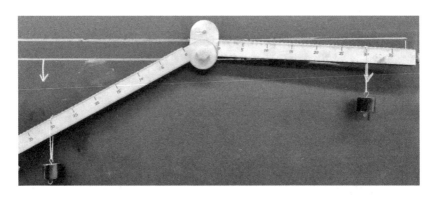

图 9

教师:在两次实验中我分别在杠杆的左臂同一位置悬挂了一个钩
码,使杠杆左侧所受力的作用点保持不变。请同学们谈一谈两次实验中
这个力对杠杆产生的效果相同吗? 为什么?

学生:不相同,第二次实验中杠杆右臂没有保持水平。

教师:对比两次实验,支点到力作用点的距离是否是对杠杆作用效
果产生影响的因素之一?

学生:不是。

教师:那么究竟是什么因素决定了力对杠杆的作用效果呢? 请同学
们再观察。

(教师演示)保持杠杆右臂钩码的数量和位置不变,调节杠杆左臂钩

码的位置,使杠杆的右臂水平平衡,并用一把直尺与左臂钩码所挂细线的位置齐平(见图10)。

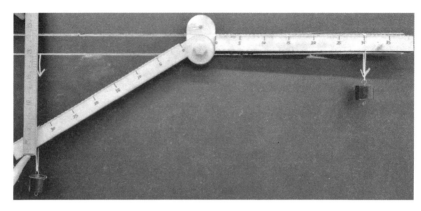

图 10

教师:此时左侧力对杠杆的作用效果是否与第一次实验时相同?

学生:相同的。

教师:对比两次实验所用的力有什么共同点?

学生:两次实验所用的力在同一直线上。

教师:两次实验中杠杆支点到力作用点的距离是否相同?

学生:不相同。

教师:两次实验中杠杆支点到力作用线的垂直距离是否相同?

学生:相同。

教师:从中我们可以发现,是什么决定了力对杠杆的作用效果?

学生:是支点到力作用线的垂直距离。

教师:很好,因此在物理中我们把"支点到力作用线的垂直距离"定义为杠杆上所受力的"力臂"。

五、教学启示

在初中阶段,学生对于物理的理解更多是基于他们自身的感性思维。因此,在教学中,教师应该从学生的角度出发,让他们通过生活中的活动感受到物理。在教"力臂"这一概念时,教师可以先通过创设情景来引发学生思考,例如"撬石块"等活动,让学生感性认识力对杠杆的作用效果与哪些因素有关。接着,教师可以通过自制的可弯折的"杠杆"教具进行演示实验,引导学生的理性思维,让他们体验到理性思维和感性思维的碰撞。通过观察、思考、对比的过程,学生可以很自然地理解"力臂"这一概念。相比起教师直接告知学生,学生能够对知识形成更深的印象。这种以生活实例为背景、以自制教具为手段的教学方式更加贴近学生的生活,让他们更好地理解物理学的知识,同时也激发了学生的学习热情。

经过实践,笔者在所任教的两个程度相近的八年级教学班中,分别采用了传统讲授式的教学和自制"杠杆"教具引入的教学。发现在以传统教授式方法教学的班级中,学生在回答如图1、图5所示情景时,全班40人中的25人能正确回答(约占62.5%)。而利用自制"杠杆"教具进行的教学班级,学生在回答如图1、图5所示情景时,全班40人中的36人能正确回答(约占90%)。从中可以发现在利用自制"杠杆"教具进行的课堂教学中,相对于以往讲授式的传统教学,学生能够更好地做到区别"点到点的距离"和"点到线的距离",这也为后续对杠杆知识的进一步学习打好了基础。

随着核心素养的提出和课堂转型的不断推进,自制教具作为一种新型的教学手段,可以为教学带来更多的可能性。其中,学习将物理规律转化为技术应用,是一种可以利用自制教具进行教学的合适情景。在教学过程中可以引导学生成为教具制作的主体,让学生利用所学知识、原理制作简易的工具,如利用废旧弹簧制作测力计,用放大镜制作简易投影仪等,然后在课堂上进行交流和展示。相比传统的教师在课堂上直接介绍这些工具,学生在自己动手实践的过程中,更容易理解物理规律和应用。通过这种方式,自制教具不仅能够拓展教师的教学手段,还能够有效地培养学生的科学思维,提高他们的物理学科核心素养。

六、结语

虽然自制的"杠杆"教具相比起传统实验中的直杠杆改动并不大,但是对于"力臂"这一概念的呈现却更加直观,有简洁、生动、可视化的特点。在初中物理的教学中,其实也有许多知识内容可以通过自制教具提高教学效果,具体的实施与设计可以从以下几个方面入手:1. 巧设趣味情景引入课堂。如学习运动学知识时,课前在硬卡纸上画上树木建筑等图案,制作一个活动背景板,录制一段背景板移动而物体静止的短视频,引发学生观察与思辨:究竟什么是运动? 什么是静止? 激发学生趣味的同时引入"运动"的课题,调动学生主动学习的积极性。这样一来,学生可以通过观察背景板和物体的运动状态,开始思考和探究"运动"和"静止"这两个概念的含义。通过这种趣味情景的引入方式,可以调动学生的积极性,提高他们对课程的参与度和投入度。2. 化抽象为具象。如学习电流、电压部分知识时,可以用软管、电动水泵等材料自制"水路",将它与电路形成类比,使肉眼不可见的电学过程,化作学生生活中熟悉的、具象化的过程,帮助学生构建相应的物理概念。3. 利用传感器等数字化设备捕捉短暂的物理现象。传感器等数字化设备具有高精度、高灵敏的特点,能够辅助师生在实验中捕捉某些稍纵即逝的物理现象。如学习"做功改变内能"时,可以借助温度传感器测量打气和放气时气体温度的变化,把这个过程中短暂的、微小的物理变化清晰地展示出来。

以自制教具为依托的课堂教学,拓展了教师教学演示的手段,给学生提供了丰富的视觉、听觉等感官素材,有效地培养了学生的科学思维,对学生物理学科核心素养的培养起到了较好的作用。

参考文献:

[1] 上海市教育委员会教学研究室. 上海市初中物理学科教学基本要求[M]. 上海:上海科学技术出版社,2022.

[2] 上海市中小学(幼儿园)课程改革委员会. 物理八年级第二学期(试用本)[M]. 上海:上海教育出版社,2019.

12　基于单元教学设计，促进学生知识构建

杨棋雯

一、教学内容分析

　　数据表格处理一章是初中信息科技中难度比较大的一章。原因在于学生使用数据处理软件 Excel 的先前经验相对较少，而 Excel 中的排序、筛选、函数与公式数值计算、制作图表等一系列数据处理过程，学生学起来也晦涩难懂。

　　传统课堂中学生先观看老师进行演示，然后对同样的数据进行操作。但这种机械地模仿，没有真正激活学生的思维，让学生在丧失创造能力的同时，也没有真正牢固地掌握知识。数据处理背后对数据的筛选、归纳、转换、重组、反思等关键环节往往被忽视。更重要的是，脱离真实应用的数据无法让学生体验如何通过数据处理形成更具有价值的信息，从而学生也无法体会到数据信息加工的意义与价值。

　　在教学设计上，数据表格处理一章的教学常常被分为独立的几个课时，每个课时中教授一个技能。但是这种离开了单元设计环节的课时计划，不过是停留于碎片化知识技能的训练而已，把教学内容碎片化地当作知识点来处理，缺乏"全局性展望"。而碎片化课时会让老师更注重"事实性知识"的传递，而忽略以"方法论知识"为核心的能力提升。单元设计可以将碎片化知识与技能串联成一个真实的研究项目，展现章节的全貌。课堂的重点不再是知识与技能的单向传递，而是应用知识与技能进行真实的研究或解决问题的思维方式。同时，站在高位的单元设计的备课过程将有利于促进"信息意识""计算思维"等核心素养的落实；而真实项目的研究会促进知识和方法的迁移，形成"结构化"的知识体系。

本章将碎片化的知识点与技能进行整合,基于"构建主义的学习设计"进行单元设计,使习得的技能应用于合理的数据处理与分析,促进学生理解性学习是本研究的探索重点。

二、学情分析

一方面,使用 Excel 对数据进行处理涉及众多技能上的操作,学生一次性识记是比较困难的。为学生提供"操作帮助手册或视频",让学生能够反复观看,这是当学生忘记操作时能进行自学的有效途径。同时,也让学生知道,在现实生活中,我们可以借助网络查找相关资料进行自学。另一方面,六年级的学生还不具备进行独立、完整的研究的能力。

脚手架代表了教师或者教学系统对于任务本身所进行的一些操纵,包括为学习者完成部分任务从而弥补学习者完成该部分任务的能力的不足,提供认知工具来帮助学习者完成任务或者调整任务的性质或难度。

通过学情分析,搭建脚手架,将项目拆分为形成研究假设,选择数据进行计算处理,制作表格,绘制图表,对数据进行分析与反思等小任务。设计专门的活动单,对完成研究的路径进行引导,促进学生自主构建知识体系。当完成一系列任务时,整个研究就完成了。活动单详情见表1:

表1　活动单　全球气温变化研究

全球气温变化研究:					
	我的推测	研究每年什么数据的变化?	使用的运算方式	计算数据	任务说明
任务一:分析与计算需要的数据	□全球变冷 □全球变暖			将计算的数据填入下表中。	1. 分析研究需要的数据; 2. 选择合适的运算方式; 3. 合作与分工,进行计算。

全球气温变化研究：			
	我的表格		任务说明

任务二：建立表格	表格三要素：标题表头内容	标题		1. 对标题、表头进行修改； 2. 填入计算的数据。
		年份	表头1(单位) 表头2(单位)	

	我的图表	图表种类
任务三：建立图表		选择合适的图表类型： 柱形图 折线图 饼图

	我的数据与图表支持我的观点吗？为什么？结合数据进行分析。	分析说明
任务四：分析数据	分析模板：我的数据与图表支持全球（变暖/变冷），因为……	可以根据分析模板进行分析，也可以使用自己的话语进行数据分析。

	为了更好地研究全球气温变化,可以再加入哪些数据？	分析说明
任务五：对数据的反思	反思模板:我认为目前的数据足够/不足够支撑我的观点,还可以加入……	可以根据反思模板书写,也可以使用自己的话语对数据进行反思。

三、教学目标设置

了解 Excel 表格之于 Word 与 PPT 的数据处理能力的区别,学习基本函数、排序、筛选与公式的使用,并对天气的原始数据进行合理的数据转换与计算从而形成新的有价值的数据。然后使用图表对新的数据进行更直观的信息处理。了解构成图表的基本要素,图表的种类及不同类型的图表的区别,并能独立创建图表。在研究的过程中感受电子表格处理软件对解决问题带来的便捷与高效。最后对数据进行有意义的解释并结合数据对研究进行反思。

四、教学过程

对 Excel 单元进行单元设计,采用项目式教学策略。基于"构建主义的学习设计"要素——问题情境、支架、任务、展示、反思等,进行教学设计。

构成情境这一要素的焦点在于,唯有把学生置于来自社会情境的要求,借助教育话题的系统化,使学生所拥有的能力得到挖掘。因此,本单元教学选择"全球气温变化"这一真实的社会问题作为研究主题,为学生提供每天的最高温度与最低温度作为研究数据,研究问题是"你认为全球气温是变冷还是变暖,请使用数据进行说明"。

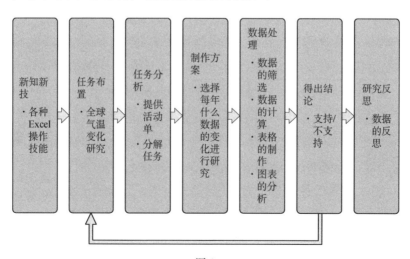

图1

学生首先对天气变化研究的任务进行分析与分解,思考选择什么样的数据能够体现气温变化,形成研究方案。再基于已有的技能操作,通过对天气数据进行筛选、重组与运算等处理,形成新的数据表格,并借助图表将数据可视化,直观地展示天气的变化情况。基于数据得出结论,最后对研究的数据进行反思。因此,完成项目共需要 6 个课时(见表 2):

表 2

课时	课程名称	教学内容与目的
第 1 课时	电子表格的制作	学习电子表格应用软件,以及如何制作表格
第 2、3 课时	天气数据处理	学习函数与公式、排序与筛选 对天气的原始数据进行处理形成新的有意义的数据表格
第 4、5 课时	图表,让数据可视化	学习图表的要素以及如何制作图表 选择合适的图表直观地展示天气数据的变化趋势
第 6 课时	分析数据,得出结论	基于图表分析天气变化的走势,得出结论。 对数据是否能够充分支撑研究结论进行反思,提出新的研究数据论证

在完成课堂教学后,我们可以对学生成果进行展示。知识的社会构建必须向他者展示自己的知识,同他者分享自己的思考。当学生独立完成研究后,需要和他人分享自己的作品。在课堂层面,让学生向全班分享自己的研究数据与结果,了解他人的想法,让每一位学生的思维都得到尊重与发展。在教室环境层面,将一些相异的作品打印出来进行张贴,课后学生可以仔细观看,形成相互借鉴、欣赏、学习的氛围。

要通过数据加工形成更有价值的信息的重要一环就是对数据进行反思,否则,学生得到的数据只是简单的计算结果,缺乏对数据背后意义的思考。在任务四的展示中,学生会发现,不同的数据得出的结论并不一样,这种不一致的结果又促进学生在任务五中,反思自己的数据是否足够支持自己的研究结论,即对数据的完整性与全面性的反思。反思的过程也是学生发展其批判性思维的过程。

五、教学启示

（一）"构建主义的学习设计"实施要点

1. 真实的数据

脱离了现实社会的课题和扎根生活的真实，就会远离真正的学习。因此，研究数据是 2010 年至上课当天每天的最高气温、最低气温、白天天气状况与夜间天气状况等真实的原始数据。老师可能一眼就看出要研究气温变化并不需要知道天气状况，而当年的天气因为还不是全年数据，也不能使用。但是提供多余信息的一个主要目的是让学生能自行提炼与筛选需要的数据。

2. 数据的量足够大

一方面，学生还没有主动运用 Excel 进行计算的习惯，如果面对过于简单的数据，他们可能习惯性选择口算、笔算或者计算器。但是对全年的数据量进行计算会让学生认识到 Excel 计算的强大与便捷之处。另一方面，要熟练掌握一项技能必然需要多次的练习，Excel 的操作较多，不是教师演示一遍学生就能记住的。因此，课上提供了将近十年的数据，学生能反复对函数或者公式进行练习。

3. 搭建学生能够自学与开展研究的脚手架

制作"使用帮助手册或视频"方便学生反复观看学习技能，促进学生通过图片说明与视频进行自学的能力；而活动单是必不可少的，六年级学生可能先前并没有类似的研究经验，因此，需要教师将研究过程分解成引导式、明晰化的单个任务。针对"什么样的数据能够反映天气变化"这个问题可以先让同学进行头脑风暴，教师再对提出的方案进行正确的引导。

4. 展示的目的是交流

学生的研究答案可能并不一样，比如有些同学选择研究每年最高温度的变化，有些选择每年最低温度的变化，有些选择每年平均最高气温的变化，有些选择每年平均最低气温的变化，在展示交流的过程中就是学生不同思维的相互碰撞。这里需要注意的是，很多同学认为全年平均温度就是将全年每天的最高气温与最低气温相加求平均,所以需要教师对此错误认知进行提醒与纠正。

5. 对数据的反思极其重要

技术是工具而不是最终的目的。在教学中,不仅仅需要关注学生使用技术的正确性,更重要的是使用数据的思维能力,对数据的反思能力。

6. 引入自我评价

可以让学生对自己的学习掌握程度进行评价。如表3所示:

表3　全球天气气温评价表

自评表(0—5分)		
评分项	自评	教师评价
能说出数据表格与普通表格的区别		
会使用 Excel 对表格数据进行运算		
会根据需求正确建立表格		
能根据数据特征选择正确的图表		
会使用图表进行分析		

(二) 研究成效

单元设计通过对天气变化现象的研究,促进了 Excel 章节知识与技能的"综合化",提升了学生的思维品质。让课堂不再是机械的技能操作,而是根据问题情景,体验筛选数据,利用合理的技术对数据进行处理,得出更有意义有价值的研究数据,反思数据的真实的研究过程。学生完成的研究作品如表4和表5所示:

表4　学生作品1

全球气温变化研究:				
任务一:分析与计算需要的数据	我的推测	我需要的数据	需要的运算方式	计算数据
	全球变暖	这几年最高温度平均值	平均数	将计算结果填入下表

		2011—2018 年最高/最低温度平均值		
任务二：建立表格	表格三要素：标题 表头 内容	年份	最高温度平均值（度）	最低温度平均值（度）
		2011 年	20.88	14.12
		2012 年	20.48	14.14
		2013 年	21.64	14.63
		2014 年	21.79	14.86
		2015 年	20.95	14.84
		2016 年	21.45	15.43
		2017 年	21.79	15.52
		2018 年	21.74	15.49

	我的图表
任务三：建立图表	

任务四：分析数据	我的数据与图表支持我的观点吗？为什么？结合数据进行分析。
	分析模板：我的数据与图表支持全球变暖，因为两张图折线趋势明显上升，说明气温变高。

任务五：对数据的反思	为了更好地研究全球气温变化，可以再加入哪些数据？
	反思模板：我认为目前的数据不足够支撑我的观点，还可以加入全球冰川面积变化的数据。

表 5 学生作品 2

		全球气温变化研究：		
任务一：分析与计算需要的数据	我的推测	我需要的数据	需要的运算方式	计算数据
	全球变暖	2011—2019 年最高/最低气温	算最大值	将计算的数据填入下表中

		我的表格	
		2011—2019 年最高/低温度	
		年份	最高温度（摄氏度）	最低温度（摄氏度）
任务二：建立表格	表格三要素：标题 表头 内容	2011 年	37	−3
		2012 年	38	−4
		2013 年	40	−2
		2014 年	36	−1
		2015 年	38	−1
		2016 年	39	−7
		2017 年	40	−1
		2018 年	37	−3

	我的图表
任务三：建立图表	

任务四：分析数据	我的数据与图表支持我的观点吗？为什么？结合数据进行分析。
	我的数据与图表支持全球变冷,因为平均每年的温度数据起伏不定,2016 年最高温度下降到 36 度,2017 年下降到 −7 度。

任务五：对数据的反思	为了更好地研究全球气温变化,可以再加入哪些数据？
	我认识目前的数据不足够支撑我的观点,还可以加入每年的平均温度。

从上面两位均猜想"全球变暖"的学生的作品中可以看出,使用同一个原始数据,研究不同数据的变化,可能得到不同的结论:第一位同学的研究数据支持全球变暖,而第二位同学的研究数据说明既没有全球变暖也没有全球变冷。有些同学对图表进行了更细致的走势分析,并得出结论:"我的数据与图表支持全球变暖,因为图表的走势是向上,说明全球正在变暖。

但是在 2019 年走势向下,说明人类已经意识到全球正在变暖,开始对地球进行保护。"但是他们进一步对自己的数据进行了反思,认为目前的数据不足够支持自己的研究观点。并对进一步研究全球气温变化还需要加入的数据进行了思考。从科学上说,本次提供的数据是上海近 10 年的天气数据,并不能研究全球的温度变化,并且 10 年的数据跨度过短。有同学提出还可以加入中国其他地区的气温变化情况以及 2001 年至 2009 年的气温变化情况以进行更多的数据支撑。通过这次活动,学生学会了使用数据来证明自己的假设,并能够对数据进行反思,以取得更好的研究结论。

(三) 研究反思

"构建主义的学习设计"还包含协同这一要素,是本次单元教学设计中所欠缺的。笔者认为 Excel 技能的学习目标应达到独立操作所学技能的水平,因此,课堂上基本是学生独立思考完成任务。但是对于一些同学本次研究难度似乎较大,他们难以独立完成。

笔者重新反思教学流程,发现方案的制定是可以进行讨论的,学生的思维是可以进行分享的。通过协同合作,可以达到个人学习达不到的高度。那么,组建"协同学习"小组,学生可以对个人难以想到的方案进行讨论,在对数据进行处理的过程中相互帮助。美国缅因州国家训练实验室研究成果"金字塔理论"表明让学生教学生教学效果可以达到 90%。

单元设计不可能一蹴而就,它是一个需要经历种种迷茫、困惑、冲突、感悟、发现,否定——肯定——再否定——再肯定的过程。在单元设计开花结果之前还需要一线教师在不断的实践中,积累宝贵的经验。

参考文献:

[1] 陈静静,等. 跟随佐藤学做教育,学习共同体的愿景与行动[M]. 上海:华东师范大学出版社,2015:5.
[2] 钟启泉. 课堂研究[M]. 上海:华东师范大学出版社,2016.
[3] 戴维·H·乔纳森. 学会解决问题:支持问题解决的学习环境设计手册[M]. 上海:华东师范大学出版社,2011.
[4] 上海市教育委员会教学研究室. 上海市初中信息科技学科 教学基本要求(试验本)[M]. 上海:中华地图学社,2017:12.

13　基于中考改革背景下"教考融合"的探索
——以"武术:少年连环拳"为例

焦　倩

一、教学内容分析

2018 年,市教委印发了《上海市教育委员会关于印发〈上海市小学体育兴趣化、初中体育多样化课程改革指导意见(试行)〉的通知》(沪教委体〔2018〕36 号)。根据意见精神,要积极探索多样化教学组织形式,促进信息技术与体育课堂教学的深度融合,构建基于现代教育技术和网络教育资源的新型教学模式,使每一位学生都能在适宜的环境中学习运动技能。

因此,选择教学方法,应考虑不同内容的具体特征。我们通过对教材重新加工、吸收教材、掌握教材特点并借鉴以往的教学方法应用于此课堂之中,最后在上海市格致初级中学初二年级学生中进行相应的教学实践,以此提高课堂教学质量和进行"教考融合"的探索。

"武术:少年连环拳(1)"是八年级《体育与健身》基本内容Ⅰ的武术教学内容。本节课是本单元的第 5、6 课次,主要从组合动作的劲力、连贯性以及动作组合的节奏入手,提高学生的动作规格以及演练的水平,并尝试在比赛情境下进行展示,为今后学习武术其他技术和比赛打下良好的基础(见表 1)。

表1 武术:少年连环拳(1)的教学内容分析

动作结构	相关体能	理论依据	育人价值
动作过程: 并步抱拳—弓步冲拳—弹腿冲拳—马步冲拳—弓步冲拳—弹腿冲拳—马步冲拳—弓步左右推掌—按拦推掌—上架蹬踢—马步推掌—弓步左右推掌—按拦推掌—上架蹬踢—马步推掌 动作要点: 弹腿动作:提膝弹腿,力达脚尖。 蹬踢动作:提膝蹬踢,力达脚跟。 关键环节: 劲力充足,用力顺达,力点准确,手眼步伐配合,节奏分明,精神饱满。	需要学生具备较好的上、下肢力量及核心力量,同时,完成高质量的弓马步对学生的柔韧度提出了较高要求。	结合二力平衡、作用力与反作用力以及力学原理分析该动作。 二力平衡:在步型的快速移动或转换时,瞬间启动后,随即动中急停,并保持身体的平衡。 二力平衡原理:在冲拳或推掌时迅速回收,形成外力与内力,同向力与反向力的整合,所呈现出的一种完美的击打力。 作用力与反作用力:在弓马步型的移动转换中脚蹬地瞬间产生的作用力,由地面的反作用力传递到腰部→髋部→肩部→冲拳(推掌),最终力达拳面(掌根)。	培养学生武术运动中的攻防意识,进一步提高了武术运动防身自卫、强身健体的健身价值;以武术为载体,将技术传授与传统文化思想传播相结合,加强学生对民族传统文化的意识,树立学生文化自信;渗透武术运动的礼仪教育,培养学生对武术礼仪、礼节的学习,重视尚武崇德,修身养性。

二、学情分析

对于《上海市初中毕业升学体育考试工作实施方案》中新增体育项目的教学,结合实际学情,调整课堂教学设计,增强学生体质,引导学生积极参加体育活动,养成自觉进行体育锻炼的习惯,促进身心全面健康发展。因此,"教考融合"课堂应探索新的教学模式,呈现相辅相成的教学形式,从而提高教学质量。

本节课的教学对象是八年级自然班,通过前4节课的学习,学生基本掌握了少年连环拳(1)的套路动作,但是在动作规格(如:弹腿蹬腿劲力不充分,步型转换重心不稳)、用力方法、精气神的体现上存在问题,故本课结合学生的兴趣点,在课堂的实践中创设不同友伴互助、小组合作等练习形式,引导学生在规范性、连贯性等方面做进一步的提升和强化(见表2)。

表2 格致初级中学八年级学生的学情分析

教学对象	认知水平	身心特点	能力水平
格致初级中学八年级学生	八年级学生已经学习过十步拳、五步拳等基本步伐和拳法,基本掌握了武术基本动作,且具备一定的知识迁移能力,为学习少年连环拳提供了有利条件。	生理:八年级学生身体发育正处于敏感期,男生虽具备一定的下肢力量及腰腹力量,但爆发力水平一般,同时柔韧性和协调性还有待进一步提高;而女生总体来说柔韧性和协调性较好,但是上下肢力量及腰腹力量都比较欠缺,有较大的提升空间。心理:八年级学生正处于青春发育期,男生活泼好动、表现欲强,喜欢挑战自我,但容易出现急躁缺乏耐心的情况,而女生懂得团队协作,课堂纪律较好,但性格内向不善于交流。	八年级学生具有一定武术基础,但是在动作规格、用力方法、精气神的体现上存在一定的问题,需要进一步的提升与强化。

三、教学目标设置

(一) 学习目标

1. 复习少年连环拳(1),借助信息技术和条件作业等,体验并感知弓步冲拳等武术动作的"劲力",进一步提高组合动作的连贯性。

2. 体能练习融入武术学练,增强上肢下肢力量及协调配合的能力,初步养成科学锻炼的习惯。

3. 学练活动中，表现出积极进取、敢于挑战、互评互助的行为，体现良好的武德修养。

（二）单元教学设计

1. 在基于学科核心素养培育的基础上，重点关注教材内容的知识与技能、体能发展和育人价值，并通过研读《课程标准》与单元规划、分析教材与学情、选择教法的操作路径，设计本单元教学的一系列"问题链"，解决单元内课时或课次划分的问题，也为确定课时教学目标、设计学生活动等提供了重要依据（见图1）。

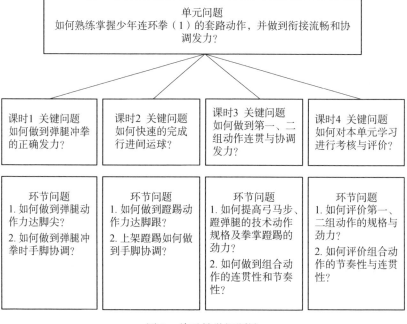

图1　单元教学问题链

2. 单元评价设计

单元终结性评价：从动作技术标准检测技能学习的达成情况，采用自评、师评、互评方式。

表3　单元评价设计以及终结性评价

学生姓名	评价者	日期
等级评价	评价标准	
优秀	熟练完成少年连环拳(1)动作,动作规范,方法正确,劲力充足,用力顺达,力点准确,手眼身法步配合协调。节奏分明,精神饱满,没有遗漏和失误动作。	
良好	顺利完成少年连环拳(1)动作,动作较规范,方法较准确。劲力基本充足,手眼身法步配合较协调,节奏较分明,精神集中,没有遗漏和明显失误。	
合格	基本完成少年连环拳(1)动作,动作基本规范,方法基本正确,劲力基本充足,手眼身法步配合基本协调,节奏基本分明,精神基本集中,没有遗漏和明显失误。	
有待提高	不能完成少年连环拳(1)动作,动作不规范,方法不正确,劲力不充足,手眼身法步配合不协调,节奏不分明,精神不集中,有遗漏和明显失误。	

四、教学过程

本节课通过有针对性的游戏与自编操,使学生快速进入学习状态,为主要内容的学习打好基础。

(一)课堂常规

在本堂课一开始,通过大屏幕投屏出来的武馆照片进行场景描绘,可以激活学生的形象思维,帮助学生集中注意力,调动学生参与积极性,并进行一些课堂常规。

(二)热身活动

游戏导入是教师首要注重的问题,好的导入能成功吸引学生的注意力,激发学生的学习热情。学生拥有非常强烈的好奇心,且容易受人诱导,教师可以充分利用此特性,以体育游戏的方式激发学生参与的热情。

1. 自编操（音伴）
2. 游戏：节奏大师

（三）在主教材教学中

利用多样的辅助教具和多媒体技术来提高动作规格；通过学生线下作业与教师现场示范，来引导学生组合动作之间的不同节奏；通过音乐渲染情境，音乐可以调节人的情绪，音乐旋律和节奏的变化会营造出不同的学练情境。运用鼓点来引导学生掌握动作之间的连贯性与节奏；利用击破木板，展示动作的劲力并鼓励学生积极尝试；设置不同级别，让学生提高拳掌腿法的发力；创设情景，巩固技术动作的规格并体验模拟打分；根据武术教学的特点，将体能练习融入主教材中，提高练习的强度。

（四）结束部分

使用了太极拳的放松练习，将武术贯穿于教学的始终。

五、教学启示

（一）创设真实教学情景，打造高效课堂

情境教学是指创设含有真实事件或真实问题的情境，学生在探究事件或解决问题的过程中自主地理解知识、建构意义。教学情境就是以直观的方式再现书本知识所表征的实际事物或者实际事物的相关背景。显然，教学情境解决的是学生认识过程中的形象与抽象、实际与理论、感性与理性以及旧知与新知的关系和矛盾。捷克教育家夸美纽斯曾说："一切知识都是从感官开始的。"

情景教学中的事件或问题是基于现实生活的真实任务，与学生的生活密切相关，情境教学突出语境的应用，要求教师通过各种手段创设具有一定感情色彩的具体场景。

体育教学传统的模式往往是教师简单的描述和单一的动作，这对于武术的教学来说是很难达到预期效果的。由图2我们可以看出多媒体具有鲜艳和生动的图像，动静结合的画面和智能性的启发诱导功能，能使

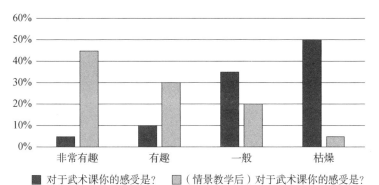

对于武术课你的感受是？　■（情景教学后）对于武术课你的感受是？

图 2　学生在传统教学与情境教学中对武术课的感受对比

呈现的教学内容形象生动、富有感染力，使学生在学习过程中的注意力、情感兴趣等心理因素保持良好状态，认知心理得到充分发展，促使学生积极主动地参与到体育锻炼中去。教师可以根据教材内容特点、教学目标、项目风格以及学练需求，选择合适的音乐素材，为提高教学效果而实施相应的配乐。本课堂中，第一个导入时的游戏用的就是学生比较喜爱的《下山》音乐，借助多媒体模拟打游戏时的情景，让学生在热身的同时，体验运动带来的乐趣。

（二）探索双师教学模式，优化教学方法

在体育教学中，教师多数是采取"镜面"教学的方法，指的是教师面向学生进行教学。但是，由于武术的动作组合较为繁琐，而且经常出现腰间是拳，推出的是掌的动作。

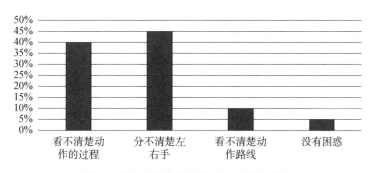

图 3　学生在传统教学中对武术课的感受

由图 3 我们可以看出,在课上绝大多数学生是分不清楚左右手的。当一位教师进行"镜面"教学时,不免出现学生也做出一样的动作,而造成学生不知该出左手还是右手的状况;或者教师在教学中出现反复正面背面的转身,这样既浪费了课堂时间,也纠正不了学生的错误动作,大大降低课堂效率。

在课上,学生对于看不清动作过程的困惑也较多,教师背面示范讲解时看不到学生学习的状态,对于过程性动作的讲解也不能很好地把握节奏。所以,在本次课堂中引入了多样化的教学,有两位教师进入本次武术课堂。当一位教师在示范动作时,一位教师进行讲解;有背面动作时,另一位教师示范,这样既减少了来回的时间,也可以对学生的错误及时纠正。这次探索结合了多样化教学,减少了教师"讲解"的时间,把更多时间留给学生。一方面,便于教师讲解动作和学生观察动作;另一方面,一位教师注重教授知识技能,另一位教师注重"育人"也帮助了课堂中较为薄弱的学生。

(三)融合线上线下资源,提升课堂效率

后疫情时代,在体育学科"空中课堂"线上线下教育取得巨大成功的基础上,将线上学习与线下学习相结合也是很重要的。例如:在课堂上,在纠正武术"少年连环拳"的重难点后,教师组织学生观看线上学生完成武术"少年连环拳"的视频,再进行对照、自我纠正、互相纠正,提高课堂的效率。在教学设计时,教师要充分考虑线上居家练习的特点,做到线上居家能运动,线下学校能开展。采用线上线下融合式教学模式,充分考虑学生居家学习与校内学习的共通性和差异性,注重师生互动,进行合理的教学设计。例如:在课堂中,手靶、脚靶的运用让薄弱的学生练习弹腿、蹬腿的单动作;弹力带让学生更好地练习冲拳、推掌的单动作;用这些组合器材练习组合动作。这样不但节省课时提高了课堂效率,还帮助学生养成了运动习惯,更有利于落实健康目标。

(四)借助现代信息技术,实现多元评价

"从体育教学来讲,我们要教会学生基本运动技能,其实就是居家的个人自我锻炼能力。下一步整个学校的体育教育改革,首先就是推动在

体育课上教会学生健康知识、基本运动技能和专项运动技能。"王登峰表示,将来体育课也必须布置作业。现在,在课后也加入了体育课的作业,这样才能够确保学生掌握运动的技能。将线上学习与线下学习相结合,实现家校互动,助力实现"教会、勤练、常赛"的目标,进而提高学生的健康水平。通过线上布置家庭作业,让学生先学;线下,根据学生线上学的情况,以学定教。

参考文献:

[1] 徐阿根.上海市初中体育多样化课程教学实施指导手册[M].上海:少年儿童出版社,2019:7—9.
[2] 吴文峰.新形势下初中体育教学中教育信息应用探究[J].教育信息化论坛,2019(02):175—175.
[3] 周军平.基于初中体育教学中学生核心素养的培养分析[J].学周刊,2020(05):144.
[4] 覃秀样.初中体育信息化教学浅谈[J].山海经:教育前沿,2021(23):1.
[5] 李宁."以学生为中心,'线上'+'线下'混合式教学模式"研究与实践[J].科学导报,2019(09):44.

14 基于培养学生自主学习、合作学习能力的初中数学活动课实践探索
——以"平面镶嵌"教学为例

杨 影

动手实践、自主探究、合作交流是数学学习的重要方式,能够全面提升学生的数学学科素养,获得解决生活实际问题的能力。但就目前的现状而言,学生大多拥有了较强的解题能力,而动手能力、实践能力、创新能力却有所欠缺,一旦遇到从没见过的题或一些生活实际问题便无从下手,长期如此也会造成学习自信的缺失。为此教师在课堂中做了很多尝试,如增加大量自主学习、合作学习的机会,但仍然存在着因时间较短造成学生无法进行深入探究而浅尝辄止的现象。

因此,笔者尝试将完整的一堂课作为学生自主学习、合作学习的平台来进行实践探索,为学生提供足够的时间与机会。课堂内容的选择基于沪教版初中数学教材中每一章节后的探究活动、阅读材料、拓展部分,这些课题都很适合培养学生的创新精神及分析、解决生活实际问题的能力。在此,笔者以"平面镶嵌"教学为例,从学生的角度考虑他们的思维方式,以问题解决为核心,基于学生的自主学习、合作学习能力进行初中数学课堂实践探索。

一、教学内容分析

"平面镶嵌"是沪教版七年级《数学》教材上册第十一章"图形的运动"中的阅读材料,希望学生通过学习,知道图形的运动在生活中有着广泛的应用,并通过欣赏与制作美丽的图案,发现数学中的美。

为了改变学生课堂学习方式,进一步培养学生的自主学习能力、合作学习能力、动手操作能力,笔者对教材进行了重组,将本节课放置在七年级第二学期进行教学。在学习了第十四章"三角形"第一节"三角形的有关概念与性质"之后,继续学习八年级第二学期第二十二章"四边形"中的"多边形内角和",随后学习本节课。如此安排是因为三角形的内角和、外角和与多边形内角和、外角和有着紧密联系,同时也是平面镶嵌涉及到的相关理论知识,这样的设计使本节课有了更强的理论基础。

本节课是一节活动课,以学生的自主学习、合作学习为主,是在学习了图形的运动、三角形的概念及性质、多边形的内角和、外角和公式的基础上进一步提出的。它再次体现了多边形内角和公式在实际生活中的应用,能够让学生充分感受到"数学来源于生活"。本节课学生需要经历观察、猜想、实验、推理、归纳及应用的全过程,不仅是改变学生课堂学习方式的一次实践,同时对于今后的几何论证学习也具有重要的指导意义。

二、学情分析

在本节课之前已经学过的内容有:"三角形""图形的运动""四边形""多边形内角和、外角和"等,学生对多边形的知识已有清晰的认知,这节课是学生对所学平面图形有关知识的一次综合应用。

本节课的教学对象是七年级的学生,他们对镶嵌的认识大多来源于对生活实例的感性认识,对内在的规律关注不够,但是他们对实践活动有很强的好奇心,乐于探索,并具有直观、形象的思维特征。因此,本节课设计实验探究活动,以问题为引导,让学生巧妙参与课堂,同时巧妙利用生活中的地砖图片、实物多边形卡片,采用具体、形象的教学形式引导学生学习。

三、教学目标设置

(一)教学目标

1. 了解平面镶嵌的意义,会分析用一种或多种多边形能否平面镶嵌。

2. 经历探索多边形平面镶嵌条件的过程,培养应用数学知识解决实际问题能力、自主学习能力以及合作交流能力。

3. 通过欣赏、拼图与设计,感受生活中的数学,增强创新意识及审美能力。

(二) 教学重难点

1. 重点:探索一种及两种多边形平面镶嵌的条件。
2. 难点:两种正多边形的镶嵌问题。

四、教学过程

(一) 创设情境,引入新知

教师展示铺了不同地砖的图片(见图1),学生欣赏并感受铺地砖所要满足的要求,结合实例与图片表达出对平面镶嵌的理解,在教师的帮助下整理归纳出定义后,学生朗读并圈划重点。

平面镶嵌:用一种或几种平面图形无缝隙而又不重叠地铺满整个平面。

图 1

设计意图:平面镶嵌在生活中有着广泛应用,其中最常见、最典型的就是铺地砖,从生活中的铺地砖入手符合初中生的认知水平,能够吸引学生的兴趣。在提高学生观察、归纳能力的同时,感受生活中蕴含的数学问题,为后续探究活动的展开提供基础。

(二) 动手实验,合作探究

1. 小组活动一:拼一拼,哪几种正多边形能平面镶嵌,实验后填写表格(见表1),并派代表上台分享、展示成果。

每组 4 人,教师为每个小组提供形状大小相等的正三角形、正方形、正五边形、正六边形各 6 张。学生通过小组分工合作验证发现正三角形、正四边形、正六边形可以进行平面镶嵌,正五边形不能进行平面镶嵌。

表 1

	能否平面镶嵌	数量	内角和	单个内角度数
正三角形				
正方形				
正五边形				
正六边形				

设计意图:从较为简单的一种正多边形平面镶嵌入手,加强学生对平面镶嵌定义的理解,为后续探究提供方向。在应用已学过的多边形内角和公式解决问题的过程中,培养动手操作、分工合作、交流表达、问题解决的能力,建立学习自信。

2. 小组讨论:为什么正五边形不能进行平面镶嵌?

教师以此为切入点,引导学生把能平面镶嵌的条件聚焦到拼接点处,从而让学生归纳总结出平面镶嵌的条件,"同一拼接点处的所有角的和恰好等于 360 度",而正五边形单个内角度数不能整除 360,所以不能进行平面镶嵌。

设计意图:学生运用已有的知识对实验结果进行推理,建立起生活实际问题与数学学科的联系,把感性认识上升到理性认识的高度,说明了理论来源于实践,提高分析、归纳能力,提升数学学科素养。

3. 小组活动二:猜想任意形状、大小相同的三角形(四边形)能否平面镶嵌。小组合作构造模型,剪一剪、拼一拼(见图 2),验证实践后分享展示。

学生在拼的过程中发现要注意将相等的边重合,同时以数解形,以形助数,融入数形结合思想。根据平面镶嵌的条件"同一拼接点处的所有角的和恰好等于 360 度",将三角形三个内角分别记为∠1+∠2+∠3,将四边形的四个内角分别记为∠1+∠2+∠3+∠4,得出可以平面镶嵌的结论:

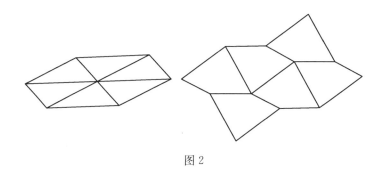

图 2

(1) ∠1+∠2+∠3=180°

    2(∠1+∠2+∠3)=360°

(2) ∠1+∠2+∠3+∠4=360°

设计意图:通过活动一对平面镶嵌需要满足的条件有了一定的认识后,进一步提出不规则的三角形、四边形能否平面镶嵌的问题。由学生合作探究,群策群力,其中纸片模型也需要学生自己动手制作,在实践的过程中体会从特殊到一般以及数形结合的思想,获得分析问题、解决问题的经验。

(三) 规律应用,展示提升

1. 小组活动三:拼一拼,运用提供的正多边形纸片探究哪两种正多边形能平面镶嵌?

通过小组合作探究得出几种不同的方案,正三角形和正方形、正三角形和正五边形可以,正方形和正六边形不行,并以数解形,以形助数。

(1) 正三角形和正方形　$60m+90n=360$

              $m=3,n=2$

（2）正三角形和正六边形　　$60m+120n=360$

$$m=4,n=1 \text{ 或 } m=2,n=2$$

（3）正方形和正六边形　　$120m+90n=360$

$$4m+3n=12 \text{ 无解}$$

设计意图:学生在六年级第二学期已经学习了二元一次不定方程的解法,解方程并不困难,但在将这个问题转化为数学问题时对学生来说存在一定难度。因此,在活动一、二的基础上,引导学生合作探究能否用两种或两种以上的正多边形进行平面镶嵌,层层推进,使知识与能力得到进一步的深化,提高自主学习、合作学习能力。

2. 练习:不通过拼图判断下列组合能否平面镶嵌?

（1）正方形和正八边形

（2）正三角形和正十二边形

（3）正五边形和正十边形

（4）_____（学生出题）

设计意图:学生独立运用探究获得的经验解决问题,检验学生对两种正多边形平面镶嵌问题的掌握情况。由学生出题、评价,寻找错误产生的原因,培养计算、表达以及纠错能力。

（四）归纳小结

在本节课的学习过程中,你有哪些收获?

设计意图:从知识、能力、过程体验等各方面自主小结,谈自身收获,逐步养成梳理知识、提炼方法的习惯。

（五）课后作业,创新设计

1. 自主探究三种正多边形的平面镶嵌情况。

设计意图:在课后继续延伸,进一步培养自主学习,分析问题、解决问题、探究问题的能力。

2. 欣赏平面镶嵌图片(见图3),说明除了常见的凸多边形外,不规则的图形也可以平面镶嵌。教师示范,利用图形的运动画出不规则图形的平面镶嵌图案(见图4)。长作业:学生课后查阅埃舍尔风格的平面镶嵌资料,作为小小设计师,以个人或小组为单位设计出独特的平面镶嵌图案。

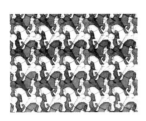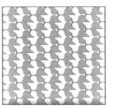

图 3　平面镶嵌图片

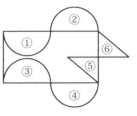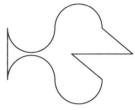

图 4　平面镶嵌图案

设计意图：对有能力的学生提出更高要求，在基础多边形的基础上通过图形的运动衍生出较为复杂的图案，增强学生的创新能力及审美能力，提高对数学学习的兴趣。

五、教学启示

（一）回顾历程，总结收获

本节课注重学生的实践与操作，通过"边学习、边实践、边总结、边应用"的学习方式，在"学中做、做中学"，整个探究过程由学生自主分析问题、解决问题、归纳结论并进行探索创造。把平面镶嵌的条件与多边形的内角和联系起来，逐步建立解题模型，从特殊到一般，从实践到理论，从具体到抽象，培养数形结合思想。笔者也从中获得了一些有关自主学习、合作学习的思考。

1. 精选教学素材，激发自主学习动机

并非所有的教学内容都适合作为活动课的素材，要选择一些有趣的、操作性、实践性都较强的内容，以此来激发学生的探究欲望，从中获得自主探究的学习动机。教学内容要富有一些挑战性，但同时也要控制在大部分学生的能力范围内，方能确保学生愿意自主探究，能够自主

探究。

2. 明确小组任务,培养团队合作意识

教学时一定要明确合作的要求与目的,让每位学生都知道自己要做什么,需要讨论什么,最终要解决一个什么问题。同时还要精心设计活动方案,难度层层推进,每位学生都要有任务,并提供足够多的活动时间,这些都是合作学习发生的前提条件。如活动一、二中需要探究多个图形能否平面镶嵌,组内学生可以分工完成,避免不必要的重复操作,随后共享结论,共同探究原因,尽可能在有限的时间内多思考多交流。而活动三对个人来说存在一定难度,需要小组合作,在动手实践的过程中集思广益,共同寻求解决问题的路径。

3. 抓住学习机会,推进课后深入探究

一堂课的结束并不意味着学习的结束,而是自主学习、合作学习的开始。此时学生正处于学习的兴奋状态,具备面对新的挑战的渴望,因此,课后的长作业设计也是活动课的重要一环。鼓励学生运用所学知识与方法,在课后进一步通过自主探究、合作探究获取知识与能力的提升,发展核心素养,体会学习的乐趣。

(二) 完善不足,展望未来

本节课整体效果较好,但在教学过程仍存在一些不足之处:

1. 在小组合作的过程中,虽然每位学生都想要积极参与,但能力的差异导致参与程度的不同,部分学生的收获较少,这也和教学过程中独立思考的机会较少有关。

2. 作为一节自主学习、合作学习的活动课,活动一中的表格也可以放给学生设计,学生想要观测的目标可能会有所不同,可能会提出多边形顶点个数、对角线条数这类内容。同时将讨论环节和活动一合并,改为小组合作完成探究报告的形式,增加课堂开放性,更符合学生的认知规律。

3. 设计平面镶嵌图案作业对学生来说还是存在较大困难,可以与美术老师合作,在课后为学生提供更全面的帮助。

总体来说,在后续的实践过程中,分组及评价这两方面需要做出相应改进。

一方面,在课前可以对每位学生的学情深入分析,优化分组。由组长提前为成员分工,明确个人任务,并在每次小组活动前,给个人提供思考猜想的时间。为了避免小组活动成为热爱表现的学生的个人舞台,可以尝试根据学生性格特点将外向、内向的学生分别分组。前一类主要培养倾听能力,后一类主要培养合作表达能力,最终达成凝结集体智慧,优化个人能力的目的。

另一方面,课堂中要提供多元化评价,评价不能只针对小组或上台展示的个人,更要关注到每一个个体,保护每一位学生的学习积极性。教师评定、师生互评、小组互评、自我评定等方式的混合运用,可以起到较好的效果,但需要提前公开合理的评价标准,能够有据可循。

最后,学生自主学习、合作学习能力的形成是需要长期培养的,并非能一蹴而就。教师要在日常教学中转变学生学习方式,抓住一切机会培养学生的学习态度、意识、习惯、能力,帮助学生通过不断积累、沉淀学习经验,在潜移默化中学会学习,为终身学习打下基础。

参考文献:

[1] 杨连开.在初中数学活动课中培养学生的创新精神和实践能力[J].中学教学参考,2018(09):56—57.

[2] 翁惠英.浅析初中数学自主学习能力培养的策略[J].课程教育研究,2020(17):123—124.

[3] 胡颖婷.初中数学活动课的教学设计与实践探索[J].求知导刊,2021(12):30—31.

[4] 褚延禧.初中数学自主学习能力培养探讨[J].数学学习与研究,2021(25):134—135.

[5] 杜存芳.初中数学课堂教学中学生自主合作学习能力的培养[J].亚太教育,2021(24):126—127.

下篇

德育实践

本部分基于全员育人视角,将学科导师、班主任,抑或是青年教师、成熟教师等,在日常工作中生动鲜活的育人智慧,通过故事的形式呈现出来。学校的每位教师既成为了学生的"良师益友",塑造学生品质,陪伴学生成长;也成为了"家校沟通"的桥梁,家校协同合力育人。

01 A+男孩成长记

马 琳

记得那是初二时候的一次作文练习,题目是《你是我的阳光》。有一个孩子把我写在了他的文章里,他说我曾阻止了别人对他的嘲讽并给了他鼓励,这让淘气贪玩的他决定认真对待我布置的作业来回报我,而我在全班面前对他作业的表扬给了他莫大的鼓舞,他在文中写道:"你可能不清楚,这句话对于一个到了初中几乎没有被表扬过的人来说,是多么大的鼓励,我开始更认真地完成每一份作业,想把我最好的那一面展现给你看。"就是这一句,让我看到了一个孩子隐秘而纯真的内心,怪不得上课的时候他不再和旁边的小鬼眉来眼去了,怪不得他下课总是一边目光躲闪着一边在我周围晃悠,怪不得他的阅读体会写得那么认真出彩超过了班级大多数的孩子……那一刻,我的心不由得充满了柔软的欢喜,那是实现了"一个灵魂唤醒另一个灵魂"而带来的巨大的满足。

满足过后,我陷入了沉思,这孩子真的仅仅因为我一个自然的举动就激发了他的上进心吗?

不由得想起预备班刚开学不久的时候。一个炎热的下午,我看到两个满脸汗水和泪水的小男孩在办公室外恨恨相对,一个像是要用眼神"杀"掉对方,另一个则是表情羞愤又倔强地不肯让步。再一看,前者手里拿着一个已经裂成两半的玻璃奖杯。不难猜出,就是俩小子打架了,要找他们的班主任来主持公道。那个摔坏奖杯的正是他。

不巧的是,班主任不在。

作为他们的语文老师,虽然彼此还不很熟悉,但此时此刻,我别无选择,只能做起"法官"来为他们断个是非。经过一番询问,不出所料,两个小家伙责任各半,一通晓理动情之后,一个为自己恶劣的语出伤人赔礼道歉，另一个为自己冲动之下摔人奖杯承诺修补。这件小事仿佛就随着夏日的夕阳一道落入了生活的河，就像倏忽不见了的小浪花。

后来，我在与他的聊天中证实了猜想，一个男孩对一个老师的喜欢和信赖正是从那个下午他得到了耐心又公平的对待之后开始的。

男孩开始对语文课上心了。上课不再迟到，课上认认真真，自动屏蔽一切聊天邀请，哪怕生病请假，也必定把作业补上。网课期间总是第一个上传作业，会为了一个A＋兴奋不已，也会因为成绩不佳而自责内疚。偶尔还会找我吐槽最近的坏运气，而我，始终微笑对他，每次都会给他老师朋友的忠告和劝慰。

时间在不知不觉中就来到了初三的六月，那是既紧张又伤感的时节。孩子们一边在铆足了劲做最后的冲刺，而另一边又要面对一不小心就会闪现的将离的伤感。那个敏感又细腻的男孩小心又郑重地在学校下发的毕业心愿单上写下了三个愿望：抱一抱他的语文老师；和老师拍一张合照；亲口表达对老师"插柳"之恩的感谢。自称社恐发作的他鼓起勇气告诉我这件事的时候，我心里依然是柔软的欢喜，同样社恐的我欣然应允。于是，那节班会课上，穿着白衬衫戴着红领巾的小小少年自己打着节拍，唱着自己写给学校、老师和同学的歌，洪亮的声音里带着不自主的颤抖，青涩的脸庞写满了感恩与坚定。

那一天，男孩如愿以偿，他不仅得到了语文老师的拥抱，得到了他的语文老师特别为他定制的A＋棒棒糖和写在卡片上的"努力A＋、性格A＋、行为A＋"的鼓励，还有每一个被他感动的老师和同学的钦羡。那一天，是A＋男孩的高光时刻，而我们共同见证了一个孩子的蜕变与成长。

如今，A＋男孩已经在市重点高中继续追逐他的梦想了。

在这个故事里，我们应该会发现，教育教学过程中的种种难题与困惑都可以用一个字来解决，这个字就是——"容"。我们要尊重孩子的个体差异，容许孩子个性化的表达；我们要采用适宜的方式推进我们的教学，以保护每个孩子的求知欲与成就感；我们还要懂得愉快地对待课堂内外的冲突甚至是失控，让它转化成鞭策自己不断学习进步的动力。我们的教育对象是具有独立性的人，作为一名教师，我们该做的就是要将他们放在眼里，收在心上，像大海包容天空一样地，尽力去理解他们，尊重他们，引导激励他们真正成为学习的主人翁。

　　基础教育工作不仅影响了一个人的成长，更影响着家庭、国家、民族的未来。教师能够改变学生，学生能够改变整个社会，而社会的改变会让人类的历史不断发展。教育事业是爱的事业，超越了亲子之爱，超越了友人之爱，凭借的不是本能，而是人文素养，作为教师要时刻把学生放在第一位。

　　当你努力用自己的灵魂去唤醒另一个灵魂时，你也一定会收获教师这个身份带给你的生命的丰盈。

02　今天你打卡了吗?

胡雨菁

与上一届共同奋战了四年的家长告别后,我迎来了新的学期、新的学生、新的家长以及全新的"双减"政策。工作20年的我怎么在已有的且固化了的经验下更好地开展工作?

虽然暑假进行了家访,但对于那些陌生的新家长,我仍然感觉不是非常了解,更不要谈默契了。在晓黑板里发送每天的班级事务,也都是单向输出。孩子们刚刚入校,行规等各方面也都还比较收敛,很多孩子在校内就能完成大部分的学习任务,包括回家作业。"双减"新政之下,孩子们每天的时间都安排得满满的,自修、作业、体锻、社团……丰富而充实,而一切看上去都很顺利。一眨眼,半个学期过去了。

一、有一点担忧

"胡老师,现在'双减'了,外面也没有补课,学校里作业也都很快做完了,孩子晚上七八点钟就无所事事,我让他做点课外题,自己提高一下,他就磨洋工。这次期中检测又考得不好,急死我了,老师你能不能多布置点作业呀。"这是期中考试结束后,一条来自家长的消息。面对这样的要求,我只能一笑置之,怎么可能啊,这不是让我犯错误吗,预备班的孩子每天的作业时间不能超过一个小时,数学只能有20分钟,我哪能再多布置?回想以前我还给上一届的孩子讲提高的材料,再看看家长着急的短信,突然觉得有点对不住那些学有余力的孩子们。那我能做点什么呢?

二、有一点想法

这天晚上我打开晓黑板准备发送今天一天的情况时,不经意看到了打卡区,这是什么?研究了一下,试试吧。看完了打卡的规则,我的心里有了个主意。

第二天的班会课上,我邀请几位考得不错的同学介绍了一下经验,不出我所料,这些孩子除了上课认真听讲、作业认真完成外,基本上都在家长的帮助和督促下有一些自己的课外补充,有些是语文学科的文言文阅读,有些是数学的课外提高甚至是竞赛级别的练习,英语的课外训练更是五花八门。考得好的孩子介绍得头头是道也得意扬扬,考得不太好的孩子神情复杂若有所思。我就趁热打铁告诉孩子们,今天我要在晓黑板发送一个打卡任务,起点很低,没时间的就背五个单词,大概三分钟,有时间的就把自己做的课外题都展示出来。课后我又分别找了有畏惧心理的孩子,劝慰他不要太有压力,五分钟总是可以抽出来的,不是学习类的也可以,比如体育锻炼或者练字,重在参与和坚持;我也去找了课外题做得多的孩子们,希望他们能够把自己做的都发出来,第一可以让同学们看到他的优秀,在接下来的班干部选举中更有优势,第二帮助同学们共同进步,在一个更强的集体里也有助于自身的进步。

三、有一点动心

有了这些铺垫,晚上发布的第一次打卡任务很顺利地开展起来了。从打卡的情况中,我也的确可以看出孩子和家长的差异性。从孩子的角度来看有些孩子的确动作比较慢,每天只能做完校内的作业,有些孩子能每门功课都打卡。在之后的交流中,对于第一类孩子我会多和任课老师沟通,课堂上再给予更多关注,争取让他们不会因为不会做而时间不够。也会在下课多关注他们,提醒他们自修课再抓紧时间,不要拖沓。从家长的角度来看也可以有个横向比较,知道自己的孩子与班级整体水平的差距,更好地给孩子提供帮助。而一部分中间孩子原本做完作业可能无所事事,现在看到了榜样、看到了差距后,也能够更主动更自觉地去做一些自我提升的事情。

　　一轮打卡 21 天，在结束之前的一天，我又接到了家长的短信：老师，打卡结束了，接下来还有吧？这段时间他做课外题主动多了。可我知道，打卡这件事除了新鲜感，还需要给孩子真切的成就感。于是我设计了我们独有的奖状，对打卡全勤且质量较高的同学进行了表彰，颁发了奖状，拍照纪念。看着台上拿奖状的孩子脸上满足的笑容和台下观众们羡慕又期待的眼神，我知道第二轮打卡又可以开始了。

四、有一点改变

　　小寒同学比较内向，动作也不是很快。在学校里，总是怯生生的，也不太和老师多说话。第一次打卡她基本上都是五分钟的英语单词，21 天的周期大概打了 10 次。第二次打卡开始后，她会在私信里面找我问课外题。第二天我立刻表扬了这种对老师信任的行为，我看到她笑着低下了头，打卡的内容基本上也能保持在两门功课，毕竟提高速度也不是一天的工夫，21 天中坚持了 18 天！这次寒假结束之前她妈妈也很高兴地发了朋友圈，说这是第一次在开学之前不需要补作业的寒假。这次打卡的真正目的是让孩子们懂得做事情要有规划，自我管理能力的提高会带来学习的幸福感。

　　小张同学比较爱好文科，语文和英语都不错，就是数学总是缺口气。妈妈也很着急，总是问我该怎么办。我就让她在打卡的时候坚持每天做五道计算题。她坚持了一段时间，数学成绩还是时好时坏。有一次课堂练习她做得不好，我怕她灰心找她谈心问她有什么想法。她告诉我，开始她也觉得不公平，怎么别人计算都不错，可轮到她不是抄错就是算错。在打卡的过程中，她发现那些数学优秀的同学做的比她还要多，看到比她成绩好的比她还要努力，她下定决心一定要把之前因为偏科落下的都补回来，每天五题错了那就再来五题。元旦结束她告诉我，她做了 100 题！我都惊呆了，自己想做的事情一点也不觉得多。期末考试她考到了 97 分，天道酬勤，相信这是对她的努力最好的奖励吧。

五、有一点思考

其实每一种激励方法都有它的局限性和时效性，在接下来的工作中还有很多新的挑战等我去战胜。而我也相信，只要怀揣着一颗真诚对待孩子和家长的心，教育的道路一定是充满阳光的。

面对"双减"政策的落地，与其把目光聚焦在孩子的成绩是否下降，不如退一步重新培养孩子的学习习惯，才能真正为孩子的成长保驾护航。在持之以恒的磨合中形成真正有价值又适合孩子的习惯，这一切都需要老师和家长的耐心、坚持，及时监督、及时巩固。就像小王子里说的："你在你的玫瑰花身上耗费的时间使得你的玫瑰花变得如此重要。"让孩子自己选择，比我们规定他们去做可能更能让孩子们成长吧。

03　OK 班的 OK 小故事

罗静华

同学,伸出你的右手,大拇指和食指围成一个圈,圈出你的梦想;中指、无名指、小指竖起来,亮出我们 OK 班的 OK 班语:有梦想谁都了不起,有情怀你就非一般;丰硕自我,悦纳自我,非常 OK!

当你觉得它很美好

当你觉得它很美好,心底的那一份渴盼是否已经触动了我们的心灵了呢?

小欧的故事:盼

每个人都有各自所盼,班上的小欧姑娘盼的很简单,但又似乎并非如此。

她盼着哪一天自己的语文默写本上也能得个大大的"牛"!

《盼》这篇课文开篇了,文中的小女孩盼着能穿上妈妈给买的新雨衣,"那是一件淡绿色的透明的新雨衣,新雨衣上竟长着两只袖筒,不像那种斗篷式的,手在雨衣里缩着,什么也干不了"。

小欧很喜欢这篇课文,仿佛她就是那个小女孩,自己对于"牛"的渴盼、焦急、迫切、期待竟然是一模一样的。明天又是课文理解性默写,老师提问,同学回答,落笔,抬头,小欧一刻不敢懈怠,她拼命地记笔记,恨不得能带一个录音机,将罗老师的一字一句都记下来。她想:这次,我一定能得"牛"!现实似乎有点不太 OK,她发现还是那个老问题,无论自己怎么努力,她的记笔记速度仍然远远跟不上课堂的思维容量和罗老师的讲课语速,怎么办?深呼吸,她吸取了前车之鉴,调整了自己的节奏,先将每句的关键词记下,OK!课后,她按照老师的方法学着先理清思路后梳理笔记,查遗补缺,OK! 最后一环节的理解性自默怎么能少,她想起了班里的曹学霸上次的经验分享,于是纠错、释疑、理解、巩固,OK! 第二天一大早,当闹钟响起的那一刻,她从床上弹起,冲向了语文书,再复习一遍那是温故知新,OK!

果然,还是因为复习充分到位,小欧同学默写时越答越顺手;提笔,再认真复查;交本子,胸有成竹。当小欧同学一页一页翻开本子,哇,"牛"! 盼了又盼、又大又潇洒的"牛"! 那一刻的小欧仿佛又成了《盼》中的那个女孩,"我走在街上,甩着两只透明的绿袖子,觉得好像雨点儿都特别爱往我的雨衣上落。它们在我的头顶和肩膀上起劲儿地跳跃:滴答,滴答滴答……"OK,多美好!

在每日一感中小欧留言:"牛"不仅是全对的象征,也是我努力的目标。"牛"不仅是学习的反馈,也证明了我对学习方法的思考和实践,勤学必须善思。

一件雨衣,变斗篷式为袖筒式,新奇的体验感激起了小女孩的渴盼;同样,默写评分,老师变"100"为"牛",小小的"玩"法提起了孩子们新的斗志。牛年得一"猛牛奖",这种花式激励让 OK 班的孩子们学得更主动、更投入、更热望;勤勤恳恳、勇武倔强,凭借着学习上的这股牛劲和牛气,大家再一起"犇"向 2022 虎年的"大王奖",OK,多美好!

愿意去追求

当你觉得它很美好,愿意去追求,就会有热情让自己去干一件又一件的事情,向上的态度能温暖我们的人生,无论学习还是生活。

老赵的故事:月亮与你皆可爱

"老赵"不老,小个子,大脑袋,招风耳,气质老成稳重,昵称一声"老赵"以示可爱。

中秋佳节,OK 班全员要当一次小厨师,动手 DIY,为团圆上一道菜。特别的作业让学生非常感兴趣,可也让人犯难:厨房小白,一窍不通。简单点,老赵权衡之下,决定牛年中秋煎牛排,呵呵,其实哪有那么简单啊……咚锵咚锵咚咚锵……最终还是在老外婆的悉心指导下才初入门了这牛排"封神三部曲",也似乎顿悟了"天时地利人和"的些许道理。

项庄舞剑意在沛公,这点老赵和大家一样明了,烹小鲜之后便要写作文啦！写作文那是道天险啊，对于老赵来说每次作文都是靠憋，力气用尽，效果却了了；周末作文往往在书桌上一趴就是整整一天，妈妈从日出催到日落，一番提醒建议解读启发之下拼拼凑凑才算交差。上周堂测，老赵的作文40分钟内未完篇。虎虎的老赵，就怕写作文，写作文就怕无话可说。

写作文若烹小鲜，高端的写作素材往往只需要最朴素的体验方式，不矫揉造作，不生搬不硬造，真情实感下笔有神，老赵小厨这次的周末随笔居然自如、生动起来了：

"……燃气灶上的火焰顿时跳起舞来……锅内发出"嗞"地响，好像融化的黄油在热烈欢迎牛排似的……闻到了黄油和牛排完美结合的味道，这是成功的味道。……它虽然没有顶级餐厅里煎的时间把握得好，没有洒上红酒，没有使用顶级的调料，但是它有我变得勇敢的记录，它有我成长的印迹。嘿！你看这道菜，它是我亲手做的！"

嘿，你看这道菜，滋滋冒着热气的大牛排边上老赵竟用些许青葱段码成了"中秋"二字，情趣盎然，OK，这道菜是他亲手做的；《嘿，你看这道菜》，文字在舞动，情感在欢唱，OK，这篇文章是他自己一气呵成的，怕作文的他初尝到了成功的味道！菜未必要"硬"，艺不在于高，认真投入就刚刚好；动动脑，动动手，小体验里发现小乐趣，小情怀后也能抒点小感悟，中秋餐桌，月亮与你皆可爱！OK，给你一个"情怀奖"！老赵：热爱生活，感受生活，写作文，怕个啥！

隐隐约约有了一种崇高感

当你们觉得它很美好，愿意去追求而隐隐约约有一种崇高感时，它就是情怀。

如玉的故事：今年圣诞老人真好！

班里有个姑娘叫如玉，虎妞一枚。

2021年12月25日，OK报第四期以《送你一朵小红花》为主题出刊了，六个小作者里竟有如玉姑娘，她的文章终于见报了，她成了OK小报的第12位小版主啦！这一天她的脚抬得别提有多高呢，她的"每日一感"：本来最敷衍的"每日一感"，却成了我表达自己情感最好的方式，我觉得每日一感总有魔力，要牛得牛，念叨要上OK报，也真的能心想事成。

今年圣诞老人真好!

是圣诞老人昨晚悄悄把礼物塞进了她的袜子吗?是!圣诞老人好几天前就知道了有个姑娘在"每日一感"里默默许下愿:好想好想好想自己也能上一次OK报!于是圣诞老人努努力,认真翻阅了姑娘这一学期所有的习作和随笔,突然他在《送你一朵小红花》上读到了一个丑小鸭寻求蜕变的故事,他被那一份热力和向上所感染,他决定帮她一把……

"一天放学,老师迎面向她走来,突然从背后掏出来一朵小红花,对小女孩说:来,送你一朵小红花!小女孩激动万分,夕阳把小女孩兴奋的脸蛋映照得通红,这可是她的第一朵小红花,靠她自己赢得来的一朵小红花!这个小女孩就是我,那朵重要的小红花我依然珍藏着,是它开启了我美好的学生时代。"

读着自己的文章,第四期的颁奖典礼也正式开始了。每一次小小的颁奖典礼既简单又隆重,如玉姑娘得到的殊荣依然是和其他的小作者一样,在全班的掌声中,在大家羡慕嫉妒不恨的目光簇拥下,大步流星地走上台,双手接过罗老师亲自呈上的一张拥有自己铅字文的绝对限量版OK小报!在OK班的43位同学眼中,那却是一种非常OK的成就感、被认同的既视感,那是一种始终相信一分耕耘未必有收获,十分努力就一定会有回报的微妙信念!小作者,有了小作家的梦想,OK,它就是情怀。

在那个圣诞礼物之后,貌不似玉的她,才情忽地犹如玉,在OK班的"寅"新SHOW上她的一首打油诗着实点燃了OK班的OK情怀:

二零二一巳开溜,预初生活真美好。

唱了班歌画班标,中秋小厨享佳肴。

竹节人里乐淘淘,红黄绿灯在闪耀。

大家学习似赛跑,期中PK赢汉堡。

大王巡山舞青春,随笔说吧OK报。

义卖淘货献上爱,寅新班会开怀笑。

本命虎年要来到,做枚螺丝我自豪!

就这样,埋下了一颗叫"情怀"的种子

悦纳自我,悦纳他人,悦纳生活,悦纳美好,我们有着OK精神!

罗老师的故事:我要夸夸她

"滴滴",一早罗老师的微信闪现了一个打包文件。恰是孩子们自主进行的班级假期主题活动的结稿汇报:活动方案、内容、PPT、照片、通讯稿,呵呵,一学期,孩子们的能力在提升……

且慢,这是啥?《我来夸夸她》:

我要夸夸罗老师,夸夸她美丽又聪慧的外表,超酷的短发个性十足,每一天都活力满满。

我要夸夸罗老师,夸夸她始终保持着一颗纯真的童心;班舞、班歌嗨起来,我们的校园生活充满了节奏感。

我要夸夸罗老师,夸夸她的别出心裁,脑洞大开;突如其来的随笔一篇,让我们在不经意间提升写作;那令人心惊肉跳的无轨小火车,让我们懂得温故知新的重要。

我要夸夸罗老师,夸夸她的名句"学好语文有情怀",是她让我们对语文有了新的认知,情怀,让我们的学习生活更美好!

……

一股莫名的自豪:我——是我们OK班的语文老师,更是我们OK班的班主任! 这一学期,我们一起在努力学会悦纳:悦纳自己,悦纳他人,悦纳生活,悦纳美好。

同学,用你的心灵去倾听花开的声音,并把这种世界上最美的声音用你的情感表达出来吧。一个有情怀的人,能让平淡无奇的生活增添几许诗意雅趣,能在嘈杂琐屑的现实中从容淡定;一个有情怀的人,能以美去欣赏这个世界,能以趣来体悟点滴。学好语文有情怀,OK班,创设有各色各类的OK系语文综合性学习活动,午间我们唱响班歌,课间我们舞动青春,假期我们树叶画冬韵,周末大家彩泥寅新SHOW,闲暇之余我们还能竹节人斗古战场呢,学科素养、心灵的快乐充盈着课堂内外。

OK? OK!

04　撕掉自己的标签

冉李惟

初中阶段的学生正处在建立自我概念的重要时期,在此阶段他们容易受到他人的评价影响,从而否定自己,排斥自己。而"标签"则具有一定程度的导向作用,无论是正面的还是负面的,它对一个人的自我认同都有着强烈的影响。如果被贴上的是积极的标签,那么所产生的影响就是正面的,反之亦然。针对这一心理特点,在我们的教育过程中就格外需要注意方式方法。

"撕掉标签"应是学生自主的行为,而不是教师强行干预的。教师应探索并培养他们鉴别外界声音的能力,建立自主意识,撕掉"自己"的标签。这需要改变学生现有的学习方式,使之在各个方面都能有所收获,得到真正的成长。

一、"夸不起"的孩子

新学期在我接任的班级中,有一个格外特殊的学生——小李引起了我的注意。小李并不是因为纪律或是学习成绩让老师头痛,相反,上课时他回答问题积极主动,答案还十分准确,因此,开学初我对这个孩子的印象很不错。但不久后,他的默写质量就给了我当头一棒。默写本应是最基础简单的作业,而在课堂检测中他却屡次不合格。课后,我找到他,希望能以谈话的方式对他进行了解和教育,当我刚说到:"你的课堂表现很好,我还在课上表扬了你呢……"没想到一向温和的小李却严肃地打断了我:"老师,你可别把我当好孩子,我是个'夸不起'的人。"我感到非常惊讶,一是惊讶他对于表扬的抗拒和敏感,二是意外他怎么会对自己产生这样的"标签"。

人们普遍对自己身上的负面标签会产生一种排斥的心理,而小李"自揭短处"的行为仿佛是坦然接受了这个标签。那么他真的接受这个标签吗?我认为不然,如果真的接受,他不可能以一种消极的口吻转告给老师。恰恰相反,或许正是因为被这个标签打击到了信心,所以才会对表扬变得如此抗拒和敏感。但"夸不起"这一标签似乎又给了他一个很好的借口,给自己的退步找到了理由。所以在我夸奖时,他直接说出了这个理由。而他对于这个标签这么敏感,一则可以感受到他对于他人的评价其实很在意,所以对于别人给自己的标签会耿耿于怀;二则说明其实他对表扬很看重,因此害怕自己担当不起这种表扬,所以干脆拒绝接受,也体现了他不够有信心。所以必须打破他对自己"夸不起"的认知,才能充分发挥正强化的作用,使他在学习方面有所进步。

二、"扬长补短"促改变

小李走后,我陷入了思考,到底怎么样才能帮助他撕掉对自己的"标签"呢?首先,我分析了这一标签产生的原因。我开始仔细地观察分析小李到底为什么在默写方面做不好。值得注意的是,小李的"字不如其人",他的字迹潦草,和他上课时的认真表现完全背道而驰。小李的语言表达能力强,但或许是对于"落笔"这个行为有所排斥,因此,他的语言表达能力才会难以落实到笔头上。果然,我发现小李对于演讲、讨论等活动参与性很高,而到了落笔总结时往往退避三舍。他的字迹潦草,也很有可能是被他人批评过后形成了恶性循环,变得更不愿意认真写字。

"扬长"必先"补短",需要树立自信,必然要有真正肉眼可见的进步,而不能一味夸奖形成虚假的自信,那很容易演化为自大。所以我采取的第一个措施是鼓励他认真写字,有意无意地让他帮我记录一些事务。面对老师布置的记录事项,他完成得一丝不苟。接着我又将这些字迹与平时作业的字迹进行对比,肯定了他是"写得好字的",能不能写好的关键就在于他自己的态度。并且告诉他:"字如其人,练字是我们一生的功课,愿不愿意每天花些时间和老师一起练字呢?"小李有些惊讶,但还是点点头答应了。

练字的效果十分显著,小李的字迹可能仍不算精致,但是写字的态度大有提升。我"乘胜追击",再次着眼于小李曾经最大的问题——默写,我完善了一套默写奖励制度:一次满分就可以获得一朵小红花,十朵小红花可以前来兑换各种各样的"奖励券",用以兑换奖品、免除作业、获得公开表扬等等。并且在练字时经常夸奖小李,让他对于"表扬"这件事脱敏,鼓励他将这种进步延伸到学习生活的方方面面上。可喜的是,小李的默写真的逐渐进步,并且获得了满分。

补上短板后,小李需要做的是"扬长"。在小李又一次获得满分之后,我在全班同学面前大力公开表扬了他,他不再抗拒,取而代之的是开心和害羞的神色。既然小李的口头表达能力强,我就任命他为语文默写的"督察员",帮助我督促同学完成最基础的背默工作。同学们一遍又一遍的诵读声,加深了小李的记忆,也加深了他的责任心,最重要的是慢慢撕下了小李对自己的标签。

三、把握"印象"关键词

一般情况下,新接班的教师往往对于学生的学习习惯不熟悉,对于班级整顿可能无从下手,但在这个案例中,"新接班"却成了我的优势。正是因为新接班,我可以让小李放下顾虑,同时也让他重新接纳自己,所以要怎样利用好这个优势是十分重要的。

第二个抓手就是小李对于他人的看法是十分在意的,因此,我要把握好"印象"这个关键词,反复敲打他,让他能有意识地给我留下"好印象"。

首先,我要消除他的顾虑,让他放下警惕,感受到我这个"新老师"对他们的了解是从零开始的,这样小李就不会担心我对他有任何的"刻板印象"。再者,所有人都回到了同一起跑线上,这对于成绩处于下游的同学无疑是巨大的诱惑,唯一会直接影响我印象的就是接下来的所作所为。那么他们会格外注意自己的行为,把握好这难得的"重生"机会。

既然小李非常在意他人的看法,那么我决定把自己对他的第一印象完全地展现、表露出来,开诚布公地告诉他:我认为你是个认真优秀的孩子。对于我的这些评价,他一定会想向我口中"优秀"版本的小李靠拢,让我这个"新老师"可以保持住对他的良好印象。

其次，我要给他多次试错的机会，让他对"被表扬"这件事脱敏。他的成绩并不优异，不难猜测他一定很少受到表扬，因此当他受到表扬才会表现得那么敏感，害怕自己担当不起这一份表扬。所以我更要多次表扬他，帮助他树立自信心的同时，让他接受"被表扬"、习惯"被表扬"、渴望"被表扬"。

树立自信心的具体做法，主要在于教师需要善于挖掘学生身上的闪光点。没有十全十美的孩子，同样也没有一无是处的孩子。因此，我帮助他一起练字，让他发现原来获得进步和获得老师的肯定并不是一件难于登天的事。

最后，在学科方面我也要帮助他进步，让他感受到自己是值得被表扬的。所以给了他督察员这一职务，一边更印证了我对他的肯定，一边提升他的责任感，端正他对于语文学习的态度。

四、撕下"标签"引思考

通过帮助小李"撕掉自己的标签"，我受益良多。小李从原本不自信，抗拒接受表扬的态度，可以转变为一个学习态度积极，愿意去争取表扬的孩子。从中我感受到了教师对于学生的影响力，来自老师的肯定于他们而言是莫大的鼓励和信心。

"标签"对于一个学生的影响是十分重大的，无论是好的还是坏的，学生都会在潜意识中让自己更靠近这一"标签"。教师在教学过程中要谨言慎行，可能自己随便脱口而出的一句话，就会对学生造成很大的影响。

值得高兴的是，小李不但在语文学习上态度变得端正，为人也更活泼开朗，课后更乐于与同学交往，课堂上也更加自信地乐于展示自己。作为语文教师，我常常认为比起教育他们"读书写字"，更要怀揣一种人文情怀。比起语文成绩的提高，看到他勇于表达自己的文学见解似乎更令人喜闻乐见，我也坚信今天的付出在未来一定有所回报。

表扬与批评其实都有其中的学问，要怎样发挥其最大效用是需要我继续揣摩研究的。表扬某位学生，他也有可能沾沾自喜，从而放松懈怠；

批评某位学生,他也有可能一蹶不振,消极抑郁。"因材施教"固然重要,但表扬和批评两种方式并不是根据不同学生而分裂开来的,而是要根据时机和方式来选择,此时我是该表扬还是批评?又该怎样表扬或批评?这样不仅能让学生因为渴望得到"表扬"去努力,也可以针对"批评"客观分析自己的错误,加以改正。本次案例中,对小李"正面人设"的树立便是对他的一种鼓励,而在练字过程中,一旦发现他不够认真或是书写潦草,我也会毫不犹豫地进行批评。但此时批评并不会引发小李的反感,因为学生的感受性很强,他已经知道老师对于他是肯定并且关爱的,也正是这份肯定促使了老师的高标准严要求。在这种前提之下,面对老师的批评,他就会慢慢提升对自己的要求。

除了使用典型的鼓励和批评两种教育手段,教师更要配合多种教育方式加以辅助。在鼓励的同时,帮助学生真正得到成长,这样也会让他们有信心,认为自己是值得被表扬的,更增加他们的成就感和获得感。

"标签效应"是在学生成长过程中会普遍遇到的一种现象,通过本案例,我们可以感受到教师不但要谨言慎行,避免让自己的无心之失成为学生的标签,还要在面对学生被标签禁锢时,帮助他们"撕掉自己的标签"。而提到"标签"时,我们不用谈虎色变,因为"标签效应"亦有正向的一面。学生对于老师的评价往往十分在意,比如小李对自己"夸不起"的标签耿耿于怀,那对于我的评价他也会有意识地想要维持自己的形象,希望自己能符合在我心中的"人设"。抓住这一点,我们也就抓住了"标签效应"的正向作用。这样"正面人设"的树立对于学生来说,往往比老师的批评,更加容易接受,也更多了一份春风化雨的教育艺术。

小李通过改变书写态度,让自己能够慢慢接受曾经抗拒的"表扬",又通过自己的努力,获得了老师的肯定,由此撕下了自己的标签。在这一学期中,他不但改变了对自己的刻板印象,更是改变了自己的学习方式,在以后的成长道路上,再遇到这样的"标签",相信他会有应对自如的能力。

05 不做成长的"局外人"

陈晓昀

一、故事的导火索

在新学期刚接手班级的时候,我发现:班上总有几个学生的作业会有所缺漏。对此我做出了一系列的规则制定与调整,以调动学生们语文学习的热情和主动性,改变学生的学习方式。

二、一段"改革"故事

(一) 无为而治背后的隐患

作为一个初出茅庐的新老师,我担心与学生们的关系僵化,因此,面对漏交作业、缺交作业这种情况,我只是做了简单的催促,并没有采取任何处罚规则。可一段时间过后,我们班其他学生对交作业这件事也渐渐开始没有那么上心。

与这件事类似的另一个情况是默写。最初我设置的规则是:低于80分需要重默,其余同学一个订正四遍。这种不带有惩罚性质的常态化规则,他们很快就感到麻木。一段时间后,有些同学开始在第一次默写的时候选择直接放弃,询问其原因时,他们会给出"我没背完,我直接来重默"这样的回答。这并不是一个良好的趋势,它在逐渐侵蚀学生的学习热情,压制他们学习的欲望。

对于学生来说,按时完成作业和认真准备默写都是他们应该完成的任务,或说是一种"义务"。我出于理解愿意包容他们,但是在他们看来,老师这样的"包容"是代表着老师对这些事的无所谓。在我看来,这会显著地加剧学生们"不按时交作业"的不良风气,这是一个教学实施的绊脚石。

于是我着手通过添加惩罚规则来改变这种不良风气,但显然这是一个不明智的决定。这个惩罚规则只在一开始对于"金字塔底端"的学生起到了约束的作用,但持续时间不长,并带来了一定的副作用。此时我发现单一的惩罚规则是不够的,仅仅只是对错误的行为做出了一定的约束,让学生在惩罚的威慑下,无法随心所欲地无视教师布置的学习任务。但这远远不够,学生更需要一些正向引导,来激发他们对于学习的积极性。

(二) 变本加厉的惩罚规则

我开始设置一些更严厉的惩罚规则。每周有两次或以上作业有缺漏的同学,他们的学号会被记在黑板上;那些总是参加重默的同学会被记下学号;课堂上违反课堂纪律的同学也一样会被记下来。每节课在黑板的左上角便是那些记下的学号。而这些被记名的同学,如一周之内被记三次,会在当周的周五被扣除 1 分平时分;如一周满五次,会联系家长反映该学生近期的学习状况。

这个惩罚条例颁布伊始,效果显著。很多同学对交作业又重新重视起来。作业缺漏的情况也一下子改善了很多。在默写方面,除去一些本身学习能力较弱的学生,其余重默的学生明显减少。甚至课堂纪律也有了提升,课堂上随意说话的学生会下意识克制住自己,原先的"钉子户"们看见黑板左上方的学号心里也会有所触动,并有意识地管理自己的课堂行为。

然而,不到一个月,这种惩罚规则好像又有些失效了,学生们像是对规则产生了"抗体",原本能够起到一些作用的惩罚规则逐渐失效。我意识到学生们开始对惩罚规则感到无感,这让我感到前所未有的焦虑。个别作业或默写情况较差同学已经按规则得到了相应的处罚,然而对于他们来说,所获得的惩罚不过如此。被扣除的平时分多了,反而变得不在乎了,有的学生被扣分时甚至会说:"扣吧,反正也好不了。"这样自暴自弃的话。那些还未到周五就已经被记过三次名字的学生更有一种"反正我都要扣分"的想法,在当周更加无法无天地无视规则、我行我素。他们的各方面表现较之于一开始甚至有些退步。

我开始意识到,若一味加大惩罚的力度,对于那些遭到惩罚的学生们来说,会感到无望。久而久之,他们会变得不在乎,甚至自暴自弃。由此而言,在改变学习方式的长远路途中,不能只有一味的惩罚。因此,需要给他们一个优于单一惩罚的出口,让他们有向上攀升的动力。我们需要的并不是让他们在学业上能够有快速的突破,而是要培养一个学生良好的、能够沿用一生的学习习惯。

(三) 将功补过的新版规则

于是我又颁布了新的规则:如果当周课堂表现优秀,或默写获得两次全对,可以抵消一次记名。这样一来,那些名字总会出现在黑板上的学生有了改过自新的机会。即使犯了错,他们也开始明白:只要改正就可以有所补救。于是没有学生再有那样自暴自弃的想法了,当有学生被记到名字时,他们的第一反应是:"老师,如果我后半周表现良好,能否把名字擦掉?"这种方式消除了他们的无助感,让他们重拾了动力与信心。

比起用一味的惩罚来吓住他们,给他们一个"台阶"下反而更有成效。那些总是被记录名字的学生正是那些学习习惯较差、学习自主性不够的同学,让他们做到不犯错是几乎不可能的,简单的惩罚是无法在短时间内让他们彻底有所改变的。惩罚的意义在于让他们意识到自己有所不足,而那些补救的方式让他们意识到只要及时改正、调整,是可以弥补那些原有错误的,就好像能擦去黑板上的名字一样。似乎这样"将功补过"的形式,让学生们的学习方法步入了正轨。

然而半个学期过去了,班级里重默的同学虽然已经越来越少了,但是我却意外地发现,满分同学的数量也在意外地变少。经过一次期末测试,我发现我们班的优秀率也较低。成绩处于"金字塔底端"的学生被托住了,那顶端的学生呢? 他们往往是那些从未被记过名字,默默无闻地把事情做好的学生们。他们几乎从未缺交作业,课堂上也认真与老师互动,默写也几乎总是全对。他们默默地付出,可是老师却只看见那些名字出现在黑板上的学生们。

这时我发现,自己在不断调整规则和学生斗智斗勇的时候,我只注意到了如何帮助那些"金字塔底端"的学生们,却忽略了"金字塔顶端"的学生们。这是一种不完备的方式,我想要能够关注到所有的学生,关注他们的成长。

(四)仍需改进的新版规则

期中考试过后,我又颁布了更新版的规则:默写满分的同学可以在默写本上获得一朵小红花,五朵小红花可以兑换减免一项作业的机会。让我意外的是,这项决定刺激到了中段的学生们。那些原本默写总是会错一到两个的学生,反而会花更多的时间和精力让自己冲刺满分。而那些原本几乎次次全对的学生对减免作业似乎无动于衷。对于他们来说,由于学习能力超群,那些作业在他们眼里从未给他们带来过负担和烦恼。他们似乎不需要被减免,甚至当我主动提出减免时还遭到了他们的拒绝。

在上一次失败的前提下,我尝试加入了如上所述的单一奖励规则:通过默写满分来收集"小红花",以此兑换奖励。在教学实施中,奖励规则一直是一项运用外在物质来改变学生的心理状态的方式,奖励给予学生正向反馈的同时,也是激发学生学习兴趣的一种有效方式。但这仅仅只对成绩处于"金字塔中段"的学生起到了效果。这显然是不对的,因为仅仅通过默写来兑换奖励的规则过于片面了,它没有照顾到每一位学生,导致处于"金字塔顶端"的学生无法享受到奖励机制带来的各种"利"。

三国时期著名的丞相诸葛亮,在《出师表》中写道:"宫中府中,俱为一体,陟罚臧否,不宜异同。"可见在诸葛亮先生心中奖惩功过,不应有所不同。虽说赏罚是两种相反的方式,但他们殊途同归,其目的都是借助外界的力量来约束、规范人们的行为。

诚然,不论在何种体制之下,规则的制定是不可避免的,一定的规则确实可以作为限制极端情况出现的有效手段。尤其在这个过于快节奏的时代,复制粘贴的规则比比皆是,学生在这样的规则下被挤压、被限制、被束缚,变成了一个修修剪剪的"盆栽",这并不能培养他们自我的学习方式,只是在规则的限制下按部就班地被迫吸收知识,这显然违背了教育的本义。"教育"一词指的是教诲与培育。培育一词看似只有简单两个字,但却包含了无数教育者们的辛勤汗水和悉心观察。我们更希望学生为未来而学,而不是刻板地应试。

规则,只是一个学生培养自我学习方式的辅助,这也是所有教师们不得不面对的一个问题:如何利用规则,一方面调动起学生主动学习的积极性,一方面以此为辅助来优化每一位学生的学习方式?

(五) 打败最强大的敌人——"自我"

我开始自我反省:是否有一种可以适合班级不同水平的学生们的奖惩规则呢? 奖惩规则的最终目的是通过奖励来吸引学生,去调动学生学习的主动性与积极性,但是由于每个学生的水平与能力不同,无法用统一的标准去衡量他们。有些学生默写几乎总是满分,而有的学生就算花了好几倍的时间也勉强及格。譬如制定的"五次默写满分"的标准对于有的学生来说几乎是不可能发生的事情,其所能获得的奖励确实很吸引他们,但是对他们来说却望尘莫及。而对那些奖励唾手可得的学生来说,反而对他们的吸引力不大。那对于不同的学生,他们的进步应该怎么界定呢? 真正能吸引他们的奖励又是什么呢?

这时我意识到,其实奖惩规则无非是对于当下课堂、学习问题的一种死板的解决方式,我应该做到的不只是用这个方式来禁锢学生的学习方式,让他们按部就班地吸收知识,而是通过这个方式,改变学生们固有的、麻木的被动吸收知识的学习方式,让学生主动地去学,积极地去学,让学生们了解到自己进步了、了解到自己成功胜过了过去的自己。而无论是奖励或者惩罚,都只是在学生们改变固有学习方式的目标里的一些小小辅助,更重要的是帮他们构建起一个完整的、有目的性的学习方式。

每位同学的进步都是个性化的,出于原本水平与能力的差距,教师应当引导学生与过去的自己进行比较,所谓"最大的敌人就是自己",而非用一个硬性的、单调的桎梏去禁锢住所有学生,这对于一部分学生来说是不公平的。每一位学生因为家庭环境、成长经历、学习能力等众多因素,都形成了属于他们自己的独特的成长方向,他们每一个人的进步、成长以及优缺点各有不同。而教师应该做到的,除了达成教学目标,还应该投入更多精力让每个学生都找到属于自己成长的路。

（六）反躬自省后的自我突破

我利用空余的时间,在班级召开了一次讨论会。我决定彻底开放奖惩规则。延续之前小红花的方式,这次以课本上的大红花为准,我让每一位学生都参与到讨论里来。关于"我做了什么事可以获得一朵花"和"我做了什么应该扣除一朵花"的思考,让大家畅所欲言。每位学生对自己的进步标准都有不同的定义:有些认为自己考到80分可以获得一朵小红花,而有些学生认为自己默写三次合格算是进步。这些对于每一位不同的学生来说,确实都是进步。

经过大家的讨论,我们全班同学共同拟定了两张"语文学科奖惩守则",并邀请班级里喜欢绘画的同学帮忙绘制了表格。进步的定义也留给了大家自己创造的空间,他们可以主动向老师提出申请奖励,只需提供自己在任何方面有了提升的证据。奖励的内容也五花八门,但都是由大家提出并一致通过的方案。考虑到那些未能攒够五个小红花去兑换奖励的同学,我决定在一学年结束后,他们的小红花可以算在期末平时分中,每个小红花加0.5分。原先在默写本上因为满分获得小红花的同学,那些小红花每五个可以升级成书本上的大花朵。对于那些攒够数量的同学,有想要小零食的,也有想要文具的,甚至有想当课代表的。

那一刻我意识到他们对语文学科的热情从未消减,只是需要教师用合适的手段去激发出来。这样的奖惩规则又何尝不是一种对学生的良好学习方式的培养呢?

（七）一些小插曲后的思考

而就在全班同学都积极参与到这样的奖惩规则中来的时候,唯独班上的小夏同学提出拒绝参加奖励规则,但想保留之前默写本上的满分小红花。经过我课后多次找他单独谈话后发现,他认为自己不可能获得奖励,因此试图抵制这类奖励规则,而默写本上的小红花对他来说比较容易获得。这是典型的畏难情绪,加上他的不自信,于是才有了这样的想法。听他说完,我表面上答应了他,心想的却是:你认为自己不可能获得奖励,那老师偏让你看看你也有值得被奖励的地方。

几天后碰巧一次公开课上,他出乎意料地表现很出色,一改之前的

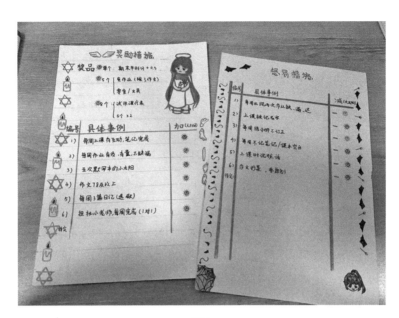

图 1

课堂状态。课后我在班级里表扬了他,并单独找到他:"你今天表现很好,老师要奖励你一朵大红花。你周五来找我敲章。"没想到他满心喜悦地答应下来。就这样直到周五,他都保持着这种良好的课堂状态,我如约给他敲了章,并提起了最初他拒绝参加的奖惩规则。获得了奖励的他也回心转意了,他也愿意参加了。

就这样,我们班上的每位同学都参与到了这个"红花规则"中来,并且都能在这样开放且富有创造的空间里找到属于自己的"红花"。

因此,教师在奖惩规则的制定中不仅要注意到不可以使获得奖励的途径过于单一,同时也要注意学生的个体差异,在设计的时候要有一定的个性化设置。而这种"红花规则"的好处就是让学生知道奖励制度的存在并非固定的,而是根据自身情况而定的,只要有了一定的进步,就可以得到奖励。这样的"红花规则"尽量让更多的学生接受到教师的奖励,使他们感受到来自教师的认可与关注。同时可以有效避免一些没有接受到奖励的学生产生心理落差,或者是避免一些优秀的学生逐渐失去争当优秀的积极性。同时教师通过这个规则,可以及时发现一些考试中发挥失常、学习中状态不佳的学生,再通过面对面交流,及时解决学生的问题。这样个性化的奖惩规则,能更好地辅助学生发现自己的进步,同时看到自己的缺点,优化自己的学习方式,不断进步,为了自己的未来而学。

无论是处于什么水平的学生,他们都不再是曾经古板的奖惩规则的"局外人"。他们不仅是"红花规则"的参与者,也是其制定者。39个学生共同关注着自己与同伴的成长与进步,大家互相作证、互相监督,化对惩罚的恐惧为想获取奖励的主动,这种人人参与的奖惩规则能够调动每一位学生的能动性,并让他们自主发掘语文学习的乐趣。同时,这种奖惩制度的转变也是希望将学生的思想和学习方法从曾经的"超越某个人"转变成"超越自己"。每个学生都是不同的,他们的学习能力、性格、对自我的定位都是大相径庭的,所以每一个学生的学习方式都是个性化的,不应该被死板的规则束缚,更应该让他们发现属于自己的学习方式,发现属于自己的成长。

三、规则绝非桎梏,成长不能被定义

再次回到标题,"局外人"的含义就变得清晰了。我希望每一位学生都能够不被所谓的规则束缚住,而是能够通过个性化的奖惩规则获得进步,得到成长,真正做到为了未来而学。通过规则的辅助让学生们真真切切地感受到老师有认真地关注到自己,他们的努力和进步都被老师看在眼里,这样才能够通过鼓励的方式,不断激发学生主动学习的热情,帮助他们形成更好的学习方式。让学生感受到自己的价值与能力,让学生感受到来自外界的肯定与认可,让学生成为一个能够与自己做比较的人,培养良好的学习方式,养成良好的学习态度,让他们能够有意识地努力去超越自我,树立正确的价值观与人生观。

于是我们发现,人的成长并不只是知识储备上涨,也不是熟能生巧后技能的累加,而更应该有心灵上的成长、灵魂的发育、人格的健全。学习是一个终生的过程,并不是一纸定论,更不是简简单单成绩两个字就可以概括的。作为教师不应该过度地关注"成绩"这一表象,而应该更多地关心学生们内在的成长,帮助他们形成更加良好的习惯、更加健全的人格、更加强大的心灵,不能成为一个影响学生成长发育的刽子手。教

师们需要避免拔苗助长，也不能越俎代庖，应当给予学生们适当的关注，给予正确的引导。每一个学生都是一个不羁的生命，不应该让规则的条条框框熄灭他们成长的光芒。我们所要做的，就是多一点循序渐进，多一点耐心，多一点宽容。最后我们只需静静地欣赏一条壮丽的银河，每一个不羁的生命都会是里面闪闪发光的星星。

06 让学生出一道题 写下属于自己的答卷

孔忆琳

在今年寒假的一天，我突然收到了来自初二(8)班小孙同学的私信："孔老师，我新出了一道题呢，麻烦看一下，谢谢。如果可以，让同学们也试一下吧"。

初二(8)班是我在去年的3月，当时是初一的第二学期时接手黄书记的班级。算算日子，到今天已经是我跟他们相处的一周年。前有黄书记这样一位深受学生喜爱的资深教师，后有8班这样一群热爱学习、思维活跃的学生。我该如何带领这样优秀的班级呢？我常常思考，但常常不知所措。

还好在这段时间里，我得到了许多来自学校领导和办公室老师的关心和帮助，熊老师作为班主任也一直跟我分享与学生、家长沟通的经验，给了我很多支持。于是，我一边继续发扬传统，延续每日的"算你狠"计算题和期中、期末考前的"发智慧(棒棒糖)"；一边想办法发挥我的优势，现在我还没有能力像黄书记一样把多个内容和谐巧妙地融汇在一节课，那就一节一节课慢慢来，发挥我的技术优势，认真备课，用心制作PPT，让几何画板、GeoGebra进入课堂。

虽然有这样的教学计划，但在实行一段时间后，学生仍反馈现在进度比以前慢，题目没有挑战性，曾经他们为能超前其他班进度的自豪感，似乎少了些。我再次思考，面对他们对教学的高要求，我该怎么办？于是，我再次调整，在每日的5道"算你狠"计算题后，又额外加了一道具有不小难度的挑战题，答对后会额外获得一个敲章，集齐8个章就能换1个"智慧"作为奖励。这似乎激发了他们的挑战欲和兴趣，不少同学一下课就会相互讨论，追着跟我对答案。8班与我，似乎慢慢亲近起来……

在经过一段时间的磨合后,一些同学不满足于解决挑战题,还跃跃欲试地想自己出挑战题,隐隐期待考倒其他同学的那一刻。一开始,是小贺同学和小谢同学在课后拿着课外书极力安利我他们选的题目,我着实感到了他们对出题这件事的认真和热情。当我选中他们的题目作为挑战题后,他们还主动要求负责讲题。出题这件事情似乎成为了他们一种不一样的乐趣。班级同学之间相互挑战,出题的不服做题的,做题的不服出题的,都乐于自己解决同学出的题。再后来,还有同学自己出题。当小孙同学拿着他自己出的一系列题——"一杯奶茶"给我时,令我眼前一亮。在跟他一起讨论修改题目的一些表达后,我把这一题作为周末作业,布置给全班。这一举动无疑给了小孙同学莫大的肯定,再后来他的课堂表现更是积极了许多。

在今年的寒假,我又收到了小孙同学的一道几何题,他还运用了几何画板绘制图形。他一开始是想出一系列题,但是只设计好了第一个问题。在我们几次的讨论后,没有得到好的想法。于是我想,为什么不把这个问题交给 8 班所有的同学们呢?在开学后,我把这一题再次布置给了班级同学,除了完成已有的第一个问题外,还额外附加两个问题:"你对上题的题目表述或题目设计有什么建议吗?如果有,请提出你的意见。如果请你设计后续的问题,你会怎么设计?为什么?(设计并完成)。"当周一收到他们的反馈后,我发现同学们都写下了自己的想法,在他们稚嫩而直接的表达背后,却是经历了认真而深刻的思考。

与 8 班的相处对我触动很大,让我感触颇深。

让学生出题的形式为学生发展提供了充分活动的机会。教育的出发点是促进学生全面持续和谐的发展。新课标中指出:教师应激发学生学习积极性,向学生提供充分从事数学活动的机会,帮助他们在学习的过程中真正理解和掌握基本知识与技能。让学生自己出题,实际上是一次分层次的作业,出题者、做题者都在数学上得到不同的发展。一方面让那些学有余力,但有些浮躁的学生能够安下心来思考问题;另一方面,让其他学生对题目产生兴趣,因为做身边同学出的题与做老师出的题的感觉是不一样的。

其次,这种形式让教师退居幕后,学生闪亮登场。教师出题为"专利",无形中剥夺了学生自主学习的权利。而从学生出试题的表现中不难看出,每个学生都有着强烈的自尊心和责任感。只要教师敢放手给学生表现的机会,他们怎会放过。每个学生都能拼搏向上,挑战自我。让学生出一道题,乍一看,非常容易,但实际做起来实属不易。一来想难倒对方,二来自己需先做一遍,还要比个高低,分个上下。

让学生出一道题,写下属于自己的答卷。

07　用心呵护　静待花开

许智超

怀揣着对教育事业的热爱与向往，走出校园后，我便踏上了教师的工作岗位，开启教育生涯的漫漫长路。对于一名新教师而言，所面临的挑战与困惑也随之而来，有时候遇到的问题着实让人摸不着头脑，这需要足够的耐心与技巧去巧妙化解。我在工作中遇到了各种各样的学生，在我们之间也发生了很多故事。

我任教六年级两个班的数学，六年级的孩子相比于高年级的学生更为感性。由于我本身与学生的年龄相差并不大，在课余时间很容易与他们打成一片，从而能从一个特殊的角度了解到班内的一些近况。在日常教学过程中，往往会遇到几个学困生。学困生对于新手教师而言往往会令我们手足无措，需要我们通过自身的教育智慧以及对学生的个性化分析对症下药。学生并没有好坏之分，只有领悟知识的快慢存在差异，所有学生都可以达到某一学习程度，只不过每个学生所花的时间长短不同。

在我的班里就有一名小朱同学。在上学期刚开学时，由于我面对的是一个全新的班级，需要一定的时间去接触。在上课时，他并没有给我留下很深刻的印象，直到第一次专项作业后，我的关注点移到了他的身上。花开从来不是易事，要用科学的方法来培育，这样才能育出好花来。培养学生也是如此，学生性格各异、快慢有别，如果不去了解他们、用同一种方法去教，花期一过，没开花的也许就永远没有绽放的日子。

在那以后，我在课堂上时刻关注他的动态。在一段时间的观察后，我发现他的数学学科基础、计算、阅读理解等方面的能力相对其他同学而言较为薄弱，他更多是在煎熬、发呆与玩耍中度过课堂上的时光。课后，我向班主任了解了小朱同学的情况，因为家庭的一些特殊原因，他与奶奶居住，平时是处于放养的状态，学习的主动性与自觉性需要一定的提高。在了解到他的一些基本情况之后，我决定结合他的特殊情况制定一套属于他的专属方案。既然基础不牢，那当下的第一要务就是要打牢基础。在学校的日常教学时间中，空余时间并不是很多，一般我会在放学后与他进行一对一的单独辅导。

刚开始时，从他的言行中我能明显感受到他的抗拒，他对数学学习打不起精神。如果我一味地要求他去学，势必会起到相反的作用。而又有什么方法能让他自己主动去学习呢？这不禁让我回想起了我的学生时代，当时喜欢上数学并不是因为数学多么简单或是有趣，而是因为当时的老师。其实很多人都有这种感受，因为一个老师而喜欢一个学科，或是因为不喜欢一个老师而讨厌一个学科。学生们都会喜欢那些言语幽默、善于讲故事、能和学生打成一片的老师。这样的老师容易激发我们对学习的兴趣、对知识的渴望，把较为枯燥的知识说得引人入胜。如果我能让他先"喜欢"上我，从而放下我们之间因为学习而产生的隔阂，这样会不会能让他提起对数学学习的兴趣而不再害怕呢？正好我可以利用年龄与性格的优势，化身一个"大哥哥"去和他沟通。所以在刚开始的几天，我并没有去急着给他补基础，而是通过聊天与谈话了解到了他的一系列想法，从而能更好地开展之后的工作。慢慢地，他对我的冷漠与畏惧消失了，渐渐与我无话不谈，我们之间的距离一步一步地拉近了，同时我也感受到了他对数学的兴趣正不断的提升。在那以后每天放学后的时间，他都会主动来到书香苑，有时候甚至即使我在另一个班，他都会迫不及待地来找我开始我们的"独处时光"。

其实每个人的成长都是有差异的，有快有慢。对于基础教育而言，一般的孩子都应该能够完成，这一点也是毋庸置疑的。在这不到一个学期的时间中，他不仅把之前的基础一点点夯实了，还一点一点地跟上了大部队的脚步。在他的不断努力下，进步也逐渐明显，而当他看到自己成绩的提升后，对于数学学习的兴趣也更为强烈。在这个过程中，我也会给他提出一系列的小目标，完成基础的作业、挑战一点难题、每次专项作业成绩比之前高一点点……正是在不断的激励与鼓励中，让他重拾信心，对于学习也不再害怕恐惧。慢慢地，他头上学困生的帽子也逐渐被取下,他的成绩也从一开始的个位数提升到上学期期末的及格,这个质的飞跃也是源于日常的努力与积累。每一个成功都不是偶然的,没有人能随随便便成功,这无疑需要我们不断努力。没有谁的幸运,是凭空而来,只有当我们足够努力,我们才会足够幸运。这世界不会辜负每一份努力和坚持,时光不会怠慢执着而努力的每一个人。

教育人就像种花木一般,要认识花木的特点,根据不同情况给予施肥、浇水与培养。在此过程中不能急于求成,开花不是一瞬间的事,只要我们用心呵护,巧妙培植,接下来要做的就是静待花开,最终迎接我们的将是无比灿烂的花季。

08 育人先育心

王歆灵

　　教育的根本在于育人,通过对学生的教育,使得学生获得全面的发展,确保学生健康发展。在我的课堂中就有一位学生,通过与他建立良好的师生关系,帮助了他顺利成长。

　　在我的课堂上,有一个叫小 A 的学生。他上课情绪低落、魂不守舍,经常不能按时完成作业,甚至不做作业。性格倔强、固执,经常与同学闹矛盾,不计后果,缺乏自制力,责任感淡薄。自我约束能力较差,爱玩网络游戏,各门功课成绩很不理想,每天都有任课老师来反映他的问题。因此,我与他交谈,并希望他遵守学校的规章制度,专注于学习,自我调节,提高自我并成为合格的学生。然而,经过几番努力,他只是口头答应,但是他的举动却没有什么进展。第一次学校期中考试中,他所有科目几乎都垫底,我真的很担心他未来的发展。所以,我做出以下调整,希望他能走上正轨,健康发展。

一、细心观察

　　为了有针对性地做他的工作,我决定先拜访他的家庭,详细了解信息并寻找对策。他的祖父接待了我,并向我详细介绍了他的孙子。在与祖父的谈话中,我又进一步了解了他的情况,他很要强,又爱面子,父母离异,与父亲同住。父亲长年在外面工作,忙于生计,没有时间管他,只能让他寄住在爷爷奶奶家,爷爷奶奶没什么文化,对孙子的管理也没什么章法。例如,爷爷发现孙子经常想到同学家玩游戏,怕他学坏,于是买了一台电脑放在家里给孙子玩,时间上不加以约束。当孙子在学习或行为习惯上出现问题时又多以打骂方式解决,孩子根本没有任何改变,反而出现了逆反心理。也许是父母的离异对孩子的心理造成了影响,特别是对于孩子的心理需要,父母没有太多时间来接触和理解。我深刻理解小 A 采取这种行动的主要原因,他父母的离婚和祖父母的宠爱使他的性格自由自在,对校园生活不感兴趣,长期沉迷于游戏生活。

二、真诚交流

我根据小 A 的实际情况,制定了切实可行的方案。一方面,我联系了他的父母,希望他们对自己的孩子更关心,并要求至少每个星期来询问一次他在学习和生活方面的情况;另一方面,与祖父母合作,要求他们严格管束他,以免给他过多"自由"的空间,要给他适当的压力,帮助他学会自己管理自己。此外,在与他谈心的过程中,我真诚地告诉他他身上的优点,并根据小 A 同学的情况,制定一对一的学习方案,对其进行课程辅导和心理疏导,使其逐渐丢掉自暴自弃的帽子,让其在同学圈里建立自信心,得到更好的进步空间和发展。通过对他学习状态的观察,在一段时间内他的学习水平不断提高,成绩由不及格达到了及格,甚至在第二学期数学成绩数次达到良好水平,他对学习也更感兴趣,同学们也对他刮目相看。

三、放大优点,提升信心

在接下来的日子里,我不断地跟他沟通,让他不断发现自己的优点,并找到自己的缺点。当他有所进步时,适当对他鼓励;当他有所懈怠时,适当对他加以督促。通过和体育老师的交流,我知道他运动能力相对较好,因此,积极鼓励他参加学校举办的运动会比赛。他满怀信心地参加了 1500 米长跑比赛,为班级争得了荣誉,还锻炼了他的毅力和耐力。通过这件事情,我对他表示高度赞赏,放大他的优点,并使他在同学们中树立了声誉。在这次运动会之后,他在课堂活动和集体荣誉方面取得了巨大的进步。看到他的努力和变化,我很高兴。

基于他和其他同学的接触,以及对其学习成绩的关注和学习情况的分析,我也感受到了由此带来的幸福感。在德育工作中,我要学习的还有很多,以下这几点我必须牢记于心。

众所周知,作为教师,"以学生为中心"是对所有老师的基本要求。每个学生都是一个独特的个体,教师必须深入了解情况并弄清造成学生行为习惯和学习成果背后的原因,以便老师确定有效的教学措施,根据他们的表现才能进行教学,以及正确地指导他们。

根据心理学研究,青少年的心理活动常常具有某种程度的"阻碍",这给教育工作带来了更大的困难。在这方面,教师需要主动采取行动,与学生成为朋友并了解其内心世界。班主任需要每天与学生保持最密切的联系,最全面地了解情况,最好地了解学生的动态,并成为学生的好老师和朋友。同时,教师运用灵活而委婉的方法来教育、指导和鼓励他们,并保护学生的自尊心,促进师生之间的情感交流,这样在德育教育中用一半的努力就可以取得两倍的成果。

教师需要抓住教育机会,认真观察学生的进步,促进和增强学生的自信心,并通过表扬激发其对学习的兴趣。教师需要信任和理解学生,对学生抱有很高的期望,学生潜移默化地认识到老师对自己的态度和行为,然后在良好的印象和信任的基础上建立自信和进步,并建立在老师的期望之上。

在德育道路上我要努力寻求更多有效的策略。作为老师,我与所有学生一同健康成长。因为爱就像一把钥匙,它可以打开学生心中通往智慧的门。爱可以浸润学生心灵,拨散所有雾气,照亮每个角落并融化所有的冰块。

09　和学生一起成长

范訢佳

"时光飞逝，日月如梭。"以前写作文时总写这样的一句话，我只是觉得好有文采，却忘了是从哪一篇美文里抄下来的美句。但现在写在这里，却真真正正地反映了我这一年来的感受。忙忙碌碌的一学年过去了，这是我从见习教师向真正独立的教师转变的一年。看着讲台下一双双水灵的眼睛，我还是讲台上那位耕耘者。我帮助学生们养成了较为良好的英语学习习惯，比如每日基本的默写常规、课堂氛围的培养、个别学生的查漏补缺辅导等等。和孩子们在一起相处的过程，有苦也有甜，在不断的摸索中，我与大部分学生建立了相对不错的关系。大部分学生愿意采纳我的意见并且也愿意向我提出意见，比如在每次考试后，我让每一位学生写下自己对这一阶段的表现的评价和反思。此外，学生们也可以畅所欲言地对我提出一些建议。因此，我们形成了相对良好的师生交流关系，并且促使学生在英语课上养成了相对和谐、积极发言的生生关系。但与学生接触越多，有时反而越让我感到自己的不足，尤其是在与学生的沟通方面，时常会觉得缺少更有效的帮他们解决问题的方法。

其中一个比较难处理的情况是一位学生不愿意学习和背诵英语，她上课小动作很多，不认真听讲，并且表现出"爸妈拿我也没办法"的态度。该生自开学以来，英语默写基本上每天都要重默，对于这种常规作业表现出极大的反抗心理，甚至提出"我没背可以直接来重默吗"的要求。之后她每天都跟我说明天再来重默，但又总是"明日复明日"。该生作业不交，上课不认真记笔记，甚至连一本像样的笔记本都不拿出来，令我十分头疼。经过多次提醒后，我实在忍不住找她进行了谈话，得知其父母工作都非常忙碌，无暇顾及她的学习，仅仅只是把她"丢"给补习班的老师。

之后,情况变得越来越糟糕,英语默写几乎每次都是全部空着,叫她来重默也没有叫动过。这导致班级氛围也有所转变,别的学生会产生疑问,觉得不去默写也可以。然而,这样的行为势必会造成学生成绩下滑,在期中考试中反映出来的结果尤为明显。这对于她本人以及家长和我都是一个警醒。对于这个棘手的情况,我跟前辈老师和班主任进行了讨论,一致决定暂时不要对该生进行严厉的批评,可以跟她单独交流,鼓励她能背多少就背多少,在争取不让她一个人影响整个班级的英语学习氛围的情况下,鼓励她按照自己的步调慢慢赶上来。于是,我在课后经常鼓励她,告诉她我相信她是有能力好好学习的,只需要多花一点功夫就行。此外,对于该同学微小的进步及时地给予肯定。在课堂上我经常让她回答一些她能回答出来的问题,并且及时地给予表扬和鼓励,给她学习英语的信心,避免形成习得性无助。并且在班级里也会突出表扬态度认真并且取得进步的同学。在班级同学之间养成了相互竞争的意识和课堂积极回答问题的氛围之后,也会无形之中给这位同学带来些许向好的动力。等待一个阶段之后,该同学在各类练习中取得了一定的进步,对英语学习也逐渐有了主动性和积极性。现在该生慢慢形成了较好的学习习惯,上课的时候会认真记笔记,有的问题也能够回答出来。相信之后在不断的鼓励支持和监督下,该同学能够慢慢追上大部队。

此外,在处理跟学生之间的关系时,我渐渐明白,有时候适当地用沉默的力量来解决问题比苦口婆心的训导更有作用。当我发现班级里有同学由于"要成绩心切"在英语默写"作弊"的时候,我本来的做法是在课间把该同学单独叫出来进行谈话和交流。但是,在经过几次这样的交流之后,我发现这种措施的效果甚微。在短期内学生可能由于羞耻心和愧疚感会感觉到自己错了,但是他们都是积极认错,却从不改正。在我听别的老师课的时候,我发现有一位老师也是发现学生在做小动作,但是该老师直接把该同学作弊的小纸条拿走之后,没有单独跟他交流,甚至都没表现出生气。出乎我意料的是,这位同学在课间主动地来办公室向老师道歉和认错。这可能就是沉默的力量。只有学生自己真正觉得这件事是不对的,主动地来找老师的时候,他的反省和后续的表现才会更棒。因此,我也学习了一下这个方法,果不其然,班级里两位女生在课间也自发地来承认错误,并且承诺不会再犯。并不需要我多费口舌,学生也提高了对她们自己的要求。

不难看出，尊重学生和相信学生对于学生的成长有非常重要的作用。因为这个阶段的学生对很多事情还处于似懂非懂的阶段。对于不同学情的学生，对症选择更为合适的沟通方式，帮助他们找到更符合个人的学习方式是第一要义，而在这个过程中，作为老师的我也在不停进步。老师不仅是传道、授业和解惑者，更是学生的帮助者、指引者和鼓励者。不仅要成为他们的良师，也要成为他们的益友，陪伴他们一起成长。

10　一只断裂的 U 盘

张瑞言

今年是我第一年工作,也是初一年级的学生第一次接触历史这门学科,同学们对我和历史学科都充满了好奇心。我的班中有一位调皮的男生小雨,他坐在教室的第一排,从开学第一节课开始,他就表现得十分活跃,经常大声打断我的课堂教学,说一些哗众取宠的话。还爱拿我开玩笑,问我一些与课堂无关的问题,引发同学们的哄堂大笑,扰乱了正常的课堂秩序。经过几节课观察,我发现他其实是个非常聪明的孩子,知道很多历史故事,并且对我没有恶意,比较像是想要引起我的注意。因此,我一直没有严厉地指责他,只是在他表现出这些行为时及时地制止,但是他很快会恢复吵闹,令我感到十分苦恼。

一天,我上课时要播放视频,而班级的电脑却出了故障无法播放。之前每次出故障,都有许多热心的学生上来帮忙,其中就有小雨。这一次,他也一个箭步冲上来,一番调试无果后,他说可以试试把黑板关上再拉开,还没等大家反应过来,他就重重地将黑板拉过来合上,只听"嘭"的一声,我插在电脑接口上的 U 盘被黑板的惯性撞断了,"头"还在电脑接口里,塑料的"身体"已如秋叶般落在了地上。存储信息的芯片已经断裂,U 盘里面有我花了很长时间,精心准备的几十节课件和讲义以及工作资料,全部没有了。当时我一瞬间愣在了讲台上,第一反应是:完了,都怪自己平时没有养成备份资料的习惯,这下好了,U 盘一坏,全都付诸东流了。但是我很快回过神来,看到小雨也吓住了,他惊慌地捡起 U 盘,试图把它拼回去,但是失败了。全班同学在几秒的震惊之后爆发出对小雨的阵阵指责:"都怪你,这么鲁莽!""这下怎么办,我们课都没法上了,老师辛辛苦苦做的 PPT 都被你弄没了""U 盘杀手!"……我立刻安抚小雨,请他先把 U 盘的金属碎片放下,不要割伤了手指。然后和全班同学说:"大家不要担心,老师课后会自己处理,我们先把课上完,发生任何事都不能影响上课。"下课后,许多同学来到讲台边关心我,小雨也很内疚地来问我怎么办。我说:"没关系的,你的出发点是帮助老师解决电脑故障,是非常好的,你不是故意要弄坏老师的 U 盘,这只是一件小事,千万不要放在心上。"同学们听了也都转而安慰小雨,请他下次小心一些。小雨少见地没有了调皮的笑容,显得忧心忡忡。

下班后我来到 U 盘数据恢复店,店员说由于损毁严重无法恢复了。第二天的课前,大家又问起 U 盘的事,于是我和全班同学说:"感谢小雨同学,他很热心,并且他教会了老师一个会让老师受益终身的道理,那就是重要的资料都要备份,老师很感谢他。"这次,同学们都鼓起了掌,小雨有点脸红地笑了。第二天,他悄悄往我包里放了一块巧克力。后来,他们在语文课上制作了古文书签,小雨将他做的那一份书签送给了我。

在这之后,我发现小雨再也没有在课堂上说过奇怪的话,而是会尝试着举手,努力地回答我提出的问题,尽量用规范的语言说出自己知道的历史知识。小雨还是那么爱提问,他提的问题虽然有时还是会让人忍俊不禁,但都与课堂相关了,他再也没有扰乱过课堂秩序,笔记也工工整整。每次在走廊里遇见我,小雨都会热情地和我打招呼。一次我一进教室,小雨就说:"老师,这次作文我写了你,语文老师给了我优,还让我在全班朗读呢!"在七年级第一学期的历史期末练习中,小雨取得了班级第二的好成绩。

这只 U 盘虽然断裂,无法再修复了,可是小雨同学和我,以及和历史课的联系却更加紧密了。

故事讲完了,故事中的小雨同学,他平时的问题有以下几点:第一是课堂注意力不集中,纪律意识较差;第二是表达欲强,而不顾及其他同学的听课和老师的授课感受;第三是在待人接物上,热情而不太讲究方式方法,分寸感较差;第四是比较冲动莽撞,不够细心。

经过对小雨同学的观察,我发现他本质上是一个十分善良的孩子,脸上一直洋溢着热情的笑容,乐于助人。上课时虽然吵闹但也不是在和其他同学讲废话,而是直接对我发问或者和我讲他想说的却与课堂无关的话题。所以,我判断造成他问题的原因首先是年龄小,初一的孩子还有不少心智没有发展成熟的,不能以成年人的眼光和标准去苛责他。其次,他经常说哗众取宠的话是非常想引起老师和同学的关注。并且他问我的很多问题也是出于对我的好奇心,作为小朋友有好奇心是很正常的事,只是他分不清场合,不知道这些问题在课堂上提出来是不合适的。

因此,我认为对于小雨不能一味批评,而是要以引导为主。可以利用好他对老师的好奇心建立起和他的良好师生关系,建立师生信任后再逐渐改变他在课堂中的行为习惯。但是在实际操作中我发现,这样的设想操作起来其实是有一定困难的,我的学科不是主课,能和学生在课后沟通的时间较少,且小雨的活泼调皮,这决定了不适合同他讲大道理。因此,我抓住了这次课堂上突发的 U 盘事件,将它变成一个契机,快速地实现了对小雨的转变和教育。

首先,我通过心理预期和实际结果的反差让小雨自己产生反思和改变的内驱力。弄坏了老师的 U 盘,小雨预期中自己会受到严厉的批评,结果我不仅没有批评他,还感谢他教会了我重要资料要备份的道理,表扬了他为老师解决电脑故障的初心,为他在全班同学面前解围,而不提他在这件事中存在的问题。这一反差使得他深受触动,意识到自己存在着冲动莽撞的问题。其次,我采取"大事化小,小事化了"的原则,让小雨不要放在心上,既展现了老师应有的宽容,又避免小雨因此产生隔阂,建立起了师生间的信任。最后,这次意外发生在课堂进行到一半的时候,小雨,以及其他同学都认为老师会停下来处理这件事,但是我没有耽搁时间,安抚好小雨的情绪后就立即继续上课了,这其实是在向小雨乃至全班同学传递一个信号,那就是老师非常重视课堂,即使是与老师自身相关的突发事件也不应该影响正常的课堂教学,那在平时的课堂中就更不该因为无关紧要的事情扰乱课堂秩序了。小雨应该也意识到了这一点,在之后的课堂中,他都学会了控制自己。

从这个教育小故事中,我得到了以下几点启示:教育不需要长篇大论,有时一个突发事件也能成为教育的契机,因此,作为老师要发挥教育机智,抓住机会,化危机为机遇,利用好一切教育资源,行不言之教。对于问题学生不能一刀切,要因人而异,观察学生和班级的特点,再进行相应的教育。对于对待课堂不严肃的学生,老师自身要表现出对课堂教学的重视,才能更好地影响到学生。陪伴学生自己主动认识到自己的问题所在要比老师告诉他、批评他,跟他说教的效果好得多。在教育中要充分尊重学生的主体性,学生主动认识到问题后改正的内驱力更大,改变更为彻底,问题更不容易反复。最后也是最重要的,那就是任何时候都要用爱心对待学生,老师真心相待,将心比心,学生是一定能够感受到的,并且会以自己的方式"回报"——他的成长和进步。学生的成长就是我作为老师所能收获的最大、最幸福的回报。

11　与你们一起成长

宋琳婕

四年前,作为一名非师范生,当我初次踏上讲台的那一刻,除了感受到那份沉甸甸的重任外,更多的是迷茫。面对如此不同的学生,我都会时常问自己"我应该怎么做?"回顾这四年的教育教学工作,面对自己第一批"活泼的学生",一个个画面总会出现在我的脑海中,第一次上课的窘迫,第一次学困生转变的喜悦,第一次走进学生心灵深处的交流,第一次不经意的故事带来的触动,第一次与学生斗智斗勇的故事,都是我遵从自己的初心,投身于教学实践与教育工作中的经历。这四年来,不仅是我看到了学生的成长,更是我与他们一起在格初成长。

一、敢于直面数据,及时发现不足

从 2019 年开始,学校每学期都会与"E智慧团队"针对自身的教育教学情况进行两次评估。起初刚刚进入"学校诊断组",听说学校会邀请"E智慧团队"帮我们做关于教育教学的诊断工作,我的内心也是有些焦虑的,诊断是不是就是对于我日常教学的评价,诊断会不会影响其他人对我的看法,诊断会不会因为我在课堂批评了一些学生而获得"低分"……种种顾虑让我也有了些许担忧。

但是经过两个学期,拿到两次诊断报告后,我逐渐放下自己的担忧。一次次打开我的诊断报告,我开始学会敢于直面数据,学会静下心,细细读这些数据,思考数据背后的我的课堂,借助"E智慧团队的"数据,让我从不同的、自己看不见的视角,看到了"真实的自己"。

二、学会发现问题,勇于解决问题

拿出每年 2 次的诊断报告,面对诊断数据,虽然我的各项指标都处于绿色的"安全区",但需要我学会对数据进行深挖,在细微的差异和变化中看到问题,找出"体检报告"中真正的问题根源,勇于面对问题,深挖每一项数据,这才能促使我更好地成长。

三、高效解决问题,提高课堂实效

从预备第二学期拿到一份"体检报告"开始,我一直在关注自己的报告。一开始的关注可能仅仅只停留在"自己是否处于绿灯的状况",如果看到各项指标为绿色,内心还是比较开心激动的。但是几次诊断之后,细细品读各项指标,我发现自己在某些方面仍然存在短板,比如在"课堂上我经常有机会与同学探讨学习内容、充分交流疑问和想法"与通过学生的留言中我都可以发现,在任教初二年级或者初三年级的时候,学生会提出"在我的课堂上给学生探讨技术动作的机会比较少,在我的课堂上给学生自主练习的机会少"。虽然我也有些许的委屈,但是我也立马反思问题产生的原因,并对其进行分析。

(一) 严中有爱,陪伴学生成长

作为一名体育老师,我们能看到学生每天最灿烂的微笑、激情的呐喊和自由的奔跑,我们能看到学生最快乐的一面。但是进入初二后,他们面对体育新中考,有了些焦虑,而我的课堂也同样被"中考"两字紧紧地扣住了。通过课下与学生的交流,学生普遍都说现在的体育变成了"训练课",训练中考考试内容的时间大于让学生自主、探究的练习。如何帮助学生守护并保持住这份"快乐",这应该是我要解决的问题。

都说兴趣是最好的老师,体育课也不例外。在体育课上,反复对技术动作的讲解和练习,会让学生产生抵触情绪,此时作为老师的我,就可以通过课上一次游戏、一次教学比赛,把复杂的技术动作变成学生们更感兴趣的"玩",让学生在最初接触这些运动的过程中逐渐产生兴趣。

有了"玩"的前提,学生们就愿意积极参与其中,我更要做的就是教会学生如何科学地"玩",比如:准备活动,身体素质练习,健康锻炼知识等等;在玩之中渗透体育知识技能,使学生通过我们的体育课能够感受到体育运动给自身带来的快乐和改变,让学生能够养成一个科学体育锻炼的习惯,一个终身体育锻炼的习惯。

(二) 动中求变,滋润学生的心田

每个学生都是独立的个体,他们有自己的思想,每个人都是独一无二的。起初,在我的课堂上我会把学生仅仅分为"运动能力强和运动能力弱"两类,往往会忽略每个学生的接受能力的快慢和成长发育的条件高低,所以在我的"体检报告"中个别化教育亮起了"黄灯"。

"成绩不够好的学生是不是接受能力是有限的? 还是我的方法不适合他?"思考过后,我开始对 4 个班级每个学生的运动能力重新评估。在一个班级中,有个学生乒乓球、跳绳都是非常优秀的,就是排球一直没办法完成我的要求,在之前我会将他笼统划分到"运动能力强"的那组,常常会忽略他。而现在我改变了对这个学生教学的方法,在练习排球的时候,我会单独从 0 开始教他正确的垫球姿势,也会邀请和他关系不错的小伙伴来和他一起练习,然而我在一星期后又发现他开始显得很不耐烦,一点自信心都没有,我就用下课时间安慰和鼓励这位学生,用一句"老师是相信你的,就看你自己相不相信你自己"这样简简单单的话,让学生感受到来自我的关注,同时也鼓励他,只要有决心付出努力和坚持,一定会跟别人一样甚至做得更好。什么事情都不是一下子就能做好,都是慢慢地成长,慢慢地积累进步。果不其然,在初二下半学期,我经常会看到他的努力,也看到他明显的进步。

借助"体检报告",我不断在改进自己的教学方式。打破传统的教学模式,注重创新,选择多样化且符合学生实际的教学方式,让体育课堂灵活起来。让学生灵动起来。同时我也在坚持以智慧启发智慧,激发学生对成长的信心,在日常针对学生的实际情况,让学生"与自己比一比",关注学生的个体差异和不同需求,对症下药,形成适合每位学生的学练菜单,确保每个学生都受益。

作为一名青年体育教师,这四年,借助"E智慧诊断报告",从认识诊断,到解读数据,再到发现问题,反思自己,最终到解决问题,这四年不仅是学生成长的四年,也让我在与学生相处的过程中,收获到了最多的快乐、感悟和成长。

12 时光不语,静待花开

华艳雯

每一种植物绽放时,状态各不相同,有的小巧,有的含羞,有的热情,有的妩媚,这都是自然所赋予的每一个生命自己的姿态。就像人一样,每一个人也都是与众不同的自己。

可是,刚踏上三尺讲台,做事急躁冒进、力求效率的菜鸟老师是不太明白的。九年前,我就是这样一位老师,自认为做事认真严谨,对学生也不乏关爱,甚至喜欢跟学生在课上课下互动交流打成一片。三年前,我送走了自己的第二届学生,这几年里,自己认真落实教学的五大环节,学生与自己的关系也看似比较亲近。只是,有时候自己在面对特别是进入高年段的青春期学生时,相当一部分学生变得不太愿意跟老师交流,这层隔阂不论是在班主任教育中还是在学科教学上,总觉得有时难以琢磨。在学习上看到的问题是不是真的如同表面那样?对班级中的生活,学生到底心底有哪些想法和感受?直到两年前,学校引入了"E智慧团队"的教师诊断,使一切变得更加明朗清晰起来。

从此,在每学期一次的教学诊断后,在班主任工作上,我都能清楚地看到学生对我在全人教育、个别化教育以及班级管理方面的星级打分,直观地了解到学生在校园学习生活中各方面的感受,甚至从他们的留言中读到他们眼中的"华老师"是怎样的一位老师。同样地,在两个班的教学上,该诊断罗列出了每位老师的优势劣势,以及每个班级的教学中,教师对于全人教育、个别化教育、学习效果、受学生喜爱程度以及作业方面的具体诊断结果,一针见血地为老师们指出了在过去一个学期中的教学效果和问题所在,以方便教师在后期教育教学中及时调整节奏和步伐,针对特定的某一环节进行重新设计和规划,有则改之,无则加勉。

在过去这样的五次诊断中,从结果来看,其中有四次我都成为了教育或教学可分享型教师,可见学生对我还是比较认可的。但是,数据背后的意义远远比一个"可分享"或是"需改进"的结果大得多。曾有一次,我发现其中一个程度略好一些的班级在作业情况一栏中打分比较低,于是在找了一些学生了解情况后,就想方设法地在作业类型上和难度层次上进行一定程度的调整。到了第二学期,这部分的打分真的上来了,并且在学生的留言中读到了"因材施教""上课很有趣"等评价;又有一次,在班主任教育数据中,尽管自己属于"可分享",但我注意到有学生在个别化教育一栏的"班主任了解我的个性,能用心引导我更好地发展"板块中,打分明显偏低,这使我产生了困惑。在关注到大部队的同时,我肯定还有一些疏漏,忽视了一些同学的存在。于是,在平日里,我开始更为用心地观察学生、关心学生,包括他们的课后生活,虽然始终不知道是哪位同学打的分,但是在这番关注后也有其他的收获。比如之后有一次,我在一位姑娘的朋友圈状态中发现了奇怪的言论,在我看来是不是她心理压力有点大。没想到不久后有一天,当她进办公室找我批订正时,我无意中又注意到了她撩起袖管的左手臂上的红色血痕。在一番语重心长的交谈后,我才知道这是她最近疏解心理压力的一种方式。在得到这些信息后,我先与她约法三章,让她答应我以后如果还有这样的情绪涌上心头,就来找我,千万不要再伤害自己。在她离开后,我立刻与她妈妈进行了联系,听说女儿有这样的行为,她妈妈也感到非常震惊,并答应我回家与孩子先好好谈一谈。第二天,从她妈妈这里得到的反馈大致相同,同时家长也向我寻求帮助。于是,我联系了孩子六年级时的心理老师曹老师给孩子先后进行了两次心理辅导,曹老师也给孩子和家长提出了宝贵的意见和建议。可以说,如果不是这些数据的提醒,可能我就不会发现一些问题于微时,也无法关注到有些花朵的千姿万态,需要用不同的方法去浇灌与呵护。

时光不语,静待花开。用"静待花开"的方式来培育学生,这意味着在教育中不能操之过急。不要求一时的速度与效率,不要以当下的表现来评判学生,尊重每个学生的个体差异,帮助孩子一起慢慢寻找、发现并成为更好的自己。

13 给学生倾诉与倾听机会

谢　恩

　　一直以来,教师尤其是班主任都乐于在"如何改变学生的错误行为"这一话题上孜孜不倦地进行探索,主题班会、心理访谈、家校联动等一系列教育形式应运而生,它们的共同目标都是为了养成学生良好的行为习惯。这些学习方式确实能带来很好的正向干预,但学习是一个主动构建而非被动接受的过程。若将教育时限拉伸至无限的未来,那么教师就需要帮助学生完成由输入型学习方式到内动型学习方式的转变,通过心灵间的对话与学生产生共鸣,引导他们自发改变。

　　初为班主任,我深知品格养成与习惯培养的重要性,因此,每当学生犯错时我便急于处理、急于教育,恨不得把道理全部塞进学生的脑袋里,时时刻刻在他们耳边敲响警钟。最近的"斗争"要从一张纸条说起。

一、不诚信的行为

　　每次语文默写时,我这个做班主任的总是比学生们更紧张,起因是某天我收到班里一位女生递给我的纸条,上面写道:周同学今天语文默写的时候偷看桌肚里的课本。这个情况让我大惊失色——这可是诚信问题,必须要严肃处理。于是一下课我就马上把当事人叫到办公室询问来龙去脉。大概是严肃的口吻和生气的面孔吓到了小周同学,他僵持了没一会儿就哭了出来:"我确实翻书了。"见小周同学承认错误,我继续顺势教育:"诚信是做人的基本原则。默不出可以再订正再复习,但失去了诚信以后就没法补救了。老师希望你们在学习知识之前先学会做一个诚信的人。"小周同学一边吸鼻涕一边红着眼睛点头。我非常高兴他能认同我的看法,随后拿出文稿纸让他写下情况说明与保证书带回去给家长签名,然后再向语文老师赔礼道歉。事后,为了防止班级有其他同学再犯这一类错误,我特地在全班又一次强调了诚信的重要性。当大家端正坐姿听我讲这些话时,我看到小周同学弯下脖子低着头,只露一个头顶。

二、紧张的默写

原以为这只是一段插曲,没想到却是一场风波的开端。几天后,我又收到纸条,上面写道:李同学今天默写的时候把答案纸藏在手心里。隔了一天又有学生对我咬耳朵:"谢老师,我看到有人会在默写的时候翻以前默写本上的答案。"甚至课间有人在教室里狂言道:"被抓到大不了零分!"万万没想到默写中的不诚信行为在班级中不仅是个例,还有愈演愈烈的倾向。我下定决心要用"狠招"坚决杜绝这种现象。于是,一系列规定被公布:默写时将桌面清空,只留下水笔和默写本,双手始终放在桌面上。每天默写前我都不厌其烦地唠叨着诚信的话题。然而再严格的规定、再严厉的惩罚都不能阻止部分学生在默写的时候铤而走险。就这样,在很长的一段时间里,只要有语文默写,我便绷紧神经、严正待命,宛如探照灯一般高高地站在讲台上,360度无死角地俯视着每一位学生。

三、偶然的聊天

事情的转机发生在一个普通的课间,学生们聚在一起讨论着手机游戏。一谈到游戏,小周同学两眼放光,说话声音都响了八分:"我妈答应我只要默写90分以上,周末就给我玩半个小时手机!"一石激起千层浪,大家纷纷说出自己的"家规":我爸说只有连续三次90分以上才能玩手机;我妈规定学校里做完作业回家就能玩五分钟;如果连着几次低于平均分我就要被打了……形形色色的"家规"不外乎都是家长们为了督促孩子读书想出来的办法。我借着开玩笑的语气接住他们的话:"怪不得你们这么看重默写分数啊!"大概是没有想到能得到班主任的共鸣,大家更加激动,纷纷开始"吐苦水":"谢老师,你知道吗,我每次都差一点点,就差那一句古诗我就能摸到手机了！"

看到他们痛心疾首的夸张神情，我心里哭笑不得，假装生气道："那晚上不抓紧多背两遍？"

上课铃响，话题结束，人群散开回到各自的座位上。学生们的话宛如杂乱毛线中伸出的一根线头，让我抓住了解决这次默写风波的关键。

四、不诚信的理由

由于受年龄所限，初中阶段的学生没有完善的问题处理能力，也无法严格遵守规章制度，所以犯错误是不可避免的。但错误的行为背后必然是有动机的，揭开并接受行为背后的原因才能引导他们改变行为。

对于心智仍未发展成熟的初中学生来说，以成绩作为评判标准的奖惩机制容易模糊其目的性。学生为了获得表扬与奖励而努力争取获得好成绩的思维固然好，但也容易走偏，变成了为了奖励不择手段。久而久之，内驱力被消耗，获得奖励才是最终目的，成绩只是达成目的的手段，而这恰恰与父母的本意相反。

不诚信的背后是对父母期待的错误理解与对自己学习的不负责，激发学习内驱力、提高学习责任感是教育的目的。从另一角度来说，这件事也能反映出他们希望得到父母的赞赏、不愿辜负父母的期望。这份美好愿望是教育的突破口。

五、连接亲子沟通

"根本没有不诚信的学生"，我很庆幸能得到这样的结论，学生们无非是想用好的默写成绩来兑换家长的承诺。

了解到学生的心结后，我联系了部分家长，询问他们如何看待孩子们的默写。大概是戳中了家长们的苦处，我收到了大段的反馈：

"他在家里不肯背书，就想着玩，我只能和他约定好，背完了、默得出才能玩。"

"她以前默写一直第一名的，现在不知道怎么总没有那个人高，我总要给她继续努力的动力啊。"

"还不是为了他好吗?"

家长们的反馈很多,但不外乎最终回到了一句话:为了孩子能好好学习。但当我再说出班级有同学为了得到家长们的奖励而出现不诚信行为时,他们却沉默了。

作为家长与学生之间沟通的桥梁,我看到了他们之间的隔阂,双方对彼此的爱因为没有好的沟通方式而变味了。于是我发起视频征集活动,希望家长们能通过视频说说心里话。许多家长主动报名参加活动,一段段短视频通过微信发送给我。

我选择了一个普通的早上在班级中播放了这些视频。看到自己的父母出现在屏幕中,学生们先是惊喜,然后逐渐安静下来。

"其实爸爸也一直在思考怎么才能让你背书。"

"妈妈知道你复习了这么久还没能默90分非常委屈。"

"比起成绩,我们更希望你做一个诚实的人。"

父母们一字一句的真情吐露就像温和流动的湖水包裹着整间教室。这·天的语文默写异常安静,所有学生动作迅速地按要求摆好默写本,埋头奋笔疾书。我想他们今天应该不会再做出什么出格的事了,内心隐隐期盼着这一回能彻底解决这一次"默写事件"。

六、意外的情景剧

事情发生后,我将当月的班会主题定为"诚信的价值"。班干部在筹备时提出演一出情景剧,还原班级里不诚信的行为,得到了同学的响应。令我感到意外的是,演员名单里竟有大半是那些所谓的"不诚信学生",他们自告奋勇愿意为这次班会献计献策。班会当天,小演员们落落大方地根据剧本演出了默写百态,夸张地放大了默写中的不诚信行为,其中竟还有我不曾听说的细节,引得全班哄堂大笑。情景剧终,被"老师"抓住的"学生"从座位上站起来承认错误:"我不该为了周末的游戏时间而作出不诚信行为,默写是为了自己,不是为了爸爸妈妈和老师,对不起!"那一刻,剧中的演员仿佛与日常中的学生重合,台词就是他们内心的真实独白。

七、倾诉与倾听

作为一名新手班主任,我总是急着解决问题,急着看到处理结果,急着看到学生们的成长,于是教育方式就变成了一个字"说"。我用自己的生活经验对学生的行为下定义,然后将自己的理念灌输给他们。学生只能"听",一遍遍听着他们都懂的道理。在这样的情况下,教育难免会变成"石头碰石头",双方都火冒三丈,情绪失控。

尽管常说要理解学生,但年龄和经验上的差距让师生间的理解并不如嘴上说得这么容易。如果能让学生"说",教师"听",给学生解释甚至是辩解的机会,或许就能发现谬误中的逻辑、荒诞中的合理。在"默写事件"中我给学生畅谈的机会,借此听到了作弊的真正理由,有针对性地制定接下来的教育计划。倾诉的过程也是学习的过程,被倾听也是一种学习方式。对于学生而言,倾诉后的被倾听意味着他们躁动的行为能够得到成年人的认可,无处发泄的精力可以得到安稳的收容。这种支持力与安全感最终转化为个人内省,促使行为发生改变。

除了让学生"说",也要让家长"说"。来自家人的关爱更能触动学生柔软的内心。但很多情况下,父母的急切与学生的叛逆只会适得其反,让前者越来越烦躁、后者越来越抵触。此时非常需要班主任能够介入二者之间,做亲子的传话筒,助力家庭教育。在得知学生"默写事件"背后的原因后,我联系多位家长帮助他们向学生转达心意。部分学生从最初破罐子破摔喊出"大不了默写零分"到看到视频后强忍泪水、低头愧疚,心境的转变便是他们成长的过程。

最后学生主动提出重现"默写事件"的情景剧,这正是自省过后的外在体现,包含着学生在改正错误后期待教师重新审视自己的急切心情。转变正在发生,因为他们对错误的认知并不是来自于旁人唠叨的说教,而是来自倾诉与倾听过程中的内在认同。

当然,教育具有反复性,班级的管理是一个螺旋式循环上升的过程,若是一次谈话、一次教育就想立竿见影那就是理想主义了。尽管如此,班主任仍要思考如何让教育能够在未来也对学生产生影响,我们的教育方式应该为改变学习方式而改变。

14　班主任的苦与甜

杨贝妮

　　实践出真知,没有经历过班主任的工作,就不能体会其中的责任与担当,也不足以理解带班过程中的辛苦与付出,更无法感受师生的真情互动与学生的转变所带来的幸福与快乐。因此,借这篇文章,记录我担任班主任过程中的点滴体会与感悟。

　　班主任工作繁忙、琐碎、辛苦,而我始终坚守那份耐心、真心与责任心。起初我曾以为作为一名生命科学教师,相比其他班主任,能有更多精力放到班级当中。但很快我发现并非如此,除了早晨、中午与放学的片段时间之外,一周在班中只有一节课的我,并不能及时了解班级的动态。于是,我利用各种碎片时间进入到班中,观察他们的课余生活,从课后或中午的对话中了解每一位学生,从任课老师的反馈中明确他们的学习状态。在熟知班级情况之后,我发现三班的孩子虽听话、明事理,但在被动式的学习状态下,没什么活力,也缺乏班级荣誉感与自信心。因此,这两年来,我采取了许多方式来帮助他们转变。当然,坚持付出后的收获,在我看来,是充满价值的。

一、成为自信且充满集体荣誉感的三班

　　我还记得刚接触班级的时候,在我满腔热情的鼓舞下,得到最多的答复是"不可能的""我们做不到的"。为了能激发他们的动力,班集体的各项活动我都融入其中,真正成为班集体的一分子。初二14岁生日的活动,我鼓励同学们奇思妙想,自己策划活动,不论是课余或放学后的排练,我也陪同在一旁,提供建议与帮助,拍照记录他们排练中的点点滴

滴。他们精彩演出后,年级同学的热烈掌声,是他们时常挂在嘴边最自豪的回忆;体育篮球赛场上,我愿与他们并肩作战,一起思考策略,一起练习投篮,赛场上一起为得分而欢呼,我永远都忘不了同学们看着黑板报上那张看似平凡的"二等奖"奖状,激动又兴奋的可爱表情,我也依旧清晰地记得他们那自信满满的一句:"下次有机会再来,拿个一等奖!"渐渐地,他们变了,变得更加自信,班级也变得充满了凝聚力。

二、成为有自我效能感的三班

建立了自信心,怎样让班级学生们能有自我的驱动力主动学习,是我更为关注的。而我做的第一件事,就是引导他们学会制定目标。我利用班会课的时间,教会他们如何运用 smart 原则来制定各自的短期目标,然后将一学期计划依据期中与期末考试划分为两个阶段。制定完成后,请宣传委员贴到板报中,在自勉的同时,互相激励。我认真阅读并熟知每一位同学的计划,积极在班中表扬与肯定学生们在过程中达成的目标,认可他们付出过程中的点点滴滴,让学生们体会学习过程的重要意义。同时,我也充分利用课余时间与学生单独交流,了解学习情况的同时,提供相应的建议,帮助他们更好地调整状态,达成目标。就这样,初三第一学期的期中期末考试,三班有了很大的进步,这离不开任课老师们的辛苦付出,也更离不开他们的自律与渴望达成目标的内在驱动力。自此之后班级逐渐开始了"内卷"的良性竞争风气,课后都是他们为题目而争论不休的声音,有的同学吃饭时也在思考题目,有的同学放学了也不愿离开,就想做完这道题。

在现阶段的疫情期间,我也与同学们共同制定了"复学前的学霸养成计划",制定为期一个月的居家学习目标,并为之而奋斗。我也开玩笑地激励学生们:"自律是天赋的最佳拍档,现在是弯道超车的逆袭时刻!"看着屏幕前他们一张张笑脸,我相信,习惯的养成是长期的过程,一年多的习惯所带来的变化,即使在居家期间,也不会影响三班前进的步伐。虽然坚持学习的过程是辛苦的,但达成目标后所获得的进步,是激发他们自我效能感的动力,是他们爱上学习,主动求知的重要基石。

除此之外,我也健全了班级的班委体系,让每位同学都参与到班集体的管理之中。这样的体系也让疫情期间的网课学习在一开始就能有序进行。班长与副班长负责班级的重要通知和主要管理，中队委们各司其职负责各项事务，小队长每天清点各自小组的成员人数，课代表们每次课后第一时间将作业梳理到会议聊天框中等等。这不仅仅增强了班级凝聚力，还培养了学生们的团队合作和领导能力。

"教育的本质就是唤醒，唤醒学生沉睡的天性、潜能和梦想，唤起学生的自尊、自信、自强和自律，焕发生命的活力和人性的光辉。"这是我做班主任的初心与目标。我很珍惜这两年与三班共处的时光，两年中我们共同经历了不少波澜，我也总喜欢不断的用各种方式激励他们，鼓舞他们，关心他们。我们的师生情也从一开始大小事，同学们宁愿写在日记中告诉梁老师也对我闭口不谈，到现在不论何时都愿意找我倾诉，寻求帮助。两年中他们的各种转变与成长，是我始终坚守着这份初心，并真情陪伴他们成长的动力。

我想，这些事情或许在他人眼中只是平平无奇的班主任日常工作，都不是什么了不起的成功案例，但是在这些小事付出的背后，能给学生漫长的学习旅程带来一些帮助，留下一些美好的回忆，对我而言，就是最有意义的事情。